격몽요결
올바른 공부의 길잡이

율곡 이이

擊蒙要訣

격몽요결

올바른 공부의 길잡이

이이 지음 · 김학주 옮김

연암서가

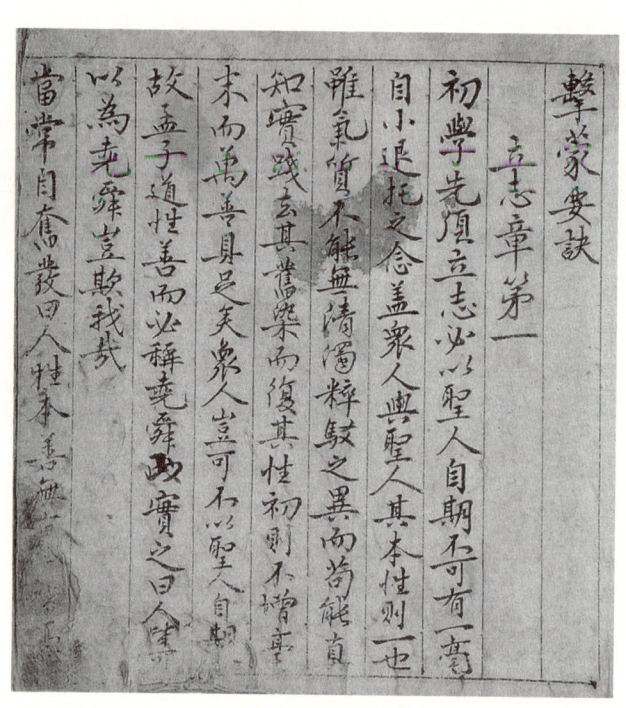

격몽요결 擊蒙要訣
이이, 조선/1577년, 23.7×24cm, 보물 제602호, 강릉시 오죽헌·시립박물관 소장

책머리에

지난해 지방에 살고 있는 큰 며느리로부터 자기 부부가 아이들과 함께 내가 우리말로 옮긴 『논어』(서울대학교출판문화원)를 읽기로 했으니 그 책을 두 권만 더 보내 달라는 부탁이 왔다. 나는 기뻐서 그 책과 영역본 『논어』도 한 권 구해 함께 읽으라고 하며 보내 주었다. 손자 두 녀석은 그때 하나는 중학교 2학년, 다른 하나는 초등학교 6학년이었다. 나는 『논어』를 최소한 고등학생이 읽어도 이해할 수 있게 옮겼기 때문에 아무래도 이 녀석들에게는 부모와 함께 읽는다 하더라도 좀 어려울 것같이 느껴졌다. 이때 마침 내 책을 몇 권 낸 연암서가에서 율곡 이이의 『격몽요결(擊蒙要訣)』을 알기 쉽게 옮겨 줄 수 없겠느냐고 했던 말이 떠올랐다. 내심 이 녀석들을 위해 『논어』보다는 간편하고 기본적인 『격몽요결』을 옮겨야겠다는 생각이 들었다.

초등학생들에게는 이 책이 좀 어렵지 않을까 생각할 수도 있을 것이다. 그러나 우리 아들 가족이 지금까지 『논어』를 읽은 결과를 보면 초등학교 다니는 진형이는 읽으면서 연필로 노트에 앞뒤로 빽빽하게 100페이지가 넘도록 중요한 것들을 기록하면서 철저히 읽었고, 중학생인 진경이와 부모들은 오히려 대충대충 읽은 것 같다. 초등학생이 이렇게 『논어』를 읽는다면 『격몽요결』을 읽는 것 정도는 문제가 되지 않을 것으로 믿게 되었다.

각별히 이 책을 손자와 같은 젊은이들에게 읽히고 싶었던 것은 율곡 선생이 처음부터 공부하는 목적은 올바른 사람, 곧 훌륭한 성인(聖人)이 되는 데 있다고 강조하고 있기 때문이다. 지금 학생들은 자기가 다닐 학교를 고르거나 공부를 함에 있어서도 너무 취직이나 돈벌이, 출세 같은 데 관심을 갖는 것 같다. 이런 것들은 율곡 선생의 시대와 현대는 공부의 개념이나 목적이 달라졌다 하더라도 실은 공부와 관계가 없는 것이다. 율곡 선생은 이 책의 첫머리에 "처음 공부를 하려는 사람은 먼저 반드시 어떻게 공부를 할 것인지 뜻을 세워야만 한다. 반드시 스스로 성인이 되겠다는 목표를 세우고, 한 가닥 터럭만큼도 자신의 능력을 낮게 보고 그 목표로부터 물러서거나 다른 일로 미루려는 생각을 지녀서는 안 된다"고 당부하고 있다. 율곡 선생이 말하는 '성인'이란 올바르게 생각하고 행동하는 사람, 이 세상을 위해 일하는 사람, 다른 사람을 사랑하고 먼저 배려하는 사람이다.

이 책은 조선시대 우리 조상의 사상과 생활의 바탕이 되는 공부에 대해 생각을 간결히 사 ㅣ 개 ㅛ에 ㅜㅗ 있는 책이기도 하나. 내 손자들을 비롯해 모든 젊은이들이 이 책을 읽고 올바르게 생각하고 행동하는 사람, 이 세상을 위해 일하는 사람, 다른 사람을 사랑하고 먼저 배려하는 사람이 되기를 간절히 바란다. 우리 조상이 추구했던 높은 이상도 아울러 함께 가슴에 품어 주기 바란다. 그래서 이 책 이름도 『격몽요결: 올바른 공부의 길잡이』라고 옮겨 놓았다.

  끝으로 이 책의 고전적 가치와 새 번역의 필요성을 인정해 주시고 원고까지 살펴 주신 율곡평생교육원 정문교 원장님께 깊은 감사를 드린다.

2013년 6월 5일
김학주 씀

율곡 이이의 머리말

序文

사람이 이 세상에 나서 공부하지 않으면 사람 노릇을 할 수가 없게 된다. 흔히 말하는 공부를 한다는 것은 특별히 다른 각별한 일이 아니다. 다만 아버지가 된 사람은 자식들을 사랑해야 하고, 자식 된 사람들은 부모에게 효도를 잘 해야 하며, 신하 자리에 있는 사람은 임금에게 충성을 다해야 하고, 남편과 아내가 된 사람들은 분별이 있어야 하며, 형제 사이에는 우애가 있어야 하고, 젊은이라면 어른을 공경해야만 하며, 친구 사이에는 신의가 있어야만 하는 것 같은 일이다. 모두 일상적인 행동을 함에 있어서 일에 따라 모두 합당하게 행동하는 것일 따름이다. 아득하고 기묘한 데 마음을 써서 특수한 효과를 보려는 짓이 아니다.

다만 공부하지 않은 사람은 마음이 막히고 트이지 않아 제대로 아는 것이 거의 없나, 그러므로 반드시 책을 읽고 이치를 추구하여 올바로 행동할 방법을 분명히 알아야 한다. 그래야만 올바른 앎을 터득하여 합당한 행동을 하게 되는 것이다.

지금 사람들은 공부란 일상생활에 관한 것이라는 것을 알지 못하고 높고 먼 곳의 일이어서 실천하기 어려운 것이라 잘못 생각하고 있다. 그래서 그것을 남에게 미루고 스스로 버려둔 채 편히 지내고만 있으니 어찌 애석한 일이 아니겠는가?

내가 해주(海州)의 고산(高山) 남쪽 기슭에 머물고 있을 때 가끔 한두 명의 공부하는 친구들이 찾아와 공부하는 일에 대해 물었으나 나는 스승 노릇을 제대로 하지 못하는 것을 부끄럽게 여겼다. 또한 공부를 시작하는 사람들이 올바른 방법을 알지도 못하고, 또 굳건한 뜻도 없으면서 건성건성 가르침이나 받고자 한다면 곧 서로에게 아무런 도움도 되지 못하고 도리어 사람들의 비난이나 받게 될 것 같아 두려웠다.

그러므로 간단히 책 한 권을 엮어, 뜻을 세우고 몸을 잘 간수하고 부모님을 잘 모시고 일을 올바로 처리하는 방법을 간략히 쓰고, 책 이름을 『격몽요결』이라 하였다. 공부를 하려는 사람들은 이 책을 보고 마음을 씻고 자리를 잡고서 당장 그날부터 제대로 공부를 하도록 하고, 나도 우물쭈물 전과 같이 일하는 오랜 병폐를 그대로 지녀 온 것을 스스로 경계하고 반성하려는 것이다.

정축(丁丑, 1577)년 섣달에 덕수(德水) 이이(李珥) 씀

擊蒙要訣序
격몽요결서

人生斯世[1]에, 非學問[2]이면, 無以[3]爲人[4]이니라. 所謂[5]學問者는, 亦[6]
인생사세　　　비학문　　　　　무이　위인　　　　　소위 학문자　　　역

非異常[7]別件物事[8]也니라. 只是[9]爲父[10]當慈[11]하고, 爲子當孝[12]하며, 爲
비이상　별건물사 야　　　지시 위부 당자　　　　위자당효　　　　위

臣當忠[13]하고, 爲夫婦當別[14]하며, 爲兄弟當友[15]하고, 爲少者[16]當敬長[17]
신당충　　　　위부부당별　　　　위형제당우　　　　위소자　 당경장

하며, 爲朋友[18]當有信[19]이니라. 皆於日用動靜[20]之間[21]에, 隨事[22]各得其
　　 위붕우　 당유신　　　　　개어일용동정　 지간　　　수사　 각득기

---

1 斯世(사세): 이 세상.
2 非學問(비학문): 학문이 아니면, 공부하지 않는다면.
3 無以(무이): …을 할 수가 없다, …이 될 수가 없다.
4 爲人(위인): 사람 노릇을 하다, 사람이 되다.
5 所謂(소위): 이른바, 흔히 말하는.
6 亦(역): 또한.
7 異常(이상): 이상한 것, 각별히 다른 것.
8 別件物事(별건물사): 특별한 것, 각별한 것들, 이상하고 각별한 물건과 일.
9 只是(지시): 다만, 오직 …이다.
10 爲父(위부): 아버지라면, 아버지가 되었다면.
11 當慈(당자): 마땅히 자애로워야 한다. "아버지라면 마땅히 자애로워야 한다(爲父當慈)." 이하 "친구 사이에는 마땅히 신의가 있어야 한다(爲朋友當有信)"는 구절까지는 옛날부터 전해 내려오는 이른바 '다섯 가지 윤리(五倫)', 곧 부모와 자식 사이, 임금과 신하 사이, 남편과 아내 사이, 어른과 젊은이 사이 및 친구들 사이의 윤리를 풀어서 말한 것이다. 옛날 봉건 사회에서는 이 '다섯 가지 윤리'로 모든 사람들 사이의 관계를 정리하는 기본 원칙으로 삼아 왔다. 곧 이 '다섯 가지 윤리'는 옛날 봉건 사회를 지탱하는 기둥이나 같은 것이었다.
12 當孝(당효): 마땅히 효도를 해야만 한다.
13 忠(충): 충성을 다하다, 충실하나.
14 別(별): 분별을 하는 것, 예의를 따라 서로 다른 자기의 행동을 잘 하는 것.
15 友(우): 우애(友愛)가 있는 것, 서로 아껴 주고 돌보아 주는 것.
16 少者(소자): 나이가 적은 사람, 젊은 사람.
17 敬長(경장): 나이가 많은 분을 존경하다, 어른을 공경하다.
18 朋友(붕우): 친구.
19 信(신): 믿음, 신의.
20 日用動靜(일용동정): 일상적인 행동, 일상생활.
21 之間(지간): …의 사이, …하는 동안.
22 隨事(수사): 일에 따라.

當²³而已²⁴니라. 非馳心²⁵玄妙²⁶하여, 希覬²⁷奇效²⁸者也니라.

但²⁹不學之人은, 心地³⁰茅塞³¹하고, 識見³²茫昧³³하니라. 故³⁴로 必須³⁵讀書³⁶窮理³⁷하여, 以明³⁸當行之路³⁹니라. 然後⁴⁰造詣⁴¹得正⁴²하여, 而踐履⁴³得中⁴⁴矣니라.

今人⁴⁵不知學問在於日用⁴⁶하고, 而妄意⁴⁷高遠⁴⁸難行⁴⁹하니라. 故로

---

23 各得其當(각득기당): 각각 그 합당함을 얻다, 일에 따라 모두 합당하게 되다.
24 而已(이이): …일 따름이다.
25 馳心(치심): 마음을 달리게 하다, 마음을 쓰다.
26 玄妙(현묘): 알기 어려운 오묘한 것. '현'은 검은 것, 아득한 것, 알기 힘든 것을 뜻함.
27 希覬(희기): 희망하다, 바라다. '기'도 바란다는 뜻임.
28 奇效(기효): 기이한 효과, 특수한 효과.
29 但(단): 다만, 오직, 그러나.
30 心地(심지): 마음의 바탕, 마음속.
31 茅塞(모색): 가려지고 막히는 것. '모'는 띠, 띠풀, 많은 띠로 가려지는 것을 뜻함.
32 識見(식견): 아는 것과 보는 것, 알고 있는 것.
33 茫昧(망매): 분명하지 않고 어두운 것.
34 故(고): 그러므로, …까닭에.
35 必須(필수): 반드시, 꼭 …해야 한다.
36 讀書(독서): 책을 읽는 것.
37 窮理(궁리): 이치를 추구하다, 연구하다.
38 以明(이명): …함으로써 밝히다.
39 當行之路(당행지로): 마땅히 가야만 할 길.
40 然後(연후): 그렇게 한 뒤, 그런 다음.
41 造詣(조예): 올바른 앎의 경지에 이르다, 공부가 심오한 경지에 이르다.
42 得正(득정): 올바름을 얻다, 올바르게 되다.
43 踐履(천리): 행동하는 것.
44 得中(득중): 알맞게 되다.
45 今人(금인): 지금 사람들, 현대인.
46 在於日用(재어일용): 일상생활에 달려 있다, 일상생활에 있다.
47 妄意(망의): 그릇된 뜻을 지니다, 잘못 생각하다.

推與別人[50]하고, 自安[51]暴棄[52]하니, 豈不可哀[53]也哉[54]아?
추여별인   자안 포기   기불가애 야재

余[55]定居[56]海山之陽[57]할새, 有一二學徒[58]相從[59]問學[60]이어늘, 余慙[61]
여 정거 해산지양   유일이학도   상종 문학   여참

無以爲師[62]라. 而且[63]恐[64]初學[65]不知向方[66]하고, 且[67]無堅固之志[68]하여,
무이위사   이차 공 초학   부지향방   차 무견고지지

而泛泛[69]請益[70]하면, 則[71]彼此[72]無補[73]하고, 反貽[74]人譏[75]니라.
이범범 청익   즉 피차 무보   반이 인기

---

48 高遠(고원): 높고 멀다, 높고 먼 곳에 있다.
49 難行(난행): 행하기 어렵다, 실천하기 어렵다.
50 推與別人(추여별인): 다른 사람에게 밀어 주다, 일을 남에게 미루다.
51 自安(자안): 스스로 편안히 지내다.
52 暴棄(포기): 함부로 버리는 것.
53 可哀(가애): 슬픈 것, 슬퍼해야 할 것.
54 也哉(야재): 글의 뜻을 강조하기 위해 끝머리에 붙이는 조사.
55 余(여): 나, 자신을 가리키는 말.
56 定居(정거): 사는 곳을 정하다, 머물러 살기로 하다.
57 海山之陽(해산지양): 해주(海州) 고산(高山)의 남쪽 기슭. '양'은 산의 남쪽 기슭을 가리킴.
58 學徒(학도): 학생, 배우는 사람.
59 相從(상종): 따라다니다, 찾아오다.
60 問學(문학): 공부를 배우다, 공부를 하다.
61 慙(참): 부끄러워하다.
62 無以爲師(무이위사): 스승 노릇을 할 방법이 없다, 스승 노릇을 할 수가 없다.
63 而且(이차): 그리고, 또한.
64 恐(공): 두려워하다.
65 初學(초학): 처음 공부를 하는 사람, 공부를 시작하는 사람.
66 不知向方(부지향방): 방향을 알지 못하다, 방법을 알지 못하다.
67 且(차): 또한, 그리고.
68 堅固之志(견고지지): 견고한 뜻, 굳은 뜻, 굳은 의지.
69 泛泛(범범): 막연한 모양, 건성건성.
70 請益(청익): 가르침을 받고자 하는 것.
71 則(즉): 그래서, 곧.
72 彼此(피차): 서로, 가르치는 사람과 배우는 사람을 뜻함.
73 無補(무보): 도움 되는 것이 없다, 보충이 없다.
74 反貽(반이): 만내로 끼치다, 도리어 밑께 끼다.
75 人譏(인기): 사람들의 비난, 남들의 비난.

故로 畧[76]書一册子[77]하여, 粗敍[78]立心[79]飭躬[80]奉親[81]接物[82]之方하여, 名曰[83]擊蒙要訣이니라. 欲使[84]學者로, 觀此[85]洗心[86]立脚[87]하여, 當日[88]下功[89]하고, 而[90]余亦久患[91]因循[92]하니, 欲以[93]自警省[94]焉이로다.

丁丑[95]季冬[96]에, 德水[97]李珥書하노라.

해설 저자인 이이가 쓴 『격몽요결』의 서문이다. 이 책을 쓰는 목적과 책의 내용을 간단히 설명한 글이다. 옮긴이가 쓴 해설에

---

76 畧(약): 간략히, 약(略)과 같은 글자.
77 册子(책자): 책.
78 粗敍(조서): 거칠게 쓰다, 대강 서술하다.
79 立心(입심): 마음을 세우다, 마음을 작정하다, 결심하다.
80 飭躬(칙궁): 몸을 잘 간수함.
81 奉親(봉친): 부모를 받들다, 어버이를 모시다.
82 接物(접물): 사물을 접하다, 일을 처리하는 것.
83 名曰(명왈): 이름을 부르다, 제목을 정하다.
84 欲使(욕사): …하게 하고자 하여, …하도록 하고 싶어서.
85 觀此(관차): 이것을 보고, 이 책을 읽고서.
86 洗心(세심): 마음을 씻다, 마음을 깨끗이 다잡다.
87 立脚(입각): 다리를 세우다, 자리를 잡는 것, 바른 자세를 갖는 것.
88 當日(당일): 당장 그 날로, 바로 그 날에.
89 下功(하공): 공부를 하다, 공부에 착수하다.
90 而(이): 그리고, 또.
91 久患(구환): 오랜 동안 병을 앓아 오다. 오랜 동안 병폐가 있었다.
92 因循(인순): 이전에 해오던 대로 적당히 일을 처리하는 것, 우물쭈물 적당히 하는 것.
93 欲以(욕이): 그것으로써 …하고자 한다.
94 警省(경성): 경계하고 반성하다.
95 丁丑(정축): 선조(宣祖) 10년, 1557년. 이이의 나이는 42세였다.
96 季冬(계동): 늦은 겨울, 12월.
97 德水(덕수): 현재 황해도 개풍군을 이르던 땅 이름, 이이의 본관임.

이 책의 성격에 대해 더 알기 쉽고 자세히 설명이 되어 있으니 함께 읽으면 좋을 것이다.

차례

책머리에 _5
율곡 이이의 머리말(序文) _8

제1장 공부하려는 뜻을 먼저 세워야 함(立志) _17
제2장 옛 낡은 습성은 버려야 함(革舊習) _31
제3장 자기 몸을 잘 건사해야 함(持身) _39
제4장 책을 읽는 법(讀書) _75
제5장 어버이를 섬기는 법(事親) _101
제6장 장례를 치르는 법(喪制) _123
제7장 제사를 지내는 법(祭禮) _153
제8장 집안에서 생활하는 법(居家) _169
제9장 사람들과 사귀는 법(接人) _197
제10장 사회생활 하는 법(處世) _217

해설 『격몽요결: 올바른 공부의 길잡이』는 어떤 책인가? _229
율곡 이이 연보 _251

초충도 草蟲圖
전 신사임당, 조선/16세기, 지본채색, 48.5×36cm, 강원도유형문화재 제11호, 강릉시 오죽헌·시립박물관 소장

제1장

공부하려는 뜻을
먼저 세워야 함

立志

1

　처음으로 공부를 하려는 사람은 반드시 어떻게 공부를 할 것인지 뜻을 먼저 세워야만 한다. 반드시 스스로 성인이 되겠다는 목표를 세우고, 한 개의 터럭만큼도 자신의 능력을 낮게 보고 그 목표로부터 물러서거나 다른 일로 미루려는 생각을 지녀서는 안 된다. 대체로 보통 사람들도 타고나는 본성에 있어서는 성인과 똑같은 것이다. 비록 자라나면서 외부의 영향으로 이루어지는 성질이 사람에 따라 맑기도 하고 흐리기도 하고 순수하기도 하고 잡되기도 한 차이가 없을 수는 없는 것이나, 진실로 참된 것을 알고 그것을 실제로 행하여 그가 이전에 물든 것을 모두 버리고 처음의 본성으로 되돌아갈 수만 있다면 곧 터럭만큼도 잘못된 것은 늘지 않고 모든 훌륭한 것들이 잘 갖추어지게 될 것이다. 보통 사람이라 하더라도 어찌 스스로 성인이 되겠다고 목표를 세우지 않을 수가 있겠는가?

그러므로 맹자는 사람들의 타고난 본성은 본시 훌륭한 것임을 논하면서 반드시 요임금과 순임금을 실례로 들고 말씀하시기를 "사람이면 누구나 요임금과 순임금과 같이 될 수가 있다"고 하셨다. 어찌 맹자께서 우리를 속이시겠는가?

立志
입지

初學¹은, 先須²立志³니라. 必⁴以⁵聖人⁶自期⁷하여, 不可⁸有一毫⁹自少¹⁰退託¹¹之¹²念¹³이니라. 盖¹⁴衆人¹⁵與¹⁶聖人이, 其本性¹⁷則¹⁸一也¹⁹니

---

1 初學(초학): 처음 공부하는 것, 처음으로 공부를 시작하는 사람, 처음 공부를 시작할 때.
2 先須(선수): 먼저 반드시 …을 해야 한다.
3 立志(입지): 뜻을 세우다.
4 必(필): 반드시.
5 以(이): …으로써, …을 가지고.
6 聖人(성인): 덕(德)이 뛰어나고 아는 것과 일에 대한 판단이 완전한 이상적인 사람. 세상을 덕으로 다스렸다는 요(堯)임금과 순(舜)임금 같은 사람. 이전에는 보통 사람으로서는 될 수 없는 하늘이 낸 사람이라 생각하였으나 주자학(朱子學)에 이르러서는 누구나 올바로 공부를 하기만 하면 성인이 될 수 있다고 믿었기 때문에 사람들이 공부하는 목표가 성인이 되는 것으로 발전하였다.
7 自期(자기): 스스로 기약하다, 스스로 …을 결심하다.
8 不可(불가): 가능하지 않다, …할 수 없다, …해서는 안 된다.
9 一毫(일호): 한 개의 가는 터럭.
10 自少(자소): 스스로를 적게 보다, 자기의 능력을 낮게 보는 것. '소'는 소(小)로 된 책도 있으나 뜻에 있어서는 별 차이가 없다.
11 退託(퇴탁): 물러서고 미루는 것, 자기의 목표로부터 물러서고, 다른 일을 핑계로 자기 할 일을 미루는 것.
12 之(지): …의.
13 念(념): 생각.

라. 雖[20]氣質[21]不能[22]無淸濁[23]粹駁[24]之異[25]나, 而[26]苟[27]能眞知[28]實踐[29]하여,

去[30]其舊染[31]而復[32]其性初[33]면, 則不增[34]毫末[35]而萬善[36]俱足[37]矣[38]니라.

衆人豈可[39]不以聖人自期乎[40]아!

---

14 盖(개): 대개, 대체로.
15 衆人(중인): 여러 사람들, 일반 사람들.
16 與(여): …과(와) ….
17 本性(본성): 사람이 태어나면서 지니고 있는 성질.
18 則(즉): 곧, …에 있어서는.
19 也(야): 문장 끝에 붙어 단정의 기분을 나타내는 조사.
20 雖(수): 비록, …이라 하더라도.
21 氣質(기질): 주자학의 용어로 사람이 태어난 뒤 그에게 주어지는 주위의 사정과 일에 의해 사람에 따라 달라진 혈기(血氣) 같은 것. 앞의 '본성'을 본연지성(本然之性) 또는 천지지성(天地之性)이라 하는데 짝지어 사람이 태어난 뒤 살아가면서 바꾸어지는 성질을 기질지성(氣質之性)이라고도 부른다.(朱熹『朱子語類』참조)
22 不能(불능): 능하지 않다, …할 수 없다.
23 淸濁(청탁): 맑은 것과 흐린 것.
24 粹駁(수박): 순수한 것과 잡된 것.
25 異(이): 다른 것, 차이.
26 而(이): 그러나, 접속사.
27 苟(구): 진실로.
28 眞知(진지): 참된 것을 아는 것, 진리를 아는 것.
29 實踐(실천): 아는 것을 실지로 행하는 것.
30 去(거): 떠나다, 버리다.
31 舊染(구염): 이전에 물든 것, 태어난 뒤 물든 것. 곧 앞에 보인 '기질'을 말한다.
32 復(복): 회복하다, 되돌아가다.
33 性初(성초): 성질의 처음 상태, 곧 앞에 보인 '본성'을 말한다.
34 增(증): 늘어나다.
35 毫末(호말): 터럭 끝, 매우 작은 것을 뜻함.
36 萬善(만선): 만 가지 착함, 온갖 착한 것, 여러 가지 훌륭함.
37 俱足(구족): 모두가 족하다, 모두 충분하다, 충분히 갖추어지다. '만선구족'은 여러 가지로 다시 훌륭한 '본성'을 되찾게 된다는 것이다. 곧 보통 사람이 공부를 통해 성인에 가까워짐을 말한다.
38 矣(의): 단정을 나타내는 글 뒤에 붙는 조사.
39 豈可(기가): 어찌 되겠는가? 어찌 …할 수 있겠는가? '기'는 반문을 나타냄.
40 乎(호): 문장 끝에 붙어 의문이나 감탄을 나타내는 조사.

故⁴¹로 孟子⁴²道⁴³性善⁴⁴하시되, 而必稱⁴⁵堯舜⁴⁶而實之⁴⁷하시고, 曰⁴⁸
고   맹자 도 성선   이필칭 요순 이실지   왈

人皆⁴⁹可以爲⁵⁰堯舜이라 하시니라. 豈欺⁵¹我哉⁵²시리오?
인개 가이위 요순   기기 아재

> **해설**
> 첫 번째 장 「공부하려는 뜻을 먼저 세워야 함」의 첫 대목 에서는 먼저 뜻을 세우기 위해 공부는 왜 하는가를 분명히 알아 야 함을 역설하고 있다. 공부하는 목표가 분명해야만 공부하려

---

41 故(고): 그러므로, … 까닭에.
42 孟子(맹자): 맹자(B.C. 372-B.C. 289)는 이름이 가(軻)이며, 산동(山東)성 추(鄒) 땅 사람이 다. 주자학파에서는 공자의 학문이 효행으로 유명한 제자인 증자(曾子)와 공자의 손자인 자사(子思)를 거쳐 맹자에게로 전해지다가 전승이 끊겼는데, 뒤에 송(宋)대에 이르러 다시 성리학자(性理學者)들에 의해 바르게 계승되게 된 것이라고 유학의 도통론(道統論)을 주 장하고 있다. 때문에 공자를 지성(至聖)이라 부르면서 맹자는 아성(亞聖)이라 부르고 있다. 그처럼 맹자를 중시하는 것은 여기에서 이이가 주장하고 있는 것처럼 그가 사람은 누구나 태어날 때부터 훌륭한 본성을 지녔다는 성선설(性善說)의 영향도 있다. 『맹자』 고자(告子) 상편에는 "성인도 우리와 같은 종류의 사람이다(聖人與我同類者.)", 이루(離婁) 하편에는 "성인인 요임금과 순임금도 보통 사람들과 같다(堯舜與人同矣.)" 하였고, "사람이면 누구나 요임금과 순임금처럼 될 수 있다"는 말은 같은 책 고자 하편에 보인다.
43 道(도): 말하다, 논하다.
44 性善(성선): "타고난 본성은 착하다, 타고난 본성은 훌륭하다. 맹자는 사람의 타고난 본성 은 본시 착한 것이라는 성선설(性善說)을 주장하여 유명하다. 같은 유학자인 순자(荀子)가 반대로 사람의 본성은 악한 것이라는 성악설(性惡說)을 주장한 것과 좋은 대조가 된다.
45 稱(칭): 일컫다, 내세우다.
46 堯舜(요순): 요임금과 순임금. 하나라 이전(대체로 B.C. 21세기 이전)에 중국을 지극한 덕 으로 다스렸다는 성인이라고 알려진 전설적인 임금들. 요임금은 나이가 많아지자 순을 발 견하고 자기 딸 아황(阿皇)과 여영(女英)을 그에게 시집보내고 임금 자리도 물려주었다. 순 임금도 덕으로 세상을 다스리다가 뒤에 천하의 홍수를 다스린 우(禹)에게 임금 자리를 물 려주어 하(夏)나라가 시작되었다.
47 實之(실지): 거기에 채우다, 그것을 실증하다.
48 曰(왈): 말하다, 논하다.
49 皆(개): 모두.
50 可以爲(가이위): …이 될 수가 있다, …되는 것이 가능하다.
51 欺(기): 속이다.
52 哉(재): 의문문 뒤에 붙는 조사.

는 뜻도 올바로 굳건히 세울 수가 있기 때문이다.

    그런데 여기에서 가장 중요한 것은 첫째로 공부를 하는 목표는 성인(聖人)이 되는 데 있다고 잘라 말하고 있는 것이다. 이는 주자학의 가장 두드러진 특징 중의 하나이기도 하다. 이 이론은 이 대목에서 인용하고 있는 것과 같이 맹자가 사람이 태어날 때 타고나오는 '본성'은 모두가 지극히 훌륭한 것이라고 주장한 이른바 성선설(性善說)에 바탕을 두고 있다. 사람은 태어난 다음 그가 자라나는 환경과 그 주변의 사정의 영향을 받아 여러 가지로 다른 '기질(氣質)'이 이루어져 착한 사람뿐만이 아니라 악한 사람도 생겨나게 된다는 것이다. 때문에 사람은 누구나 "태어난 뒤 물든 것을 모두 버리고 처음의 본성으로 되돌아가기만 하면" 보통 사람이라도 누구나가 성인이 될 수 있다는 것이다. 따라서 주자학에서 말하는 공부를 간단히 요약하면, "사람들이 태어난 뒤 주변과 다른 사람들의 영향으로 갖게 된 '기질'의 성질을 털어버리고 본시부터 타고난 '본연의 성질' 또는 '하늘과 땅에서 내려 준 성질'인 본성을 되찾는 일"인 것이다. 그것은 곧 보통 사람이 성인이 되는 것이다.

    이전에는 유학자들도 일반 사람들은 성인이 될 수 없다고 믿었다. '성인'이란 지극한 덕과 빼어난 지혜를 지니고 헤아릴 수 없는 신통력[53]을 갖고 있어서 온 세계를 평화로운 세상으로 이끌 수 있는 사람이다. 곧 요(堯)임금·순(舜)임금·우(禹)임금·탕(湯)

---

53 『白虎通』聖人; "聖者, 通也. 道也. 聲也. 道無所不通, 明無所不照, 聞聲知情, 與天地合德, 日月合明, 四時合序, 鬼神合吉凶."

임금·문왕(文王)·무왕(武王)·주공(周公)·공자(孔子) 같은 사람들이다. 때문에 성인은 아무리 노력해도 아무나 될 수 있는 것이라고 생각하지 않았다. 『논어』 술이(述而)편을 보면 공자도 "성인은 나로서도 만나 뵐 수가 없었다. 군자(君子)라도 만날 수 있다면 괜찮겠다"[54]고 말하고 있다. 일반적으로 공자도 사람들에게 공부를 하고 덕을 닦아서 군자가 되라고 가르쳤지 성인이 되라고까지 요구하지는 않았다고 모두들 생각해 왔다. 보통 사람들은 절대로 성인이 될 수가 없다고 믿었던 것이다.

그러나 이 성인에 대한 생각이 송나라에 들어와 주돈이(周敦頤, 1017-1073)·정호(程顥, 1032-1085)·정이(程頤, 1033-1107)·장재(張載, 1020-1077) 등 성리학자(性理學者)에게서 바뀌기 시작하여 주희(朱熹, 1130-1200)에 이르러는 완전히 공부하는 목표를 '성인이 되는 것'에 두게 되었던 것이다.

실제로 사람이란 아무리 노력한다 하더라도 성인이 될 수는 없는 것이기 때문에 이러한 학문 추구에는 문제가 많을 수밖에 없다. 그러나 이러한 학문의 목표가 사람들을 깨끗하고 올바르게 만들고 사람들이 사는 세상을 평화롭게 하는 데는 적지 않은 공헌을 했다고 보아야 할 것이다. 그리고 특히 과학적인 학문 방법만을 절대적인 것으로 믿는 현대에 있어서, 여기에서 이이가 강조하고 있는 공부하는 목표는 사람을 사람답게 만드는 것 또는 성인이 되는 것이라는 인성 교육은 지금도 올바른 교육을 하

---

[54] "聖人, 吾不得而見之矣. 得見君子者, 斯可矣."

는 데 많은 깨우침을 주고 있다고 생각된다.

2

　우리는 마땅히 언제나 분발하여 "사람의 성질은 본시 훌륭한 것이어서 옛날부터 지금에 이르기까지 지혜롭고 어리석은 차이가 없는 것인데, 성인은 어찌하여 유독 성인이 되었고 나는 어찌하여 유독 보통 사람으로 있는가?"라고 반문해야 한다. 차이가 나는 것은 진실로 뜻을 제대로 세우지 못해 아는 것이 분명하지 않고 행동이 착실하지 않기 때문인 것이다. 뜻을 제대로 세우고 아는 것을 분명히 하고 행동을 착실하게 하는 일은 모두 나에게 달려 있는 것이다. 어찌 다른 곳에서 구하려 해서야 되겠는가?
　안연이 말하기를 "순임금은 어떤 분이었는가? 나는 또 어떠한 사람인가? 뜻있는 일을 하려는 사람이라면 모두가 그 분같이 될 것이다"라고 하였다. 우리도 마땅히 안연이 순임금처럼 되고자 하던 자세를 본받아야 할 것이다.

當常[55]自奮發[56]하여, 曰; 人性本善하여, 無古今智愚[57]之殊[58]어늘, 聖

55　當常(당상): 마땅히 언제나. 응당 늘.
56　奮發(분발): 마음과 힘을 떨쳐 일어나는 것.
57　智愚(지우): 지혜가 있는 것과 어리석은 것.
58　殊(수): 다른 것, 차이.

人何故獨爲[59]聖人하고, 我則何故獨爲衆人耶[60]니라. 良[61]由[62]志不立하고, 知不明하며, 行不篤[63]耳[64]니라. 志之立과, 知之明과, 行之篤은, 皆在我耳니라. 豈可他求[65]哉아?

顏淵[66]曰; 舜何人也며, 予何人也오? 有爲者[67]는, 亦[68]若是[69]니라. 我亦當以顏[70]之希舜[71]으로, 爲法[72]이니라.

해설 이 대목에서는 앞 대목에 이어서 공부를 하려는 사람이 '왜 자신도 성인이 되겠다는 뜻을 세우고 성인이 되는 공부에 분발해야만 하는가?' '왜 보통 사람들은 성인이 되지 못하는가?'

---

59 獨爲(독위): 홀로 …이 되다, 각별히 …이 되다.
60 耶(야): 의문문 뒤에 붙는 조사.
61 良(양): 진실로.
62 由(유): …으로 말미암다, …까닭이다.
63 篤(독): 두터운 것, 착실한 것.
64 耳(이): 문장 끝에 붙어 단정의 기분을 나타냄.
65 他求(타구): 다른 곳에서 구하다, 딴 곳에서 가서 찾다.
66 顏淵(안연): 공자의 수제자 중의 한 사람. 이름은 회(回), 자는 자연(子淵). 노(魯)나라 사람. 덕행이 뛰어나 스승 공자가 가장 사랑하던 제자였다. 공자보다 30세나 나이가 어렸으나 젊은 나이에 죽어 공자를 상심케 하였다. 안연이 죽었을 때 공자는 "하늘이 나를 망치는구나! 하늘이 나를 망치는구나!"(『논어』 선진(先進)) 하고 통곡하고 있다.
67 有爲者(유위자): 뜻 있는 일을 한 사람.
68 亦(역): 강조하는 뜻으로 여기에서는 '모두'의 뜻으로 보아야 한다.
69 若是(약시): 이와 같다.
70 顏(안): 앞에 보인 안연을 이르는 말.
71 希舜(희순): 순임금과 같이 되기를 바람, 순임금처럼 생활하기를 희망함.
72 爲法(위법): 법도로 삼다, 본받다.

'따라서 공부는 어떻게 해야 하는가?' 하는 문제를 논하고 있다.

저자는 공부를 하려는 사람은 "먼저 성인이 되겠다는 뜻을 세우고, 성인은 어떠한 분인가? 왜 성인이 되어야 하는가? 어떻게 해야 성인이 되는가를 분명히 알고, 이를 실천하기 위해 착실하게 행동해야 한다"는 것이다. 곧 "행동을 착실하게 한다"는 것은 공부를 착실히 한다는 말이 된다. 그 공부하는 태도는 공자의 제자였던 안연이 옛날의 성인이었던 순임금처럼 되려고 노력하던 것을 본받아야 한다는 것이다.

3

사람의 얼굴과 모습은 미운 것을 예쁘게 고칠 수가 없고, 체력은 약한 것을 강하게 고칠 수가 없고, 몸은 키가 작은 것을 키가 크게 고칠 수가 없다. 이것들은 이미 정해진 타고난 것이어서 바뀔 수가 없는 것이다.

그러나 사람들이 지닌 마음과 뜻만은 어리석은 것을 지혜롭게 고치고 못난 것을 현명하게 고칠 수가 있다. 그것은 곧 마음은 텅 비었으면서도 작용은 영묘하여 타고난 성품에 구애받지 않기 때문이다.

사람에게는 지혜로운 것보다도 더 아름다운 것이 없고, 현명한 것보다도 더 귀중한 것이란 없다. 어찌하여 현명하고 지혜롭게 되지 않고 자기가 타고난 본성을 망친단 말인가?

이러한 뜻을 간직하고 굳건히 물러서지 않는 노력을 한다면 누구나 올바른 도에 가까이 가게 될 것이다.

人之容貌[73]는 不可變[74]醜[75]爲姸[76]이요, 膂力[77]은 不可變弱爲强이요, 身體는 不可變短[78]爲長이라. 此則已定[79]之分[80]이니, 不可改[81]也니라.

惟有[82]心志는 則可以變愚[83]爲智[84]요, 變不肖[85]爲賢[86]이라. 此則心之虛靈[87]은, 不拘[88]於禀受[89]故也니라.

莫美於[90]智요, 莫貴[91]於賢이라. 何故[92]而不賢智하여, 以虧損[93]天所

---

73 容貌(용모): 얼굴 생김새, 사람의 얼굴과 모습.
74 變(변): 변화시키다, 고치다.
75 醜(추): 추한 것, 미운 것, 못생긴 것.
76 姸(연): 고운 것, 예쁜 것.
77 膂力(여력): 몸의 힘, 체력.
78 短(단): 짧은 것, 키가 작은 것. 다라서 '장(長)'은 키가 큰 것을 뜻한다.
79 已定(이정): 이미 정해지다.
80 分(분): 분수, 천분(天分), 타고난 것.
81 改(개): 고치다, 바꾸다.
82 惟有(유유): 오직 지니고 있는.
83 愚(우): 어리석은 것, 어리석은 자.
84 智(지): 지혜가 있는 것, 지혜가 많은 사람.
85 不肖(불초): 본시는 아버지를 닮지 않고 자신은 못났다는 말. 손윗사람 앞에 자신을 낮추어 부르는 말로 썼다. 일반적으로는 '못난 것'을 이르는 말로 쓰이게 됨.
86 賢(현): '불초'의 반대, 현명한 것, 똑똑한 것.
87 虛靈(허령): 텅 비어 있고 영묘(靈妙)한 것. '텅 비어 있다'는 것은 마음은 널리 모든 것을 무한히 받아들여 이해하는 능력이 있음을 말하고, '영묘하다'는 것은 마음의 작용은 이루 말할 수도 없이 미묘하다는 뜻을 지니고 있다.
88 不拘(불구): 구애받지 않다, 거리끼지 않다.
89 禀受(품수): 타고난 성품, 품성(稟性), 천품(天稟).
90 莫…於(막…어): …보다 더 …한 것은 없다.
91 貴(귀): 귀중하다, 소중하다.
92 何故(하고): 무슨 까닭에, 무엇 때문에.

賦⁹⁴之本性乎아?
부 지본성호

人存⁹⁵此志하여, 堅固⁹⁶不退⁹⁷면, 則庶幾乎⁹⁸道⁹⁹矣리라.
인존 차지 견고 불퇴 서기호 도 의

> **해설**
>
> 주자학뿐만 아니라 송나라 이후에 발전한 이른바 서양 학자들이 흔히 말하는 신유학(New Confucianism)에서는 특히 사람의 마음을 중시한다. 남송(南宋)의 육상산(陸象山, 1139-1192)과 명대의 왕양명(王陽明, 1472-1528)같이 사람들의 마음의 작용을 자기 학문의 중심으로 삼아 그들의 학문을 심학(心學)이라 부르는 사람도 있지만, 이들 이외에도 주자학자들은 물론 신유학자들은 모두 이전의 유학들과는 달리 사람들의 마음을 무척 중시하였다.
>
> 이 대목에서도 공부를 하는 데 있어서는 자기 마음을 잘 다스리는 일이 가장 중요함을 강조하고 있다. 공부를 하기 위해 뜻을 세우고 분명히 모든 것을 알고 착실히 행동하기 위해서는 먼저 마음을 잘 다스리지 않으면 안 된다는 것이다. 누구의 마음이나 그 작용은 영묘한 것이어서 그가 어떤 마음을 갖느냐에 따라

---

93 虧損(휴손): 손상시키다, 이지러뜨리다, 망치다.
94 天所賦(천소부): 하늘이 내려 준 것, 하늘로부터 타고난 것.
95 存(존): 지니다, 간직하다.
96 堅固(견고): 굳은 것, 굳게 마음먹는 것.
97 不退(불퇴): 물러서지 않는 것.
98 庶幾…乎(서기…호): 거의 …이 되다, 가까이 가다.
99 도(道): 올바른 도, 성인이 되는 공부 방법을 가리킴.

서 그 사람이 지혜롭게도 되고 현명하게도 되어 공부를 제대로 할 수 있게 된다는 것이다. 곧 사람은 먼저 마음을 잘 다스려 지혜롭고 현명하게 되어야만 자기가 타고난 본성을 되찾을 수 있다는 것이다.

곧 공부를 하는 방법은 어리석고 못난 자라 하더라도 마음을 잘 다스려 지혜롭고 현명하게 된 다음 타고난 자기 본성을 되찾아 성인이 되려는 노력을 굳건한 마음으로 꾸준히 해나가야 한다는 것이다.

4

일반 사람들이 스스로 뜻을 세웠노라고 말하면서도 바로 공부에 힘쓰지 않고 미적거리며 뒷날을 기다리기만 하는 것은, 말로는 뜻을 세웠다고 하면서도 실은 공부를 하려는 성의가 없기 때문인 것이다. 진실로 나의 뜻을 성실하게 공부에 두기만 한다면, 곧 어짊을 행하는 것은 자기에게 달린 것이니 무엇이든 하고자 한다면 이루게 되는 것이다. 무엇을 남에게서 얻으려 하고 어째서 뒷날을 기다리는 것인가?

뜻을 세운 사람에게 귀중한 일은 바로 공부에 힘쓰는 일이다. 그러면서도 목표에 다다르지 못할까 두려워하면서 물러서지 않을 것을 생각하고 또 생각해야 하기 때문인 것이다. 만약 뜻이 성실하고 착실하지 못해 우물쭈물 날짜만 보낸다면 나이가 차 죽을 때가 된다 한들 어찌 이루는 것이 있겠는가?

凡^{100}人自謂^{101}立志로되, 不卽^{102}用功^{103}하고, 遲回^{104}等待^{105}者는, 名爲^{106}立志로되, 而實無向學^{107}之誠^{108}故^{109}也니라. 苟使吾志^{110}誠在於學이면, 則爲仁由己^{111}니, 欲之^{112}則至^{113}니라. 何求^{114}於人하고, 何待^{115}於後哉아?

所貴乎立志者는, 卽下^{116}工夫^{117}니라. 猶恐^{118}不及^{119}하여, 念念^{120}不

---

100 凡(범): 보통의, 일반적인.
101 自謂(자위): 스스로 말하다.
102 不卽(불즉): 바로 …하지 않다.
103 用功(용공): 공부하다, 일에 힘쓰다.
104 遲回(지회): 미적거리다, 우물쭈물하다.
105 等待(등대): 기다리다, 뒷날을 기다리다.
106 名爲(명위): 명분을 세우다, 말로는 …이라 하다.
107 向學(향학): 학문으로 향하다, 공부를 하려 하는 것.
108 誠(성): 성의, 정성.
109 故(고): 까닭이다, … 때문이다.
110 使吾志(사오지): 나의 뜻을 …하게 하다, 나의 뜻을 지니다.
111 爲仁由己(위인유기): 어짊을 행하는 것은 자기로 말미암는 것이다, 어짊을 이루는 것은 자기에게 달린 것이다. 『논어(論語)』 안연(顔淵)편에 보이는 공자의 말을 인용한 것이다.
112 欲之(욕지): 그것을 하고자 하다, 그것을 바라다.
113 至(지): 이르다, 이룩되다.
114 求(구): 구하다, 바라다, 얻으려 하다.
115 待(대): 기다리다, 미루다.
116 卽下(즉하): 바로 착수하다.
117 工夫(공부): 공부하다, 공부에 힘쓰다.
118 猶恐(유공): 그리고도 두려워하다, 그러면서도 두려워하다.
119 不及(불급): 미치지 못하다, 바라는 목표에 이르지 못하다.
120 念念(염념): 생각하고 또 생각하다.

제1장 공부하려는 뜻을 먼저 세워야 함

退故[121]也니라. 如或[122]志不誠篤[123]하여, 因循[124]度日[125]이면, 則窮年[126]沒世[127]라도, 豈有所成就[128]哉아?

해설

이 끝 대목에서는 공부하려는 사람은 자신은 성인이 되겠다는 뜻을 세웠으면 조금도 쉬지 말고 자기 공부에 힘을 기울여야 한다는 것이다. 그러지 못하고 우물쭈물 세월을 보내는 사람은 죽을 때까지도 아무것도 이루지 못하고 한 평생을 헛되이 보내게 된다는 것이다.

결론으로 공부를 하려는 사람은 먼저 자기는 성인이 되는 공부를 하겠다는 큰 뜻을 세워야 하고, 다음에는 조금도 물러서거나 주저하는 일 없이 그 공부에 온 힘을 다 기울여야 한다는 것이다. 주자학에 이르러는 공부를 한다는 것이 종교적인 수련에 가까운 성격으로 발전하고 있음에 주의해야 한다.

---

121 故(고): …때문이다, …까닭이다.
122 如或(여혹): 만약, 혹시.
123 誠篤(성독): 성실하고 착실하다, 정성되고 독실하다.
124 因循(인순): 우물쭈물, 그럭저럭.
125 度日(도일): 날짜를 보내다, 세월을 보내다.
126 窮年(궁년): 나이가 다하는 것, 죽을 나이가 되는 것.
127 沒世(몰세): 세상을 떠나는 것, 죽는 것.
128 所成就(소성취): 이룩하는 바, 이룩하는 것.

제2장

옛 낡은 습성은
버려야 함

革舊習

　사람이 비록 공부에 뜻을 두었다 하더라도 용감히 곧장 앞으로 달려 나아가 배움을 이룩하지 못하는 것은 그의 옛 낡은 습성이 가로막아 실패케 하기 때문이다. 옛 낡은 습성의 내용을 조목조목 들면 다음과 같다. 만약 뜻을 가다듬어 이것들을 완전히 끊어 버리지 않는다면 끝내 공부를 할 여지도 없게 될 것이다.

　첫째는 자기의 마음과 뜻을 허술하게 지니고 자기의 거동과 몸가짐을 함부로 하면서 오직 한가하고 편안한 것만을 생각하고 구속을 받는 것을 몹시 싫어하는 것이다.

　둘째는 언제나 돌아다닐 생각만 하며 고요히 지내지 못하고 어지러이 드나들며 농지거리나 하면서 나날을 보내는 것이다.

　셋째는 자기와 같은 것은 좋아하고 다른 것은 싫어하며 퇴폐적인 습속에 빠져서 어느 정도 행실을 닦고 바로잡으려 하면서도 일반 사람들로부터 따돌림을 당할까 두려워하는 것이다.

넷째는 멋진 글을 써서 세상 사람들의 칭찬을 받기 좋아하고, 성현(聖賢)들의 글을 함부로 끌어다가 알맹이 없는 화려한 글을 꾸며 내는 것이다.

다섯째는 글씨 쓰는 데나 공을 들이고 거문고 뜯고 술 마시는 짓을 일삼으며 한가히 놀면서 세월을 보내면서도 스스로는 맑은 취미 생활을 한다고 하는 것이다.

여섯째는 건달들을 모아 놓고 바둑을 두거나 투전이나 하며 하루 종일 음식이나 배불리 먹고 오직 남과 다투는 일에만 몰두하는 것이다.

일곱째는 부유하고 출세한 것을 좋아하고 부러워하며 가난하고 신분이 낮은 것을 싫어하고 업신여기면서 나쁜 옷을 입고 나쁜 음식을 먹는 것을 매우 부끄럽게 여기는 것이다.

여덟째는 즐기는 일과 욕심내는 것에 절도가 없어서 이를 끊어 버리거나 절제하지 못해 재물과 이익과 노래와 여자를 사탕처럼 좋아하는 것이다.

사람들 습성 중에 마음을 해치게 되는 것이 대체로 이상과 같다. 그 나머지도 많아서 이루 다 들 수가 없는 정도이다. 이상과 같은 습성들은 사람들의 뜻을 굳건하지 않게 하고 행동을 착실하지 않게 한다. 오늘 하는 짓은 내일 가서 고치기 어렵고 아침에 후회한 자기 행동도 저녁이면 또다시 하게 되는 것이다. 반드시 용맹스런 기운을 크게 떨쳐서 한 칼로 그 뿌리를 깨끗이 잘라내듯 마음과 뜻을 깨끗이 씻어내어 가는 터럭만큼도 그 찌꺼기가 남아 있지 않도록 해야 한다. 그리고 때때로 언제나 철저히 반성하는 노력을 가하여 자기의 마음속에 한 점의 낡은 더러운 습성이 물들어 있지 않도록 해야 한다. 그렇게 된 뒤에야 공부하는 일을 얘기할 수 있게 될 것이다.

革[1]舊習[2]
혁 구습

人雖[3]有志於學이라도, 而不能勇往[4]直前[5]하여, 以[6]有所成就者는,
인수유지어학   이불능용왕직전   이유소성취자

舊習有以沮敗[7]之[8]也니라. 舊習之目[9]을, 條列[10]如左[11]하노라. 若非勵
구습유이저패지야   구습지목   조열 여좌   약비려

志[12]痛絶[13]이면, 則終無[14]爲學[15]之地[16]矣리라.
지 통절   즉종무 위학 지지 의

其一은 惰[17]其心志하고, 放[18]其儀形[19]하여, 只思[20]暇逸[21]하고, 深厭[22]
기일 타 기심지   방 기의형   지사 가일   심염

---

1 革(혁): 개혁하다, 바꾸다. 여기서는 '버리다'로 옮겼음.
2 舊習(구습): 옛날 습성, 낡은 기풍, 오래된 풍습.
3 雖(수): 비록, 비록…이라 하더라도.
4 勇往(용왕): 용감하게 나아가다, 요감하게 달려가다.
5 直前(직전): 곧장 앞으로, 똑바로 앞쪽으로.
6 以(이): …로써, …하여.
7 沮敗(저패): 가로막고 실패케 함, 무너뜨려 되지 않게 함.
8 之(지): 그것, 공부하려는 사람의 뜻을 가리키는 지시사임.
9 目(목): 조목(條目), 내용.
10 條列(조열): 조목조목 들다, 열기(列擧)하다.
11 如左(여좌): 다음과 같이, 왼편과 같이. 옛날에는 글을 오른편으로부터 왼편으로 써 갔기 때문에 다음의 글을 써넣을 곳을 '왼편과 같이'하고 표현한 것이다.
12 勵志(여지): 뜻을 가다듬는 것, 뜻을 더욱 군건히 하는 것.
13 痛絶(통절): 완전히 끊어 버리다, 깨끗이 끊다.
14 終無(종무): 끝내 …이 없다, 끝까지 …이 없다.
15 爲學(위학): 학문을 하다, 공부를 하다.
16 地(지): 여지, 공간.
17 惰(타): 게을리 하는 것, 허술하게 지니는 것.
18 放(방): 풀어놓는 것, 함부로 하는 것.
19 儀形(의형): 거동과 몸, 법도와 몸의 모습.

拘束[23]이니라.

其二는 常思動作[24]하여, 不能守靜[25]하고, 紛紜[26]出入하며, 打話[27]度日[28]이니라.

其三은 喜同[29]惡異[30]하고, 汨[31]於流俗[32]하며, 稍欲[33]修飾[34]이나, 恐[35]乖[36]於衆[37]이니라.

其四는 好以[38]文辭[39]로, 取譽[40]於時[41]하고, 剽竊[42]經傳[43]하여, 以飾浮

---

20 只思(지사): 오직 …만을 생각하다, 다만 …만을 하려하다.
21 暇逸(가일): 한가하고 편안한 것, 여유 있고 편한 것.
22 深厭(심염): 깊이 염증을 내다, 매우 싫어하다.
23 拘束(구속): 얽매이다, 속박을 받다.
24 動作(동작): 음직이고 무엇을 하다, 움직이며 돌아다니다.
25 守靜(수정): 고요함을 지키다, 조용히 지내다.
26 紛紜(분운): 어지러운 모양, 바쁜 모양.
27 打話(타화): 남과 말을 주고받는 것, 농지거리를 하는 것.
28 度日(도일): 날짜를 보내다, 세월을 보내다.
29 喜同(희동): 자기와 같은 것을 좋아하다, 자기와 같은 이들을 좋아하다.
30 惡異(오이): 자기와 (생각이나 행동 등이) 다른 것을 싫어하다. 앞 '희동'의 반대.
31 汨(골): 푹 빠지다, 골몰하다.
32 流俗(유속): 세상 습속, 퇴폐적인 풍속.
33 稍欲(초욕): 약간 …하려 하다, 조금 …하고자 하다.
34 修飾(수식): 닦고 꾸미다, 마음을 바로잡고 행동을 바르게 하다.
35 恐(공): 두려워하다.
36 乖(괴): 어긋나다, 따돌려지다.
37 於衆(어중): 여러 사람들로부터, 여러 사람들에게.
38 好以(호이): …으로써 …하기를 좋아하다.
39 文辭(문사): 글, 문장, 글을 짓는 것.
40 取譽(취예): 명예를 취하다, 좋은 칭찬을 받다.
41 於時(어시): 그 시대에, 그때 세상 사람들의.
42 剽竊(표절): 남의 글을 남몰래 끌어다 자기가 하는 말인 양 쓰는 것, 함부로 인용하는 것.
43 經傳(경전): '경'은 성인이 쓴 글, '전'은 현명한 사람이 '경'을 해설한 글.

藻⁴⁴니라.

其五는 工⁴⁵於筆札⁴⁶하고, 業⁴⁷於琴酒⁴⁸하며, 優游⁴⁹卒歲⁵⁰하여, 自謂⁵¹淸致⁵²니라.

其六은 好聚⁵³閑人⁵⁴하여, 圍碁⁵⁵局戱⁵⁶하고, 飽食⁵⁷終日하며, 只資⁵⁸爭競⁵⁹이니라.

其七은 歆羨⁶⁰富貴⁶¹하고, 厭薄⁶²貧賤⁶³하여, 惡衣⁶⁴惡食⁶⁵을, 深⁶⁶以

---

44 浮藻(부조): 알맹이는 없는 겉만 멋진 글.
45 工(공): 잘 만들다, 잘 짓다.
46 筆札(필찰): 편지, 간단한 글, 글씨를 쓰는 것. 본시 '필'은 붓, '찰'은 종이가 없던 시절에 글을 쓰던 나무 쪽지임.
47 業(업): 직업, 하는 일.
48 琴酒(금주): 거문고와 술, 거문고를 뜯고 술을 마시다.
49 優游(우유): 한가히 놀다, 여유 있게 놀다.
50 卒歲(졸세): 한 해를 마치다, 세월을 보내다.
51 自謂(자위): 스스로 말하다, 스스로 …이라 여기다.
52 淸致(청치): 맑은 운치, 깨끗한 취향.
53 聚(취): 모으다, 모이게 하다.
54 閑人(한인): 한가한 사람, 할 일 없는 사람, 건달.
55 圍碁(위기): 바둑, 바둑을 두다.
56 局戱(국희): 박색(博塞), 투전, 투전 놀이를 하다.
57 飽食(포식): 배불리 먹는 것.
58 資(자): 자금을 쓰다, 힘을 쓰다, 모든 것을 바치다.
59 爭競(쟁경): 남과 다투다, 남과 겨루다, 경쟁하다.
60 歆羨(흠선): 좋아하고 부러워하다.
61 富貴(부귀):경제적으로 부유하고 사회적으로 출세하여 높은 지위에 있는 것.
62 厭薄(염박): 싫어하고 가볍게 여기는 것.
63 貧賤(빈천): 가난하고 사회적으로 낮은 지위에 있는 것, '부귀'의 반대.
64 惡衣(악의): 나쁜 옷, 값싸거나 해진 옷.
65 惡食(악식): 나쁜 음식.
66 深(심): 깊이, 매우, 대단히.

爲恥[67]니라.

其八은 嗜慾[68]無節[69]하여, 不能斷制[70]하고, 貨利聲色[71]을, 其味[72]如蔗[73]니라.

習之害心者[74]이, 大槪如是[75]요, 其餘[76]難以[77]悉擧[78]니라. 此習이 使人[79]志不堅固[80]하고, 行不篤實[81]이니라. 今日[82]所爲[83]를, 明日[84]難改[85]하고, 朝悔[86]其行이라가, 暮已[87]復然[88]하니라. 必須[89]大奮[90]勇猛之志[91]하

---

67 爲恥(위치): 치욕으로 여기다, 부끄럽게 여기다.
68 嗜慾(기욕): 기호(嗜好)와 욕망(慾望), 좋아하는 것과 욕심을 내는 것, 즐기는 것과 하고 싶어 하는 것.
69 無節(무절): 절도가 없다, 절제를 못하다.
70 斷制(단제): 끊어 버리고 억누르다, 단절하고 절제하다.
71 貨利聲色(화리성색): '화'는 재물, '리'는 이익, '성'은 음악 또는 노래, '색'은 여색(女色), 곧 여자들과 즐기는 것.
72 味(미): 맛, 취미.
73 蔗(자): 사탕수수, 사탕.
74 害心者(해심자): 마음을 해치는 것.
75 如是(여시): 이와 같다, 이러하다.
76 其餘(기여): 그 나머지.
77 難以(난이): …을 …하기 어렵다.
78 悉擧(실거): 모두 들다, 일일이 열거하다.
79 使人(사인): 사람들로 하여금, 사람들을 …하게 만들다.
80 堅固(견고): 강하고 굳건한 것, 튼튼하고 굳은 것.
81 篤實(독실): 두텁고 견실하다, 단단하고 착실하다.
82 今日(금일): 오늘.
83 所爲(소위): 한 일, 행한 일.
84 明日(명일): 내일, 다음 날.
85 難改(난개): 고치기 어려운 것, 바꾸기 힘든 것.
86 朝悔(조회): 아침에 후회하다, 조금 전에 뉘우치다.
87 暮已(모이): 저녁에 이미, 조금 뒤에 바로.
88 復然(부연): 다시 그렇게 함, 다시 그런 짓을 함.

여, 如將[92]一刀[93]로, 快斷[94]根株[95]하고, 淨洗[96]心志하여, 無毫髮[97]餘脈[98]이니라. 而時時[99]每加[100]猛省之功[101]하여, 使此心無一點舊染之汚[102]니라. 然後[103]可以論[104]進學[105]之工夫[106]矣니라.

> **해설**
>
> '옛 낡은 습성은 버려야 한다'는 것은 곧 공부를 하려는 사람은 공부하지 않을 적과 전혀 다른 새로운 사람이 되어야만 한다는 것이다. 공부하려는 사람이 반드시 버려야만 할 낡은 습성을 여덟 가지로 나누어 설명하고 있다.
>
> 첫째는 자기의 마음과 뜻을 허술하게 지니고 자기의 거동과

---

89 必須(필수): 반드시, 모름지기.
90 大奮(대분): 크게 분발하다, 크게 떨치다.
91 勇猛之氣(용맹지기): 용감하고 사나운 기운, 용감하고 힘찬 기운.
92 如將(여장): …을 가지고 …하는 것처럼.
93 一刀(일도): 한 자루의 칼.
94 快斷(쾌단): 통쾌히 자르다, 깨끗이 잘라내다.
95 根株(근주): 뿌리, 뿌리와 그루터기.
96 淨洗(정세): 깨끗이 씻다, 깨끗이 씻어내다.
97 毫髮(호발): 가는 터럭과 머리카락, 가는 디럭, 털끝. 극히 작거니 적은 것을 가리킴.
98 餘脈(여맥): 나머지 줄기, 찌꺼기.
99 時時(시시): 때때로, 언제나.
100 每加(매가): 언제나 …을 가하다, 그때마다 …을 더하다.
101 猛省之功(맹성지공): 철저히 반성하는 노력, 맹렬히 반성하는 일.
102 舊染之汚(구염지오): 옛날에 물든 더러운 것, 옛날 물든 더러운 습성.
103 然後(연후): 그러한 뒤에, 그렇게 한 다음에.
104 論(론): 논하다, 얘기하다.
105 進學(진학): 학문으로 나아가다, 공부를 하다.
106 工夫(공부): 공부, 노력, 일. '진학지공부'는 곧 '공부하는 일'이라 보면 된다.

몸가짐을 함부로 하면 안 된다는 것이다.

둘째는 언제나 돌아다닐 생각만 해 고요히 지내지 못하고 농지거리나 하면서 나날을 보내면 안 된다는 것이다.

셋째는 자기와 같은 것만 좋아하고 퇴폐적인 습속에 빠져서 행실을 닦고 바로잡으려 하면서도 다른 사람들이 두려워 제대로 못하면 안 된다는 것이다.

넷째는 멋진 글을 써서 세상 사람들의 칭찬을 받으려 하고, 성현(聖賢)들의 글을 함부로 끌어다가 알맹이 없는 글을 꾸미는 짓을 하면 안 된다는 것이다.

다섯째는 글씨 쓰는 데나 공을 들이고 거문고 뜯고 술 마시는 짓을 일삼고 놀면서 스스로는 맑은 취미 생활이라고 하면 안 된다는 것이다.

여섯째는 건달들을 모아 놓고 바둑을 두거나 노름이나 하며 음식이나 배불리 먹고 남과 다투는 일이나 하고 지내면 안 된다는 것이다.

일곱째는 부유하고 출세한 것을 좋아하고 부러워하며 가난하고 신분이 낮은 것을 싫어하고 부끄럽게 여기면 안 된다는 것이다.

여덟째는 재물과 이익과 노래와 여자 같은 즐기는 일과 욕심 내는 것에 절도가 없어서 이를 끊어 버리거나 절제하지 못하면 안 된다는 것이다.

율곡 선생의 가르침을 그대로 따르면 공부를 시작하자마자 그대로 성인이 되고 말 것만 같다.

제3장

자기 몸을
잘 건사해야 함

持身

1

　공부하는 사람은 반드시 성실한 마음으로 올바른 도로 나아가려고 해야지 세상의 저속한 잡된 일로 그의 뜻을 어지럽혀서는 안 된다. 그렇게 된 다음에야 하는 공부에 터전이 마련될 것이다. 공자께서는 "충실함과 신의를 위주로 해야 한다"고 하셨다. 주희(朱熹)는 그 말을 이렇게 풀이하였다.
　"사람이 충실하지 않고 신의가 없다면 하는 일에 모두 진실성이 없어서 악한 짓은 하기 쉬워지고 착한 일은 하기 어렵게 된다. 그러므로 반드시 이것들을 위주로 해야만 하는 것이다."
　반드시 충실함과 신의를 위주로 하고서 용감하게 공부를 한 다음에야 이룩하는 바가 있게 될 것이다. 황간(黃幹)이 말한 "참되고 착실한 마음가짐으로 애써 공부해야 한다"는 두 마디가 공부하는 방법을 다 말해 주고 있다.

持身[1]
지신

學者必誠心[2]向道[3]요, 不以世俗[4]雜事[5]亂其志[6]니라. 然後爲學[7]有基
학자필성심향도 불이세속잡사 란기지 연후위학유기

址[8]니라. 夫子[9]曰; 主忠信[10]이라 하시니라. 朱子[11]釋之[12]曰;
지 부자왈 주충신 주자석지왈

人不忠信이면, 事皆無實[13]하여, 爲惡[14]則[15]易[16]하고, 爲善則難이니
인불충신 사개무실 위악 즉 이 위선즉난

라. 故로 必以是[17]爲主焉[18]이라 하시니라.
고 필이시 위주언

---

1 持身(지신): 몸을 잘 건사하는 것, 자기 몸가짐을 잘 하는 것.
2 誠心(성심): 성실한 마음, 정성스런 마음.
3 向道(향도): 도를 향함, 올바른 도를 따라 공부하려는 마음을 지니는 것.
4 世俗(세속): 세상 습속, 세상의 저속한.
5 雜事(잡사): 잡된 일, 올바른 도에서 벗어나는 일들을 가리킴.
6 其志(기지): 그의 뜻, 공부하려고 세운 뜻.
7 爲學(위학): 학문을 추구하는 것, 공부를 하는 것.
8 基址(기지): 터전, 기반.
9 夫子(부자): 선생님. 여기서는 공부자(孔夫子), 곧 공자를 가리킴.
10 忠信(충신): 충실함과 신의, 충성과 믿음. "충실함과 신의를 위주로 하라"는 공자의 말은 『논어』 학이(學而)·자한(子罕)·안연(顔淵)편 등 여러 곳에 보임.
11 朱子(주자): 주희(朱熹, 1130-1200), 남송시대의 대학자. 북송시대 여러 이학자(理學者)들의 이론을 모아 정리하고 체계를 세워 성리학(性理學)이라는 새로운 유학을 발전시킨 학자임. 특히 우리 조선시대 학문은 주자학(朱子學)만을 받들어 독특한 학술 문화를 이룩하고 있었음. 앞의 해설 참고 바람.
12 釋之(석지): 그것을 해석하다, 거기에 대해 해석하다.
13 無實(무실): 실속이 없다, 진실성이 없다.
14 爲惡(위악): 악한 짓을 하다, 나쁜 일을 하다. 뒤 구절의 선(善) 곧 착한 것, 또는 훌륭한 것의 반대 뜻.
15 則(즉): 곧, …은 곧 …하다.
16 易(이): 쉽다, 뒤의 난(難) 곧 어려운 것의 반대 뜻.

必以忠信爲主하고, 而¹⁹勇²⁰下工夫²¹라야, 然後能有所成就²²니라. 黃
필이충신위주   이 용 하공부   연후능유소성취   황

勉齋²³所謂²⁴眞實²⁵心地²⁶로, 刻苦²⁷工夫니라고 한, 兩言盡之²⁸矣로다.
면재 소위 진실 심지   각고 공부   양언진지 의

> **해설**
> 공부하는 사람이 지녀야만 할 올바른 몸가짐에 대해 설명을 하면서, 이 글을 쓴 이는 무엇보다도 먼저 공자가 『논어』에서 여러 번 강조한 "충실함과 신의를 위주로 하라"고 한 말을 인용하고 있다. 공부를 하려는 사람은 먼저 '충실함과 신의'를 지키려는 마음을 지니고 모든 일을 하여야만 세운 뜻대로 반드시 '성인이 되겠다'는 자신의 목표에 다가갈 수가 있다는 것이다. 그리고 올바른 몸가짐을 가지고 공부하는 방법으로는 남송 때의 학자이며 주희의 제자인 황간(黃榦)의 말을 인용하여 "참되고 착실한 마음가짐으로 애써 공부해야 한다"고 결론짓고 있다. 주자학자들

---

17 以是(이시): 이것으로써, 이것을 가지고. 곧 충실함과 신의를 가지고.
18 焉(언): 조사, 문장 끝머리에 붙어 단정의 뜻을 나타냄.
19 而(이): 그리고.
20 勇(용): 용감하게, 용기를 내어.
21 下工夫(하공부): 공부를 하다, 공부하는 노력을 하다.
22 所成就(소성취): 성취하는 바, 이룩하는 것.
23 黃勉齋(황면재): 남송 때의 학자 황간(黃榦, 1152-1221), 자는 직경(直卿), 호가 '면재'이며 주희의 제자이고 사위이기도 하다. 안경부(安慶府) 등에서 벼슬을 하였는데 고을 잘 다스려서 백성들의 칭송을 받았다. 저서로 『면재문집(勉齋文集)』 40권을 남겼다.
24 所謂(소위): 말한 바, 말한 것.
25 眞實(진실): 참되고 착실한 것, 참되고 확실한 것.
26 心地(심지): 마음 바탕, 마음가짐.
27 刻苦(각고): 애쓰다, 매우 노력하는 것.
28 盡之(진지): 그것을 다하다, 충실함과 신의를 가지고 공부하는 사람이 몸을 건사하는 방법을 다 설명하고 있다는 뜻.

이 공부를 하는 것은 마치 종교인이 자신의 종교적인 목적을 위해 수양하는 것과 같은 느낌이 든다. 지금 우리가 생각하는 것보다는 공부에 무척 엄숙한 태도로 다가가고 있기 때문이다.

2

언제나 반드시 아침 일찍 일어나고 밤늦게 자야 한다. 옷과 관은 반드시 바르게 입고 써야 하고, 얼굴빛은 반드시 엄숙해야 하며, 오른손 위에 왼손을 포개 잡고 꼿꼿이 앉아야 하고, 걸음걸이는 찬찬하고 얌전해야 하며, 말은 조심하고 삼가서 해야 한다. 움직일 때나 가만히 있을 때나 언제든지 가볍고 경솔하여 의젓하지 못하게 함부로 행동해서는 안 된다.

몸과 마음을 간수하는 데 있어서는 '아홉 가지 모습'보다 더 절실한 것은 없다. 공부를 해 나가고 지혜를 늘리는 데 있어서는 '아홉 가지 생각'보다 더 절실한 것은 없다.

여기서 말하는 '아홉 가지 모습'이라는 것은, 발의 모습은 무거워야 하고[가볍게 행동하지 않는다는 것이다. 만약 어른들 앞에 불려 나가게 된다면 여기에 얽매여서는 안 된다], 손의 모습은 공손해야 하고[손은 함부로 놀리지 않는다는 것이다. 할 일이 없을 때는 마땅히 단정히 두 손을 마주잡고 아무렇게나 움직여서는 안 된다], 눈의 모습은 단정해야 하고[그의 눈길은 안정되고 곧고 바르게 바라보아야 한다. 곁눈질을 하거나 흘겨보아서는 안 된다], 입의 모습은 멈추어져 있어야 하고[말을 하거나 음식을 먹을 때가 아니라면 곧 입은 언제나 움직이지 말아야 한다], 목소리 모습은 고요해야 하고[마땅히 몸의 기운을 고르게 간직하여 재채기나 기침 같은 잡소리를 내어서는 안 된다], 머리 모습은 곧아야 하고[마땅히 머리는 반듯하고 몸은 곧게 지니어 기울어지고 돌아가거나 한 편으로 기울어져서는 안 된다], 숨 쉬는 모습은 엄숙해야 하고[코로 부드럽고 고르게 숨을 쉬어 숨 쉬는 소리를 내어서는 안 된다], 서 있는 모습은 후덕해야 하고[바르게 서서 기울어지지 않고 의젓이 덕이 있는 기상이 있어야 한다], 얼굴빛 모습은 장중해야 한다[얼굴빛은 안정되어 있어서 게으름 피우는 기색이 없어야 한다]는 것이다.

그리고 '아홉 가지 생각'이라는 것은 볼 때는 밝게 볼 것을 생각하고[볼 때 가려지는 것이 없으면 곧 밝게 보지 못하는 것이 없게 된다], 들을 때는 분명히 들을 것을 생각하고[들을 때 막히는 것이 없으면 곧 분명하게 듣지 못하는 것이 없게 된다], 얼굴빛은 따스하게 지닐 것을 생각하고[얼굴빛을 부드럽게 펴서 성 내는 기색이 없어야 한다], 겉모습은 공손하게 지닐 것을 생각하고[자기 몸의 거동과 모습이 단정하고 의젓하지 않은 점이 없어야 한다], 말은 충실하게 할 것을 생각하고[한 마디의 말을 하더라도 충실하고 신의가 없는 말이 없어야 한다], 일은 공경스럽게 처리할 것을 생각하고[한 가지 일을 하더라도 공경스럽게 삼가지 않고 하는 일이 없어야 한다], 의심스러운 일은 남에게 물어볼 것을 생각하고[마음에 의심이 있으면 반드시 먼저 공부하여 알고 있는 사람에게 찾아가 자세히 물어 잘 알지 않고 그만두는 일이 없어야 한다], 화가 날 때는 어려움을 당할 때를 생각하고[화가 나는 일이 있으면 자신을 돌아보아 올바른 도리를 찾아 자신을 이겨내야 한다], 이로운 것이 생길 때는 의로운 일인가를 생각해야 하는 것[재물이 생기게 되면 반드시 의로움과 이로움의 분별을 분명히 따져 의로움에 합당한 다음에야 그것을 자기가 가져야 한다] 등이다.

언제나 '아홉 가지 모습'과 '아홉 가지 생각'을 마음속에 간직하고 자기 몸을 단속하여 잠깐 동안이라도 팽개쳐 버려서는 안 되는 것이다. 또 이것을 늘 앉는 자기 자리 곁에 써놓고 때때로 눈여겨보아야 할 것이다.

常須[29] 夙興[30] 夜寐[31]니라. 衣冠[32]必正하고, 容色[33]必肅[34]하며, 拱手[35] 危坐[36]하고, 行步[37]安詳[38]하며, 言語愼重[39]이니라. 一動一靜[40]을, 不可輕忽[41] 苟且[42] 放過[43]니라.

---

29 常須(상수): 언제나 반드시.
30 夙興(숙흥): 아침 일찍이 일어나는 것.
31 夜寐(야매): 밤늦게 자는 것.
32 衣冠(의관): 옷과 관, 몸에 걸치는 옷과 머리에 쓰는 모자 종류.
33 容色(용색): 얼굴빛.
34 肅(숙): 엄숙한 것.
35 拱手(공수): 손을 모아 잡다, 오른손 위에 왼손을 포개 잡고 있는 것.
36 危坐(위좌): 몸을 꼿꼿이 하고 앉아 있는 것. '위'는 위태롭다는 뜻 이외에, 높다, 꼿꼿하다, 바르다는 듯도 있다.
37 行步(행보): 다니는 걸음걸이.
38 安詳(안상): 찬찬하고 얌전한 것, 찬찬하고 조용한 것.
39 愼重(신중): 조심하고 무겁게 하다, 조심하고 삼가다.
40 一動一靜(일동일정): 한 번 움직이고 한 번 조용히 있는 것, 움직이거나 조용히 있거나 언제든지.
41 輕忽(경홀): 가볍게 소홀히 하는 것.
42 苟且(구차): 말이나 행동이 떳떳하지 못한 것, 의젓하지 않은 것.
43 放過(방과): 내버려두는 것, 아무렇게나 행동하는 것.

收斂[44]心身에, 莫切[45]於九容[46]이니라. 進學[47]益智[48]에, 莫切於九思[49]니라.

所謂[50]九容者[51]는, 足容重하고[不輕擧[52]也라. 若[53]趍[54]于[55]尊長[56]之前이면, 不可[57]拘此[58]니라.], 手容恭[59]하고[手無慢弛[60]니라. 無事면 則當端拱[61]不妄動[62]이니라.], 目容端[63]하고[定[64]其眼睫[65]하고, 視瞻[66]當正이라. 不可流眄[67]邪睇[68]니라.], 口容止[69]하고[非言語[70]飲食[71]之時면, 則口常不動

---

44 收斂(수렴): 거두어들이고 간수하는 것, 잘 간수하는 것.
45 莫切(막절): …보다 더 절실한 것은 없다.
46 九容(구용): 아홉 가지 모습.
47 進學(진학): 배움으로 나아가다, 공부를 계속 하다.
48 益智(익지): 지혜를 더 늘이다, 지혜를 발전시키다.
49 九思(구사): 아홉 가지 생각.
50 所謂(소위): 이른바, …이라 말하는 것은.
51 者(자): …이라는 것, …이라는 물건.
52 輕擧(경거): 가벼이 행동하다, 가벼이 일어나다.
53 若(약): 만약.
54 趍(추): 나아가다.
55 于(우): …으로, …에. 어(於)와 같이 쓰임.
56 尊長(존장): 나이 많은 어른, 손윗사람.
57 不可(불가): …해서는 안 된다.
58 拘此(구차): 여기에 구속 받다, 이것에 얽매이다.
59 恭(공): 공손한 것.
60 慢弛(만이): 아무렇게나 버려두다, 함부로 움직이다.
61 端拱(단공): 단정히 두 손을 마주잡고 있는 것.
62 妄動(망동): 함부로 움직이다, 아무렇게나 움직이다.
63 端(단): 단정한 것, 반듯한 것.
64 定(정): 안정된 것.
65 眼睫(안첩): 눈길, 바라보는 눈.
66 視瞻(시첨): 바라보는 것, 보는 것.
67 流眄(유면): 곁눈질을 하는 것.

이니라.], 聲[72]容靜하고[當整攝[73]形氣[74]하여, 不可出噦咳[75]等雜聲[76]이니라.], 頭[77]容直[78]하고[當正頭[79]直身[80]하여, 不可傾回[81]偏倚[82]니라.], 氣[83]容肅하고[當調和[84]鼻息[85]하여, 不可使有聲氣[86]니라.], 立容德[87]하고[中立[88]不倚[89]하여, 儼然[90]有德之氣像[91]이니라.], 色容莊[92][顏色整齊[93]하여, 無怠慢[94]之氣니라.]이니라.

---

68 邪睇 (사제): 흘겨보다, 비뚤어지게 보다.
69 止(지): 멈춰 있는 것.
70 言語(언어): 말을 하는 것.
71 飮食(음식): 음식을 마시고 먹고 하는 것.
72 聲(성): 소리, 목소리.
73 整攝(정섭): 고르게 간직하다, 정제하게 지니다.
74 形氣(형기): 몸의 기운, 몸의 모습과 기운.
75 噦咳(얼해): 재채기와 기침, 재채기를 하고 기침을 하다.
76 雜聲(잡성): 잡된 소리.
77 頭(두): 머리.
78 直(직): 곧은 것, 꼿꼿한 것.
79 正頭(정두): 머리를 반듯하게 지니는 것.
80 直身(직신): 몸을 곧게 지니는 것.
81 傾回(경회): 기울어지고 돌아가다, 비뚤어지다.
82 偏倚(편의): 한 편으로 기울어지다, 비뚤어지게 기대다.
83 氣(기): 공기를 호흡하는 것, 숨을 쉬는 것.
84 調和(조화): 부드럽고 고르게 하다, 조화시키다.
85 鼻息(비식): 코로 숨을 쉬는 것.
86 聲氣(성기): 숨 쉬는 소리, 소리 내며 숨을 쉬다.
87 德(덕): 덕이 있는 것, 후덕한 것.
88 中立(중립): 바르게 서는 것.
89 不倚(불의): 기울어지지 않는 것.
90 儼然(엄연): 의젓한 모양.
91 氣像(기상): 밖으로 들어나는 모습.
92 莊(장): 장중한 것, 묵직한 것.
93 整齊(정제): 고르게 정돈되어 있는 것, 안정되어 있는 것.
94 怠慢(태만): 게으름 피우다, 의욕이 없는 것.

所謂九思者는, 視[95]思明하고[視無所蔽[96]면, 卽明無不見[97]이니라.], 聽[98]思聰[99]하고[聽無所壅[100]이면, 卽聰無不聞[101]이니라.], 色思溫[102]하고[容[103]色和舒[104]하여, 無忿厲[105]之氣니라.], 貌[106]思恭하고[一身[107]儀形[108]이, 無不端莊[109]이니라.], 言思忠[110]하고[一言之發[111]도, 無不忠信이니라.], 事思敬[112]하고[一事之作[113]도, 無不敬愼[114]이니라.], 疑[115]思問[116]하고[有疑於心이면, 必就[117]先覺[118]審問[119]하여, 不知不措[120]니라.], 忿[121]思難[122]하고[有忿必懲[123]

---

95 視(시): 눈으로 보는 것.
96 無所蔽(무소폐): 가려진 데가 없는 것.
97 無不見(무불견): 제대로 보지 못하는 것이 없는 것.
98 聽(청): 귀로 소리를 듣는 것.
99 聰(총): 분명하게 소리를 듣는 것.
100 壅(옹): 막히다, 가려지다.
101 聞(문): 듣는 것.
102 溫(온): 따듯하다, 따스하다.
103 容(용): 얼굴.
104 和舒(화서): 부드럽게 펴다.
105 忿厲(분려): 성내다, 화를 내다.
106 貌(모): 겉 모습, 몸의 바깥 모습.
107 一身(일신): 한 몸, 곧 자기 몸.
108 儀形(이형): 거동과 모습, 몸의 움직임.
109 端莊(단장): 단정하고 의젓함, 반듯하고 무게가 있음.
110 忠(충): 충실한 것, 성실한 것.
111 發(발): 말을 하는 것, 말이 나오는 것.
112 敬(경): 공경스러운 것, 존경하는 것.
113 作(작): 일을 하는 것, 물건을 만드는 것.
114 愼(신): 삼가다, 신중히 하다.
115 疑(의): 의문 나는 것, 의심스러운 것.
116 問(문): 묻다, 질문하다.
117 必就(필취): 반드시 가다, 반드시 찾아가다.

하여, 以理自勝[124]이니라.], 見得[125]思義[126]니라[臨財[127]必明義利之辨[128]하여, 合義[129]然後取之[130]니라.].

常以九容九思를, 存[131]於心하고, 檢[132]其身하여, 不可頃刻[133]放捨[134]니라. 且[135]書諸[136]座隅[137]하여, 時時[138]寓目[139]이니라.

이상 괄호 안에 들어 있는 작은 글씨의 글은 작자 이이가 앞의 글귀에

---

118 先覺(선각): 자기보다 먼저 공부하여 알고 있는 사람, 먼저 깨닫고 있는 사람.
119 審問(심문): 자세히 묻는 것.
120 不知不措(부지부조): 알지 않고는 버려두지 않는다, 알지 않으면 그만두지 않는다.
121 忿(분): 분노, 화가 나는 것.
122 難(난): 어려운 것, 어려운 때(일).
123 懲(징): 조심하고 생각하다, 자신을 돌아보다.
124 以理自勝(이리자승): 올바른 도리로 자기 자신을 이겨내다, 도리를 따라 자신의 화나는 마음을 극복하는 것.
125 見得(견득): 이익을 보다, 이득을 얻다.
126 義(의): 의로움, 정의.
127 臨財(임재): 재물을 대하다, 재물이 생기게 되는 것.
128 義利之辨(의리지변): 의로움과 이익의 분별, 이익이 의로운 것인가 따져보는 것.
129 合義(합의): 의로움에 합당한 것.
130 取之(취지): 그것을 취하다, 자기 앞의 재물을 갖는 것.
131 存(존): 놓아두다, 보존하다.
132 檢(검): 단속하다.
133 頃刻(경각): 짧은 동안, 잠깐 동안.
134 放捨(방사): 놓아 버려두다, 내팽개치다.
135 且(차): 또, 그리고.
136 諸(저): 지(之)와 어(於)라는 조사가 합쳐진 것 같은 음과 뜻을 지닌 조사. …을 …에. 따라서. 書諸(서저)는 그것을 …에 써 놓다.
137 座隅(좌우): 앉는 자리 모퉁이, 자기가 늘 앉아 공부하는 자리 옆.
138 時時(시시): 때때로.
139 寓目(우목): 눈을 돌리다, 눈여겨보다.

대한 뜻을 해설하기 위해 그 글귀 밑에 써넣은 것임. 뒤에도 가끔 보일 것임.

해설

 "아침 일찍 일어나고 밤늦게 자라"는 당부에서부터 시작하여 입는 옷과 얼굴빛은 물론 말과 손발의 움직임까지도 반듯하고 엄숙하게 하라는 가르침이, 공부하는 사람의 몸가짐이 아니라 종교적인 수양을 하는 사람의 몸가짐을 두고 하는 가르침처럼 엄정하다.

 '아홉 가지 모습'과 '아홉 가지 생각'은 사람들의 올바른 몸가짐과 마음가짐 및 반듯한 행동에 대해 자세히 설명한 것이다.

 '아홉 가지 모습'에서는 발에서 시작하여 손·눈·입·목소리·머리·숨 쉬는 것·서 있을 때·얼굴빛에 대해 가르침을 내리고 있는데, 대체로 공부할 적이나 공부하는 학당에서의 몸가짐이라고 보아야 할 것이다. 사람이 언제나 발의 모습을 '무겁게' 지니고, 입의 모습은 '멈추어 있게' 하고, 목소리의 모습은 '고요하게' 지닌다는 것은 밑에 다시 저자 이이의 설명이 있기는 하지만 어려운 일이다.

 그러나 '아홉 가지 생각'은 공부하는 사람들이 일상생활 속에서도 늘 유념해야 할 문제들이라 여겨진다. 끝으로 이 '아홉 가지 모습'과 '아홉 가지 생각'을 공부하는 자리 곁에 서서 붙여 놓고 때때로 눈여겨 읽어보라 하였으니 지극히 엄격한 스승을 만난 것 같다.

3

 예의에 어긋나는 것은 보지 말고, 예의에 어긋나는 것은 듣지 말고, 예의에 어긋나는 것은 말하지 말고, 예의에 어긋나는 경우에는 움직이지 않아야 한다. 이 네 가지는 몸을 닦는 데 긴요한 것이다.
 예의에 들어맞는가 예의에 어긋나는가를 처음 공부를 시작한 사람은 분별하기 어려운 일이니, 반드시 이치를 추구해서 그 문제를 밝히도록 해야 한다. 다만 이미 자기가 알고 있는 것을 힘써 그대로 행하기만 해도 곧 예의에 대한 생각이 반 이상 올바르게 될 것이다.

 非禮[140]勿視[141]하고, 非禮勿聽하고, 非禮勿言하고, 非禮勿動이니라. 四者[142]는 修身[143]之要[144]也니라.
 禮與非禮를 初學難辨[145]이니, 必須窮理[146]而明之니라. 但[147]於已知處[148]力行[149]之면, 則思[150]過半[151]矣니라.

---

140 非禮(비례): 예가 아닌 것, 예의에 어긋나는 것.
141 勿視(물시): 보지 말라.
142 四者(사자): 앞에 말한 네 가지 일.
143 修身(수신): 몸을 닦는 것, 자신을 수양하는 것.
144 要(요): 중요한 것, 긴요한 것, 요점.
145 難辨(난변): 분별하기 어렵다.
146 窮理(궁리): 이치를 추구하는 것, 도리를 연구하는 것.
147 但(단): 다만, 그러나.
148 已知處(이지처): 이미 알고 있는 곳, 이미 알게 된 것.
149 力行(역행): 힘써 행하다, 힘써 실천하다.

> **해설**

　이 대목에서 첫머리에 말하고 있는 "예의에 어긋나는 것은 보지 말고, 예의에 어긋나는 것은 듣지 말고, 예의에 어긋나는 것은 말하지 말고, 예의에 어긋나는 경우에는 움직이지 않아야 한다"는 말은 『논어』 안연(顔淵)편에 실려 있는 공자의 말을 인용한 것이다. 『논어』에서는 공자가 가장 사랑하던 제자 안연(顔淵)이 스승에게 스승이 가장 강조하던 윤리의 하나인 '어짊(仁)'에 대해 질문을 하자 공자는 "자기를 이겨내고 예의로 돌아가는 것이 어짊이다(克己復禮爲仁)"라고 대답하고 있다. 안연이 다시 '자기를 이겨내고 예의로 돌아가 어짊을 이룩하는' 자세한 방법을 설명해 달라고 요청하자 공자가 앞에 인용한 말로 제자 안연에게 가르치고 있다. 이이는 이 말을 인용하고 이 네 가지 일은 "자기 몸을 닦는 데 긴요한 것"이라 말하고 있다. "자기를 이겨내고 예의로 돌아가 어짊을 이룩하는 것"이 바로 매우 긴요한 '자기 몸을 닦는 일'이 되기 때문이다.

　다만 처음 공부를 시작하는 사람들에게는 그 일이 "예의에 합당한 것인가 예의에 어긋나는 것인가를 분별하는 일"이 매우 어렵다. 유가사상은 윤리가 그 중심을 이루고 있기 때문에 정치 사회의 공적인 활동에서부터 모든 개인적인 활동에 이르기까지 모든 행동 기준이 예의로 정해져 있다. 보통 사람은 누구나가 하

---

150 思(사): 생각, 여기서는 예의에 들어맞는 일인가 예의에 어긋나는 일인가를 분별하는 올바른 생각을 말함.
151 過半(과반): 반을 지나치다, 반을 넘다, 반 이상이 되다.

게 되는 결혼식이나 제사지내는 것 같은 예의 절차도 다 알 수가 없을 정도로 복잡하고 엄격하다. 이이가 예의를 강조하면서도 끝머리에서 "다만 이미 자기가 알고 있는 것을 힘써 그대로 행하기만 해도 곧 예의에 대한 생각이 반 이상 올바르게 될 것이다"라고 말하고 있는 것도 세상에 쓰이고 있는 예의 절차는 누구나가 다 알 수는 없는 것이기 때문이다. 때문에 예의는 자기가 이미 알고 있는 것만이라도 철저히 바르게 지키려는 노력이 가장 소중하다는 것이다.

4

공부는 일상생활을 하며 일하는 중에 하게 되는 것이다. 만약 평상생활에서 몸가짐을 공손히 하고 일처리는 공경히 하고 남들과 충실하게 어울리면 곧 이것을 공부한다고 말하게 되는 것이다. 책을 읽는 것은 이러한 이치를 밝히고자 하는 것이다.

爲學[152]在[153]於日用[154]行事[155]之間[156]이니라. 若於平居[157]에, 居處[158]恭
위학　　재　어일용　　행사　　지간　　　　　약어평거　　　거처　공

152　爲學(위학): 공부를 하다, 학문을 하다.
153　在(재): …에 있다, …에 달려 있다.
154　日用(일용): 일상생활.
155　行事(행사): 일을 하다.
156　間(간): …사이, …중.
157　平居(평거): 평상생활, 평소.
158　居處(거처): 생활하는 몸가짐, 일상생활.

하고, 執事[159]敬하고, 與人[160]忠이면, 則是名[161]爲學이니라. 讀書者[162]는, 欲明[163]此理[164]니라.

> **해설**
>
> 이 책의 첫머리에서 밝히고 있듯이 옛날 주자학자들의 공부하는 최종 목적은 성인이 되는 데 있었다. 성인이 되기 위해서는 일상생활의 모든 행동을 올바로 예의에 알맞게 해야 한다. 책을 읽는 것은 성인이 되기 위해서가 아니라 성인이 되는 방법과 성인의 품성을 올바로 알기 위해서이다. 주자(朱子)는 "학자들의 공부는 오직 '공경히 처신하는 것(居敬)'과 '이치를 연구하는 것(窮理)' 두 가지 일에 달려 있다"[165]고 하였다.
>
> 성인은 몸가짐이나 행동도 올발라야 하지마는 세상의 모든 이치를 제대로 알아야 하기 때문이다. 이 대목에서 "몸가짐을 공손히 하고 일처리는 공경히 하고 남들과 충실하게 어울려야 한다(居處恭하고, 執事敬하고, 與人忠하라)"고 한 가르침은 『논어』 자로(子路)편에서 공자가 어진 행동을 설명한 말 중에 보인다. 주희가 많이 쓴 '거경(居敬)'이란 말이 여기에서 나온 것이다.

---

159 執事(집사): 하는 일, 일을 처리하는 것.
160 與人(여인): 사람들과 함께 하다, 남과 어울리다.
161 名(명): 이름하다, …이라 부르다.
162 讀書者(독서자): 책을 읽는 것, 책을 통해서 공부하는 것.
163 欲明(욕명): …을 밝히고자 하다.
164 此理(차리): 이 이치, 이러한 도리.
165 『朱子語類』卷九; "學者工夫, 唯在居敬窮理二事."

성리학자들이 책을 통해 글공부를 하는 것은 '이치를 추구하는 한 가지 방법'에 불과한 것이다. 따라서 글을 짓는 일은 그다지 장려할 일이 못 된다고 생각하였다. 어떤 사람이 주자가 스승으로 받드는 북송시대의 성리학자 정자(程子)에게 "글을 짓는 것은 올바른 도를 해칩니까?" 하고 묻자 정자는 이런 대답을 하고 있다.

"해친다. 모든 글이란 뜻을 집중하지 않으면 훌륭하게 쓰지 못한다. 만약 뜻을 집중한다면 그의 뜻은 여기에 매이게 된다. 어찌 뜻을 하늘땅과 같이 크게 지닐 수가 있겠느냐? 『서경』에 '물건을 좋아하고 즐기면 뜻을 잃게 된다(玩物喪志.)'고 하였는데, 글을 짓는 것도 물건을 좋아하고 즐기는 거나 같은 것이다."[166]

이 대목에서는 공부하는 방법으로 특히 "공경히 처신할 것"을 강조하고 있는 것이다.

5

옷은 화려하고 사치스러운 것을 입으면 안 되고 추위를 막을 수만 있으면 그뿐이어야 한다. 음식은 달고 맛있는 것을 먹으려 하면 안 되고 배고픔을 면할 수 있으면 그뿐이어야 한다. 사는 곳은 안락하고 편한 곳을 찾으면 안 되고 병이 나지 않을 수 있으면 그뿐이어야 한다.

---

[166] 朱子 『近思錄』 卷三, 『程氏遺書』 卷十八에 보임.

오직 공부를 하는 데 노력하는 일과 마음가짐을 올바르게 하는 일과 몸가짐을 법도대로 하는 일에 날마다 힘쓰고 또 힘쓰되 스스로 잘한다고 흡족히 여겨서는 안 된다.

衣服[167]不可華侈[168]하고, 禦寒[169]而已[170]니라. 飮食[171]不可甘美[172]하고, 救飢[173]而已니라. 居處[174]不可安泰[175]하고, 不病[176]而已니라.

惟是[177]學問[178]之功[179]과, 心術[180]之正과, 威儀[181]之則[182]을, 則日[183]勉勉[184]하되, 而[185]不可自足[186]也니라.

---

167 衣服(의복): 입는 옷.
168 華侈(화치): 화려하고 사치스러운 것.
169 禦寒(어한): 추위를 막다.
170 而已(이이): …일 따름이다. …일 뿐이다.
171 飮食(음식): 마시고 먹고 하는 것.
172 甘美(감미): 달고 맛이 있는 것, 달고 좋은 것.
173 救飢(구기): 굶주리는 것을 구해 주다, 배고픔을 면하게 하다.
174 居處(거처): 사는 곳.
175 安泰(안태): 안락하고 편한 것, 편안한 것.
176 不病(불병): 병이 나지 않는 것.
177 惟是(유시): 오식, 나란.
178 學問(학문): 공부하는 것.
179 功(공): 일, 노력.
180 心術(심술): 마음가짐, 마음 쓰임.
181 威儀(위의): 몸가짐, 위엄이 있는 몸가짐.
182 則(칙): 법칙대로 하다, 법도를 따르다.
183 則日(즉일): 날마다, 하루하루에 따라서.
184 勉勉(면면): 힘쓰고 또 힘쓰는 것.
185 而(이): 그리고, 그렇게 하되.
186 自足(자족): 스스로 만족하다, 스스로 만족스럽게 여기는 것.

> **해설** 공부하는 사람에 대한 요구가 매우 엄격하다. 공부하는 사람은 입는 옷을 잘 입으려고 신경을 쓰거나 맛있고 좋은 음식을 먹고 지내려 하거나 넓고 큰 좋은 집에 살려는 것 같은 생각을 해서는 안 된다. 옷은 몸만 보호할 수 있으면 되고 음식은 배고프지 않을 수만 있으면 그만이고 사는 곳은 깨끗하고 비바람만 가릴 수 있으면 된다는 마음가짐이어야 한다는 것이다.
>
> 그리고는 날마다 공부하는 일에 힘써야 하고 마음가짐을 올바르게 지니도록 노력해야 되고 법도에 벗어나지 않는 몸가짐을 지탱할 수 있도록 언제나 애써야만 한다. 잠시라도 나는 이 정도면 괜찮다고 마음을 놓거나 만족스러운 생각을 가져서는 안 된다는 것이다. 정말 도를 닦는 사람에게 하는 당부인 것만 같다.

6

자기를 이겨내는 공부가 일상생활을 하는 데 있어서는 가장 절실한 것이다. 여기에서 말하는 자기라는 것은 내 마음으로는 좋아하고 있지만 하늘의 이치에는 맞지 않는 것을 말한다. 반드시 내 마음이 여자와 즐기기를 좋아하고 있는가, 이익을 좋아하고 있는가, 자기 이름을 드날리기를 좋아하고 있는가, 벼슬살이하는 것을 좋아하고 있는가, 편안히 아무 일 없이 지내는 것을 좋아하고 있는가, 남들과 어울려 놀고 즐기는 것을 좋아하고 있는가, 진기한 물건을 좋아하고 있는가, 따지고 살펴보아야만 한다.

  여러 가지 좋아하고 있는 것들 중에 만약 이치에 맞지 않는 것이 있다면 곧 모든 것을 철저히 끊어 버려 그러한 싹수나 실마리를 남겨두지 말아야 한다. 그런 다음에야 내 마음으로 좋아하고 있는 것이 비로소 의로움과 이치에 들어맞아 자기를 이겨내야 할 것이 없게 되는 것이다.

  克己[187]工夫가, 最切[188]於日用[189]이니라. 所謂[190]己者는, 吾心所好[191]로되, 不合[192]天理[193]之謂也니라. 必須檢察[194]吾心이, 好色[195]乎아, 好利乎아, 好名譽[196]乎아, 好仕宦[197]乎아, 好安逸[198]乎아, 好宴樂[199]乎아, 好珍玩[200]乎아니라.

---

187 克己(극기): 자기를 이겨내다, 자기의 욕망이나 좋아하는 것을 억누르고 극복하다.
188 最切(최절): 가장 절실하다.
189 日用(일용): 일상 쓰는 것, 일상생활을 하는 것.
190 所謂(소위): 말하는 바, 여기서 말하는.
191 所好(소호): 좋아하는 것.
192 不合(불합): 맞지 않다, 합치되지 않다.
193 天理(천리): 하늘의 이치, 자연의 원리.
194 檢察(검찰): 따지고 살펴보다, 검사하고 살펴보다.
195 色(색): 여색(女色), 여자와 즐기는 것, 여자의 성적인 매력.
196 名譽(명예): 이름을 드날리는 것.
197 仕宦(사환): 벼슬을 하는 것.
198 安逸(안일): 편안히 아무 일도 하지 않는 것.
199 宴樂(연락): 잔치하고 즐기는 것, 남들과 어울려 놀며 즐기는 것.
200 珍玩(진완): 진기한 물건, 진귀한 노리개.

凡百²⁰¹所好이, 若²⁰²不合理²⁰³면, 則一切²⁰⁴痛斷²⁰⁵하여, 不留²⁰⁶苗脉²⁰⁷이니라. 然後吾心所好이, 始²⁰⁸在於義理²⁰⁹하여, 而無己可克²¹⁰矣니라.

해설

사람이 공부를 하는 것은 말할 것도 없고 어떤 뜻있는 일을 하는 데 있어서 가장 중요한 일은 자기를 이겨내는 것이다. 사람은 타고난 본능이라는 것이 있어서 좋아하는 일이 많다. 율곡 선생은 사람들이 좋아하는 일 중에 대표적인 것을 몇 가지 들고 있지만 이 밖에도 무척 많다. 반대로 자기가 하기 싫어하는 일도 많다. 많은 땀을 흘리며 지나치게 자기 몸을 수고로이 움직이기 싫어한다. 재미없는 일을 오랜 동안 하는 것도 싫어한다. 추한 것도 싫어하고 시끄러운 것도 싫어한다. 일일이 보기를 들 수 없이 싫어하는 것들도 많다. 공부를 하거나 뜻있는 일을 이루자면 이러한 자기가 좋아하고 싫어하는 것을 이겨내고 자기 목표를 향해 힘을 다해야만 한다.

따라서 공부를 한다거나 큰일을 한다는 것은 자기 자신과의

---

201 凡百(범백): 무릇 백 가지, 여러 가지.
202 若(약): 만약.
203 不合理(불합리): 이치에 맞지 않다, 합리적이지 않다.
204 一切(일체): 모든 것, 온갖 것.
205 痛斷(통단): 통절히 잘라내다, 철저히 끊다, 깨끗이 끊다.
206 不留(불류): 남기지 않다.
207 苗脉(묘맥): 싹이나 실마리.
208 始(시): 비로소
209 義理(의리): 올바름과 이치, 올바른 원리.
210 無可克(무가극): 이겨낼 만한 것이 없다, 극복할 것이 없게 되다.

싸움이라고도 볼 수 있다. 자기와 싸워서 자기의 뜻과 마음을 이겨내어 자기가 가려는 방향으로 자기를 몰고 갈 수 있어야만 한다. 때문에 율곡 선생은 공부하는 사람들에게 무엇보다도 '자기를 이겨내야만 한다'고 강조하고 있는 것이다.

7

말을 많이 하는 것과 여러 가지 생각을 하는 것이 마음가짐을 가장 해친다. 하는 일이 없을 때는 마땅히 고요히 앉아서 자기 마음을 건사해야 하고, 사람들을 대할 때는 마땅히 말을 가려 간결하면서도 신중하게 하고 적절할 때에만 말을 한다. 그렇게 하면 하는 말이 간결하지 않을 수가 없게 되고 간결하게 하는 말은 도리에 가깝게 된다.

옛날의 훌륭한 임금님이 정해 준 법도에 맞는 옷이 아니라면 감히 입어서는 안 되고, 옛날의 훌륭한 임금님이 가르치신 법도에 맞는 말이 아니라면 감히 말해서는 안 되며, 옛날의 훌륭한 임금님이 보여 주신 덕 있는 행동이 아니라면 감히 행해서는 안 되는 것이다. 이 말은 마땅히 평생 동안 마음에 새겨두어야 할 것이다.

多言[211]多慮[212]가, 最害心術이니라. 無事則當正坐[213]存心[214]하고, 接

---
211 多言(다언): 말을 많이 하는 것.
212 多慮(다려): 많은 여러 가지 생각을 하는 것.
213 正坐(정좌): 올바른 자세로 앉아 있는 것.
214 存心(존심): 마음을 잘 건사하는 것.

人²¹⁵則當擇言²¹⁶簡重²¹⁷하고, 時²¹⁸然後言²¹⁹이니라. 則²²⁰言不得不簡이

오, 言簡者近道²²¹니라.

　非先王²²²之法服²²³이면, 不敢服하고, 非先王之法言²²⁴이면, 不敢

道²²⁵하며, 非先王之德行이면, 不敢行이니라. 此當終身²²⁶服膺²²⁷者也

니라.

> **해설**　이 대목은 두 토막으로 이루어져 있다. 앞에서는 공부하는 사람이 일상생활 중에 가장 조심할 일로 쓸데없는 말을 많이 하지 말고 잡된 생각을 많이 하지 말라고 가르치고 있다. 말은 언제나 간단하고도 신중히 그때그때 적절한 말을 해야 한다. 그래야만 도리에 맞는 말을 하게 된다는 것이다. 그리고 잡된 여러 가지 생

215　接人(접인): 사람들을 대하다.
216　擇言(택언): 할 말을 가리는 것.
217　簡重(간중): 간결하고 신중하다.
218　時(시): 때에 알맞은 것, 말을 할 때에 가장 적절한 것.
219　然後言(연후언): 그러한 뒤에야 말하다, …한 경우에만 말하다.
220　則(즉): 그렇게 하면, 곧.
221　近道(근도): 도에 가까워지다, 도리에 가깝다.
222　先王(선왕): 이전의 임금, 옛날의 훌륭한 덕이 많은 임금.
223　法服(법복): 법도에 맞는 옷.
224　法言(법언): 법도에 맞는 말.
225　敢道(감도): 감히 말하다.
226　終身(종신): 평생 동안, 살아 있는 동안.
227　服膺(복응): 가슴에 품다, 마음에 새겨두다.

각을 하지 않아야 자기 마음을 잘 건사할 수 있게 된다.

다음의 "옛날의 훌륭한 임금님이 정해 준 법도에 맞는 옷이 아니라면"부터 "감히 행해서는 안 되는 것이다"에 이르는 글은 『효경』 제4장에 보이는 글이다. 여기의 "옛날의 훌륭한 임금"이란 요(堯)임금·순(舜)임금을 비롯해 하(夏)나라 우(禹)임금, 상(商)나라 탕(湯)임금, 주(周)나라의 문왕(文王)과 무왕(武王)처럼 지극한 덕으로 세상을 평화롭게 다스렸던 임금들을 말한다. 이 분들의 "법도에 맞는 옷"과 "법도에 맞는 말"과 "덕 있는 행동"을 들어 말하고 있지만, 실은 후세의 사람들로서는 어떤 것이 그 분들의 법도에 맞는 것인지, 어떻게 해야 그 분들 같은 덕 있는 행동이 되는지 알기가 어렵다. 그래도 공부하는 사람들은 이러한 "옛날의 훌륭한 임금"들의 가르침을 따르려는 노력을 게을리 하지 말아야 한다. 그래야만 공부를 하는 최종 목표인 성인이 될 수 있기 때문이다.

8

공부를 하는 사람은 외곬으로 올바른 도만을 바라보고 가야지 밖의 일이나 물건에 마음이 끌려서는 안 된다. 밖의 일이나 물건 중에 바르지 못한 것들은 절대로 마음에 담아두는 일이 없어야 한다. 동네 사람들이 모여서 만약 오목이나 장기를 두거나 내기 노름 같은 것을 하고 있다면 마땅히 거들떠보지도 말고 물러서서 돌아와야 한다. 만약 기생들이 노래하고 춤추는 곳이 있다면 반드시 피해 가야 한다. 만약 동네에 큰 잔치가 있어 간혹 위의 어른이 억지로 머무르게 하여 피해 물러나올 수가 없게 된다면, 비록 그 자리에 있게 된다 하더라도 모습을 단정히 하고 마음을 맑게 지녀 간사한 소리나 음란한 모습에 자기가 이끌리는 일이 있어서는 안 된다.

잔치 자리에서 술을 마시더라도 흠뻑 취해서는 안 되고 알맞은 정도에서 그쳐야만 한다. 음식은 적절히 먹어야지 실컷 먹어서 건강을 해치는 일이 있으면 안 된다. 얘기하고 웃고 할 때는 간단하면서도 무겁게 해야지 떠들썩하여 절도를 지나치면 안 된다. 몸 움직임은 편안하고도 찬찬해야지 거칠게 함부로 해 올바른 몸가짐을 잃어서는 안 된다.

爲學者一昧[228]向道[229]요, 不可爲外物[230]所勝[231]이니라. 外物之不正者는, 當一切[232]不留於心이니라. 鄕人[233]會處[234]에, 若設[235]博奕[236]樗蒲[237]等戱[238]어든, 則當不寓目[239]하고, 逡巡[240]引退[241]니라. 若遇[242]娼妓[243]作

---

228 一昧(일미): 외곬으로, 한 가지만을.
229 向道(향도): 도를 향하다, 올바른 도만을 바라보다.
230 外物(외물): 밖의 사물(事物), 자기 밖의 일과 물건.
231 所勝(소승): 이기는 바가 되다, 자기 마음이 밖의 일이나 물건의 유혹을 못 이기고 '끌려가게 되는 것.'
232 一切(일체): 모든 것, 철저히.
233 鄕人(향인): 고을 사람들, 동네 사람들.
234 會處(회처): 모이는 곳, 모인 자리.
235 設(설): 설치하다, 벌이다.
236 博奕(박혁): 오목이나 장기·바둑 같은 놀이.
237 樗蒲(저포): 내기를 하는 놀이 중의 한 가지.
238 戱(희): 놀이, 장난.

歌舞^{244}어든, 則必須避去^{245}니라. 如値^{246}鄕中大會^{247}하여, 或尊長^{248}强留^{249}하여, 不能避退^{250}어든, 則雖在座^{251}나, 而整容^{252}淸心하여, 不可使奸聲^{253}亂色^{254}으로, 有干^{255}於我니라.

當宴^{256}飮酒^{257}라도, 不可沈醉^{258}요, 浹洽^{259}而止可也니라. 凡飮食當適中^{260}이니, 不可快意^{261}하여, 有傷乎氣^{262}니라. 言笑^{263}當簡重^{264}이니,

---

239 寓目(우목): 눈길을 돌리다, 거들떠보다.
240 逡巡(준순): 뒷걸음질 치는 모양, 뒤로 물러나는 것.
241 引退(인퇴): 물러나다, 뒤로 가다.
242 遇(우): 만나다.
243 娼妓(창기): 기생, 기녀.
244 歌舞(가무): 노래와 춤, 노래하고 춤추다.
245 避去(피거): 피해 가다.
246 値(치): 만나다, 부닥뜨리다.
247 大會(대회): 큰 모임, 큰 잔치 같은 것.
248 尊長(존장): 웃어른, 손위의 어른.
249 强留(강류): 억지로 머물게 하다, 강제로 잡아 놓다.
250 避退(피퇴): 피하여 물러나다.
251 在座(재좌): 자리에 있게 되다.
252 整容(정용): 용모를 단정히 하다, 모습을 단정히 하다.
253 奸聲(간성): 간사한 소리, 음란한 노랫소리.
254 亂色(난색): 음란한 모습, 어지러운 여자들의 모습.
255 干(간): 간섭을 받다, 범하다, 끌려가다.
256 當宴(당연): 잔치 자리를 만나다, 잔치에 참여하다.
257 飮酒(음주): 술을 마시다.
258 沈醉(침취): 흠뻑 취하다, 많이 취하다.
259 浹洽(협흡): 딱 알맞은 것, 적절한 것. 술의 경우에는 얼큰한 것이다.
260 適中(적중): 적절히 들어맞다, 알맞다.
261 快意(쾌의): 마음에 차는 것, 실컷 만족하는 것.
262 傷乎氣(상호기): 기운이 상하다, 곧 건강을 해치는 것.
263 言笑(언소): 말하고 웃고 하는 것.
264 簡重(간중): 간결하고 신중한 것, 간단하면서도 무거운 것.

不可喧譁²⁶⁵하여, 以過其節²⁶⁶이니라. 動止²⁶⁷當安詳²⁶⁸이니, 不可粗率²⁶⁹하여, 以失其儀²⁷⁰니라.

해설

　　이 대목에서는 공부하는 사람은 오직 올바른 도에만 신경을 써야지 세상의 여러 가지 일이나 물건에 정신을 빼앗겨서는 안 됨을 훈계하고 있다. 사람은 홀로 사는 것이 아니기 때문에 살아가다 보면 세상의 여러 가지 일에 접하게 된다. 율곡 선생은 그 중에서도 특히 여러 가지 놀이나 노름을 하는 곳이나 기생들과 춤추고 노는 자리는 적극적으로 피해 가라고 강한 어조로 당부하고 있다. 동리의 잔치 자리 같은 곳에 어른들 분부로 하는 수 없이 끼게 되더라도 천박한 노래나 음란한 모습에 마음이 끌리는 일이 있어서는 절대로 안 된다는 것이다.

　　끝으로 술 마시고 음식을 먹는 일 같은 작은 일도 적절히 조절할 줄 알아야 하고, 사람들과 어울려 말하고 웃고 할 때도 거칠게 함부로 해 올바른 몸가짐을 잃는 일이 없어야 한다는 것이다. 공부하는 사람들에게 가장 중요한 것은 책을 통해 많은 지식

265　喧譁(훤화): 시끄러운 것, 떠들썩한 것.
266　過其節(과기절): 알맞은 절도를 지나치다.
267　動止(동지): 움직이고 멈추고 하는 것, 몸의 동작.
268　安詳(안상): 편안하고도 찬찬한 것.
269　粗率(조솔): 거칠게 함부로 행동하는 것, 거칠고 아무렇게나 하는 것.
270　儀(의): 위의(威儀), 위엄 있고 법도에 맞는 몸가짐.

을 얻는 것이 아니라 올바로 살아가며 제대로 사람 노릇을 하는 일이다. 곧 요샛말로 표현하면 그때의 교육은 지식 교육보다도 인간 교육이 먼저였던 것이다. 많은 것을 아는 사람보다도 올바르게 행동하는 사람이 더 소중하다고 여긴 것이다.

9

일이 생기거든 이치를 따라 일을 처리해야 한다. 책을 읽을 때는 성실하게 이치를 추구해야 한다. 이 두 가지 일을 제외한 나머지 시간에는 고요히 앉아서 자기 마음을 거둬들이고 단속하여 잠잠해져서 난잡한 생각이 없어야 하고 깨어 있어서 어리석은 실수가 없어야만 한다. 이른바 공경함으로써 속마음이 곧은 사람이란 이와 같은 것이다.

有事則以理[271]應事[272]니라. 讀書則以誠[273]窮理[274]니라. 除二者[275]外[276]엔, 靜坐收斂[277]此心하여, 使寂寂[278]無紛起[279]之念[280]하고, 惺惺[281]無昏

---

271 以理(이리): 이치로써, 이치를 따라.
272 應事(응사): 일에 대응하다, 일을 처리하다.
273 以誠(이성): 성실함으로써, 성실하게.
274 窮理(궁리): 이치를 추구하다, 원리를 연구하다.
275 除二者(제이자): 두 가지를 제하고, 일을 하고 책을 읽는 두 가지 일을 할 때는 빼고.
276 外(외): 그 밖의, 그 나머지 시간에는.
277 收斂(수렴): 거둬들이고 정리하다, 거두어 단속하다.

昧^{282}之失이, 可也니라. 所謂^{283}敬^{284}而直內^{285}者이, 如此니라.

> **해설**
>
> 여기서는 먼저 성리학자들이 중시하는 '이' 곧 이치의 중요성을 강조하고 있다. 공부를 하는 사람은 어떤 일을 할 때나 책을 읽을 적이나 늘 이치를 따르고 이치를 추구해야 한다는 것이다. 그것이야말로 사람이 올바르게 살고 올바르게 되는 길이기 때문이다.
>
> 사람이란 하루 24시간을 일만 하고 책만 읽고 보낼 수는 없다. 일을 하지 않고 책도 읽지 않는 시간에는 언제나 고요히 앉아 자기 마음을 집중시키고 단속하는 훈련을 해야 한다는 것이다. 그래야만 곧고 바른 마음을 지니고 공경스러운 행동을 하는 사람이 된다는 것이다.
>
> 시간이 날 때는 "고요히 앉아서 자기 마음을 거둬들이고 단속하라"는 것은 마치 불교의 좌선(坐禪)을 가르치고 있는 것 같은 느낌도 든다. 그러지 않고는 성인이 되는 공부하는 목표에 이르는 수가 없을 것이다. 이처럼 엄숙한 자세로 공부한 우리 선배들이 무척 존경스럽다.

---

278 寂寂(적적): 고요한 것, 잠잠한 것.
279 紛起(분기): 어지러움이 일어나는 것, 난잡한 것이 생겨나는 것.
280 念(념): 생각.
281 惺惺(성성): 깨어 있는 것, 정신 차리고 있는 것.
282 昏昧(혼매): 어두운 것, 어리석은 것.
283 所謂(소위): 이른바, 사람들이 말하는.
284 敬(경): 공경스러운 것.
285 直內(직내): 속마음이 곧은 것.

10

마땅히 몸과 마음을 바르게 지니고 겉과 속이 똑같아서, 어두운 곳에 있더라도 밝은 곳에 있을 때와 같고 홀로 있을 때도 여러 사람들 앞에 있는 것 같아야 한다. 이러한 마음을 가지고 푸른 하늘 밝은 해 아래에서 사람들이 보고 있는 것과 같이 행동해야 한다.

언제나 한 가지 의롭지 않은 짓을 행하고 한 사람의 죄 없는 사람을 죽여 온 세상을 차지하게 된다 하더라도 그런 짓은 하지 않겠다는 뜻을 가슴속에 새겨두고 있어야 한다.

當[286]正身心하고, 表裏[287]如一[288]하여, 處幽[289]如顯[290]하고, 處獨[291]如衆[292]이니라. 使[293]此心으로, 如靑天[294]白日[295]하여, 人得[296]而見之[297]니라.

常[298]以行一不義하고, 殺[299]一不辜[300]하여, 而得天下라도, 不爲[301]

---

286 當(당): 마땅히.
287 表裏(표리): 겉과 속, 겉과 안.
288 如一(여일): 한결같다, 똑같다.
289 處幽(처유): 그윽한 곳에 처하다, 어두운 곳에 있다.
290 顯(현): 밝은 것.
291 獨(독): 홀로, 외로이.
292 衆(중): 대중, 여러 사람들.
293 使(사): …으로 하여금, …을 시키다.
294 靑天(청천): 푸른 하늘, 밝은 하늘.
295 白日(백일): 밝은 해.
296 得(득): …을 할 수 있게 하다, 능히.
297 之(지): 그것, 자기의 마음과 몸가짐을 가리킴.
298 常(상): 언제나, 늘.

底³⁰²意思³⁰³를, 存³⁰⁴諸³⁰⁵胸中³⁰⁶이니라.

해설

　　두 대목의 글로 이루어진 내용이다. 앞에서는 공부하는 사람은 어두운 곳에 있거나 밝은 곳에 있거나, 또는 홀로 있거나 여러 사람들 앞에 있거나, 언제나 자기의 몸과 마음을 올바르게 간수해야 한다는 것이다. 언제나 밝은 대낮에 여러 사람들이 보고 있는 것처럼 바른 몸가짐에 깨끗한 마음을 지녀야 한다는 것이다.

　둘째 대목의 "한 가지 의롭지 않은 일을 행하고 한 사람의 죄 없는 사람을 죽이어 온 세상을 차지하게 된다 하더라도 그런 짓은 하지 않겠다"고 한 말은 『맹자』 공손추(公孫丑) 상편에 보이는 맹자의 말을 끌어 쓴 것이다. 맹자는 은(殷)나라를 주(周)나라 무왕(武王)이 쳐 백성은 돌보지 않던 주(紂)임금을 잡아 죽이자 한 몸으로 두 임금을 섬길 수 없다고 자기 아우 숙제(叔齊)와 함께 수양산(首陽山)으로 들어가 숨어 살다가 굶어 죽은 백이(伯夷)와 상(商)나라 탕(湯)임금을 도와서 포악한 하(夏)나라 걸(桀)임

299　殺(살): 죽이다.
300　不辜(불고): 죄가 없는 사람, 무고한 사람.
301　不爲(불위): 하지 않는 것.
302　底(저): 조사. 중국 사람들이 쓰는 말에서 나온 표현으로 '…의, …하는'의 뜻. 지(地) 또는 적(的) 자와 같은 조사임.
303　意思(의사): 뜻, 생각.
304　存(존): 두다, 새겨두다.
305　諸(저): 조사. …에, …에다가.
306　胸中(흉중): 가슴속.

금을 멸망시킨 이윤(伊尹)을 성인이라고 추켜세우면서, 그런 분들과 공자 같은 이들은 그러한 것을 하지 않는다고 말하고 있는 것이다. 율곡 선생이 어떠한 일이 있어도 그러한 "의롭지 않은 일은 한 가지도 하지 않고" 아무리 큰 이익을 위해서도 "죄 없는 사람은 절대로 죽이지 않겠다는 뜻"을 가슴속에 언제나 새겨 두고 있으라고 당부하는 것은 그래야만 성인이 될 수가 있기 때문이다.

11

공경히 처신하는 것으로 자기의 근본을 세우고, 이치를 추구하여 훌륭한 것들을 밝혀야 하며, 행하기에 힘써서 그러한 것들을 실지로 실천해야 한다. 이상 세 가지는 평생을 두고 해 나가야 할 일인 것이다.

생각하는 것에 비뚤어진 것이 없고 공경하지 않는 일이 없어야 한다. 오직 이 두 구절의 말은 평생 동안 두고 써도 모자람이 없을 것이다. 마땅히 써서 벽에 걸어 두고 잠시도 잊는 일이 없어야 한다.

居敬[307]以立根本[308]하고, 窮理[309]以明乎[310]善[311]하며, 力行[312]以踐[313]其

---

[307] 居敬(거경): 공경히 처신하다, 공경히 지내다.
[308] 根本(근본): 살아가는 근본, 사람으로서의 근본.
[309] 窮理(궁리): 이치를 추구하다, 진리를 탐구하다.

實³¹⁴이니라. 三者는, 終身³¹⁵事業也니라.

思無邪³¹⁶하고, 無不敬이니라. 只³¹⁷此二句는, 一生受用³¹⁸不盡³¹⁹이니라. 當揭³²⁰諸³²¹壁上하여, 須臾³²²不可忘³²³也니라.

> **해설**
>
> 역시 두 대목으로 이루어진 글이다. 앞 대목에서는 "공경히 처신하는 것으로 자기의 근본을 세우고, 이치를 추구하여 훌륭한 것들을 밝혀야 하며, 실행하기에 힘써서 그러한 것들을 실지로 실천해야 한다"는 세 가지 일을 공부하는 사람이 평생토록 지켜야 할 일임을 강조하고 있다. 여기의 "공경히 처신하는 것(居敬)"과 "이치를 추구하는 것(窮理)" 및 "실행하기에 힘씀(力行)"이란 세 가지 일은 모든 성리학자들이 꼭 실천해야 할 덕목

---

310 乎(호): 조사, …에, …에 대하여.
311 善(선): 착한 것, 훌륭한 것.
312 力行(역행): 힘써 행하다, 실행하는 데 힘쓰다.
313 踐(천): 실천하다.
314 其實(기실): 그 사실, 그것들을 실지로, 그것을 사실대로.
315 終身(종신): 평생, 일생 동안.
316 思無邪(사무사): 생각에 사악함이 없다, 생각하는 일에 비뚤어진 것이 없다, 생각에 잘못된 것이 없다.
317 只(지): 오직, 다만.
318 受用(수용): 누리다, 잘 쓰다, 그대로 쓰다.
319 不盡(부진): 다하지 않다, 모자라는 일이 없다, 부족함이 없다.
320 揭(게): 걸어 놓다.
321 諸(저): 조사, …에.
322 須臾(수유): 잠시 동안, 짧은 동안.
323 忘(망): 잊다.

으로 일컬어져 왔다.

뒤 대목의 "생각하는 것에 비뚤어진 것이 없고 공경하지 않는 일이 없어야 한다"는 두 가지 일은 공부하는 사람이 평생을 두고 꼭 지니고 있어야 할 마음가짐이다. 때문에 율곡 선생은 이 두 구절을 써서 공부하는 사람이 생활하는 방 벽에 걸어 놓고 늘 보면서 잊는 일이 없도록 해야 한다고 당부하고 있는 것이다. 여기의 "생각하는 것에 비뚤어짐이 없다"는 말은 『논어』위정(爲政)편에서 공자가 『시경』을 비평한 말을 빌린 것이다. 공자는 『시경』은 순수한 사람들의 생활과 감정을 있는 그대로 노래한 "사악함이 없는" 노래의 가사들이라 생각하고 그런 말을 하였을 것이다. "비뚤어짐"이라고 옮긴 '사(邪)'자의 뜻에는 공자와 율곡 선생 사이에 약간의 차이가 있다고 느껴진다. 율곡 선생은 전혀 잘못이나 비뚤어진 점이 없는 상태를 생각하였고, 공자의 경우에는 『시경』의 시들 중에는 약간 비뚤어진 일을 노래한 것들도 있지만 그것도 모두 순수한 그 당시 사람의 감정이나 생활을 노래한 "사악함"은 없는 것들이란 것을 말하고 있다고 생각한다.

12

날마다 자주 스스로 이런 것을 자세히 살펴보아야 한다. 마음을 올바로 지니고 있지 않은 일은 없는가? 공부가 잘 되어 가지 않고 있는 것은 아닌가? 실행하는 데 힘쓰지 않고 있는 것은 아닌가? 제대로 안 되고 있는 것이 있다면 그것을 고치고 없다면 더욱 힘쓰는 일에 부지런히 게을리 하지 않도록 하되, 이 일은 죽은 다음에야 그만두도록 해야 한다.

每日頻[324]自點檢[325]하되, 心不存[326]乎아, 學不進[327]乎아, 行不力乎아니라. 有則改之[328]하고 無則加勉[329]하여, 孜孜[330]無怠[331]하되, 斃[332]而後[333]已[334]니라.

> **해설**
> 공부하는 사람이 자기 몸을 간수하는 일에 대해 결론적으로 당부한 대목이다. 공부하는 사람은 매일 자주 자기는 마음을 올바로 간수하고 있는가, 자기 공부는 계속 발전하고 있는가, 그리고 아는 것을 실천하기에 힘쓰고 있는가 반성하라는 것이다. 이

---

324 頻(빈): 자주, 쉴 새 없이.
325 點檢(점검): 자세히 살펴보는 것, 낱낱이 검사하는 것.
326 存(존): 잘 보존하다, 올바로 지니는 것.
327 進(진): 진전, 진보, 나아지는 것.
328 改之(개지): 그것을 고치다, 잘못되고 있는 것을 고치다.
329 加勉(가면): 더욱 힘쓰다.
330 孜孜(자자): 부지런한 것, 쉬지 않고 힘쓰는 것.
331 怠(태): 태만한 것, 게으른 것.
332 斃(폐): 죽는 것.
333 而後(이후): 그러한 뒤, 그 뒤.
334 已(이): 그치다, 그만두다.

런 반성을 통해 잘못은 바로 고치고 잘못이 없다면 하는 일에 더욱 힘쓰는 일을 죽을 때까지 쉬지 말고 계속하라는 것이다.

현대 젊은이들에게는 너무나 엄격한 가르침이라 여겨질지도 모른다. 그것은 다만 공부의 목적이 지금 와서는 달라졌기 때문이다. 늘 자신을 반성하면서 올바로 살아가기에 힘쓰라는 간곡한 당부로 받아들이면 좋을 것이다.

초충도 草蟲圖
전 신사임당, 조선/16세기, 지본채색, 48.5×36cm, 강원도유형문화재 제11호, 강릉시 오죽헌·시립박물관 소장

제4장
책을 읽는 법

讀書

1

　공부를 하는 사람은 언제나 앞에서 얘기한 마음을 잘 간직하여 다른 일이나 물건에 정신을 파는 일이 있어서는 안 된다. 그리고 반드시 이치를 추구하여 훌륭한 길을 밝히고 나서야 마땅히 가야 할 길이 환하게 앞에 있게 되어 그의 공부는 진보하게 되는 것이다.

　그러므로 올바른 길로 들어가기 위해서는 먼저 이치를 추구하지 않으면 안 되고, 이치를 추구하기 위해서는 먼저 책을 읽지 않으면 안 되는 것이다. 성인들과 현명한 분들이 마음을 쓴 자취와 훌륭한 일과 악한 일 같은 본받아야 하고 경계해야 할 일들이 모두 책에 씌어 있기 때문이다.

讀書
독서

學者는 常存¹此心²하여, 不被³事物⁴所勝⁵이니라. 而⁶必須窮理明善⁷하면, 然後當行⁸之道이, 曉然⁹在前하여, 可以進步¹⁰니라.

故로 入道¹¹莫先¹²於窮理요, 窮理莫先乎讀書니라. 以¹³聖賢¹⁴用心¹⁵之跡¹⁶과, 及¹⁷善惡之可效¹⁸可戒¹⁹者이, 皆在於書故也니라.

 이제야 지금 우리가 생각하는 공부 얘기가 나오고 있다.

---

1 存(존): 두다, 간직해 두다.
2 此心(차심): 이 마음. 앞의 제3장에서 말한 자기 몸과 마음을 올바로 잘 간직하겠다는 마음을 가리킴.
3 不被(불피): …을 당하지 않다. …하게 되지 않는다.
4 事物(사물): 세상의 일과 물건.
5 勝(승): 이기다. …에 끌리게 되다.
6 而(이): 그리고.
7 善(선): 착한 것, 훌륭한 것.
8 當行(당행): 마땅히 행할. 마땅히 가야 할.
9 曉然(효연): 환한 모양, 밝은 모양.
10 進步(진보): 앞으로 나아가다, 더 발전하는 것.
11 入道(입도): 올바른 길로 들어가다. 도로 들어가다.
12 莫先(막선): 먼저 하지 않으면 안 된다. …보다 더 먼저 해야 할 것은 없다.
13 以…故也(이…고야): …하기 때문이다.
14 聖賢(성현): 성인과 현명한 사람.
15 用心(용심): 마음을 쓰다.
16 跡(적): 발자취, 남은 흔적.
17 及(급): …과, 및.
18 可效(가효): 본받아야 할 것, 본받을 만한 것. 본받아야 할 것.
19 可戒(가계): 경계해야 할 일.

지금 우리가 생각하는 공부인 책읽기는 왜 하는 것인가? 그것은 책을 통해 성인들의 마음쓰임을 알고, 또 그것을 통해서 올바른 판단력을 기르기 위해서라는 것이다. 따라서 공부하는 사람이 읽어야 할 책은 뒤에 이어서 설명이 되고 있지만 성인과 현명한 사람이 쓴 책이어야 한다. 성인이 쓴 책을 읽어야 성인과 같은 올바른 마음을 지닐 수 있게 되기 때문이다. 현명한 사람이 쓴 책을 읽어야만 현명한 올바른 판단력을 갖게 되기 때문인 것이다. 책읽기를 통해서 성인의 마음쓰임을 터득하고 올바른 판단력을 갖게 되어야만 이치를 올바로 추구할 수가 있게 된다는 것이다. 올바른 이치란 지금 우리가 흔히 말하는 진리나 같은 말이다.

다음에는 책 읽는 방법이 설명되고 있다.

2

언제나 책을 읽는 사람은 두 손을 모으고 똑바로 앉아 공경히 책을 대해야 한다. 마음을 통일하고 뜻을 모이 골똘히 생각하고 깊이 두루 살펴[깊이 두루 살핀다는 것은 책을 잘 읽고 깊이 생각하는 것을 말한다.] 뜻을 철저히 이해하되 모든 구절마다 반드시 실천할 방법을 찾도록 해야 한다. 만약 입으로만 읽어서 마음으로는 제대로 알지 못하고 몸으로는 실행하지 못한다면 곧 책은 책대로 나는 나대로가 될 것이니 무슨 소용이 있겠는가?

凡[20]讀書者는, 必端拱[21]危坐[22]하여, 敬對[23]方冊[24]이니라. 專心[25]致志[26]하고, 精思[27]涵泳[28]하여[涵泳者는, 熟讀深思之謂니라.], 深解[29]義趣[30]하되, 而每句[31]必求踐履[32]之方[33]이니라. 若口讀하되, 而心不體[34]하고, 身不行이면, 則書自書[35]하고, 我自我[36]리니, 何益[37]之有리오?

> **해설** 여기서는 공부하는 사람이 책을 어떤 자세로 읽어야 하는가를 설명하고 있다. 책을 읽는 사람은 반드시 올바른 자세로 앉아 공경스러운 태도로 책을 대한 다음 정신을 통일하여 읽음으

---

20 凡(범): 무릇, 모든, 언제나.
21 端拱(단공): 팔짱을 끼다, 손을 모아 잡다.
22 危坐(위좌): 똑바른 자세로 앉다, 꼿꼿이 앉다.
23 敬對(경대): 공경히 대하다.
24 方冊(방책): 책.
25 專心(전심): 마음을 오로지 하다, 마음을 통일하다.
26 致志(치지): 뜻을 모으다, 뜻을 집중시키다.
27 精思(정사): 골똘히 생각하다, 자세히 생각하다.
28 涵泳(함영): 깊이 두루 살피는 것. 율곡은 이 두 글자 밑에 "잘 읽고 깊이 생각하는 것을 말한다(熟讀深思之謂)."고 스스로 해석을 붙이고 있다.
29 深解(심해): 깊이 이해하다, 철저히 뜻을 이해하는 것.
30 義趣(의취): 뜻과 취지, 뜻.
31 每句(매구): 구절마다, 모든 구절.
32 踐履(천리): 실천하다, 실지로 행하다.
33 方(방): 방법, 방편.
34 不體(불체): 체득(體得)하지 못하다, 올바로 잘 알지 못하다.
35 書自書(서자서): 책은 책대로 공부하는 사람과 관계가 없는 것.
36 我自我(아자아): 나는 나대로 책과 아무런 상관이 없는 것.
37 何益(하익): 어떤 유익한 것, 무슨 소용.

로써 그 책에 쓰인 글의 뜻을 철저히 파악해야 한다는 것이다. 그리고 책을 통해 알게 된 지식은 반드시 몸으로 실천할 수 있어야 한다는 뒤편의 가르침이 더욱 중요하다. 아는 것과 행동은 합치되어야 한다는 '지행합일(知行合一)'의 주장은 명(明)나라 때 왕양명(王陽明, 1472-1528)의 중심 사상의 하나였다.

3

먼저 『소학(小學)』을 읽어 부모님을 섬기고 형을 공경하고 임금에게 충성을 하고 어른을 잘 모시고 스승을 존경하고 친구들과 친하게 지내는 도리에 관해 하나하나 자세히 익힌 다음 그것을 실천하기에 힘써야 한다.

다음으로 『대학(大學)』과 『대학혹문(大學或問)』을 읽어 이치를 추구하고 마음을 바르게 갖고 자기 자신을 잘 닦고 사람들을 다스리는 도리에 대해 하나하나 참된 앎을 얻은 다음 그것을 실천해야 한다.

先讀小學[38]하여, 於事親[39]과, 敬兄[40]과, 忠君[41]과, 弟長[42]과, 隆師[43]와,
선 독 소 학　　어 사 친　　경 형　　충 군　　제 장　　융 사

---

[38] 小學(소학): 앞에 송나라 주희(朱熹, 1130-1200)의 서문이 붙어 있어 흔히 그가 지은 것으로 여기고 있으나 실은 제자인 유자징(劉子澄)이 스승 주자의 지시를 받아 지은 것이라 한다. 6권으로 이루어진 책으로 공부를 시작하는 아이들에게 공부하는 방법을 일러주기 위해 지은 것이다. 주로 올바른 몸가짐과 성실한 생활에서 시작하여 자기 몸을 닦고 도덕을 지키는 데 도움이 되는 격언과 충신과 효자들의 행적 등이 쓰여 있다.

[39] 事親(사친): 어버이를 섬기는 것, 부모를 돌보아 드리는 것.

親友⁴⁴之道를, 一一詳玩⁴⁵하고, 而力行⁴⁶之니라.

次⁴⁷讀大學⁴⁸及或問⁴⁹하여, 於窮理와, 正心과, 修己⁵⁰와, 治人⁵¹之道를, 一一眞知⁵²하고, 而實踐⁵³之니라.

 이 대목에서부터 율곡 선생은 지금 사람들이 흔히 공부라

---

40 敬兄(경형): 형을 공경하는 것, 형을 받드는 것.
41 忠君(충군): 임금에게 충성을 다하는 것.
42 弟長(제장): 어른을 잘 모시는 것. '제'는 보통 '제(悌)'로 많이 쓰며 손윗사람을 잘 모신다는 뜻이다. '장'은 자기보다 나이가 많은 사람을 가리킨다.
43 隆師(융사): 스승을 높이 모시다, 스승을 존경하는 것.
44 親友(친우): 친구들과 친하게 지내는 것.
45 詳玩(상완): 자세히 익히다, 상세히 잘 알다.
46 力行(역행): 힘써 행하다, 실천하기에 힘쓰다.
47 次(차): 다음, 다음 번.
48 大學(대학): 『논어(論語)』·『맹자(孟子)』·『중용(中庸)』과 함께 유가의 기본 경전인 사서(四書) 중의 하나. 본시는 『예기(禮記)』 중의 한 편이었는데, 정호(程顥, 1032-1085)가 이를 해설한 책을 지으며 "처음 공부를 시작하는 사람들에게 공부하는 법을 일러주어 문을 열어주는 책(初學入德之門.)"이라 한 것을 이어받아, 주자는 이를 공자의 제자인 증자(曾子)가 지은 것이라고 하면서 단행본으로 독립시킨 뒤에 『논어』·『중용』·『맹자』와 묶어 '사서'라 부르며 존중하였다. 『대학』에서는 '위대한 사람이 되는 공부 방법(大學之道)'을 논하고 있어 옛날부터 많은 학자들의 주목을 받아 왔다. 이로부터 사서는 삼경과 함께 유가의 가장 중요한 경전의 하나가 된 것이다.
49 或問(혹문): 주자의 저서인 『대학혹문(大學或問)』, 『대학』에 관한 해설서. 본시 『대학장구(大學章句)』와 비슷한 시기에 써서 순희(淳熙) 원년(1175)에는 두 책의 초고가 완성되어 있었다고 하나(王懋竑 편 『朱子年譜』), 주자는 계속 더 고쳐 써서 순희 16년에야 『대학장구』를 완성하고 그 서문을 쓰고 있다. 따라서 지금 세상에서 널리 읽히고 있는 주자의 『사서집주(四書集註)』에는 『대학장구』가 들어 있다. 율곡 선생은 『대학혹문』도 『대학장구』와 같은 성격의 저술이라 보고 여기에서는 『혹문』을 들고 있는 것이다.
50 修己(수기): 자기를 닦다, 자신의 수양을 하다.
51 治人(치인): 사람들을 다스리다. 나라와 세상을 다스림을 뜻한다.
52 眞知(진지): 참된 앎을 얻다, 진실로 알다, 진실을 알다.
53 實踐(실천): 실지로 행하다, 실천하다.

고 생각하는 책을 읽는 방법을 가르치고 있다. 가장 먼저 읽으라고 한 『소학』은 자신의 『격몽요결』이나 마찬가지로 처음으로 공부를 시작하는 사람들에게 공부란 무엇이며 어떻게 해야 하는 것인가를 가르쳐 주기 위해 지은 책이다.

『소학』의 앞머리에는 주자가 『대학장구』를 완성시키기에 온 힘을 기울이고 있던 순희(淳熙) 정미(丁未)년(1187)에 쓴 「소학서제(小學書題)」가 붙어 있는데 그 첫 대목에 이런 말을 하고 있다. "옛날 소학(小學)에서는 몸가짐과 일상생활에 관한 예절"과 함께 "어버이를 사랑하고 어른을 공경하고 스승을 존경하고 친구들과 친하게 지내는 도리(愛親敬長, 隆師親友之道.)"를 가르쳤다. 율곡은 대체로 이 말을 근거로 『소학』을 읽는 목적을 설명하고 있다. 여기에 "임금에게 충성을 하라(忠君)"는 가르침을 더 보탠 것은 유교 윤리인 '다섯 가지 윤리(五倫)' 때문일 것이다. '다섯 가지 윤리'란 "아버지와 아들 사이는 친해야 하고, 임금과 신하 사이는 의로워야 하고, 남편과 아내 사이는 분별이 있어야 하고, 어른과 젊은이 사이는 서열이 있어야 하고, 친구들 사이에는 신의가 있어야 한다"는 것이다.

율곡 선생이 뒤에 "남편과 아내" 사이의 예절을 생략한 것은 앞에서 얘기한 '일상생활에 관한 예절' 속에 포함되는 것이라고 치부했기 때문일 것이다. 바로 뒤에 붙은 작자를 밝히지 않은 「소학제사(小學題辭)」에는 또 "愛親敬兄, 忠君弟長."[54]이란 구절이

---

54 朱熹 『近思錄』 卷三, 『程氏遺書』 卷 22에 보임.

보인다.

옛날부터 『대학』은 공부를 하는 사람이 첫 번째로 읽어야 할 경전이라 여겼다. 주자의 스승인 정이(程頤)는 "처음 공부를 시작하는 사람이 공부하는 길로 들어가는 방법을 쓴 것으로 『대학』만한 것이 없다(初學入德之門, 無如大學)."고 하였다. 주자의 이름 아래 『소학』이란 책이 나왔기에 여기에서는 두 번째로 『대학』을 들고 있는 것이다. 『대학』은 대체로 옛날의 대학인 '태학(太學)에서 학생들을 가르치던 방법을 쓴 책' 또는 '위대한 사람이 되기 위한 공부를 하는 방법이 쓰인 책'이라 믿어 왔다.[55] 그리고 여기에서 논한 공부를 하는 방법으로는 우선 "사물에 대해 연구하여 올바른 앎을 얻고(格物致知)", 그 다음에는 "뜻을 정성스럽게 하고 마음을 올바르게 지니며(誠意正心)", 그럼으로써 자기의 "몸을 닦고(修身)" "집안을 가지런히 한(齊家)" 다음 "나라를 다스리고(治國)" "온 천하를 평화롭게 해야 한다(平天下)"는 것이다.

『대학』의 최종 목표가 "온 천하를 평화롭게 하는 것"이기 때문에 한나라 당나라 학자들은 이 책을 "천자가 올바른 정치를 하는 도리를 논한 글"이라고도 하였으나, 주자는 젊은이들에게 성인(聖人)이 되는 길을 밝힌 글이라고도 하였다. 그리고 "이치를 추구하고(窮理) 마음을 바르게(正心) 갖고 자기 자신을 잘 닦고(修己) 사람들을 다스리는 도리(治人之道)"라는 말은 "사물에 대해 연구하여 올바른 앎을 얻는 것"에서 시작하여 "온 천하를 평화롭게

---

[55] 朱熹『大學章句』 및 그 「序」.

하는 일"에 이르는 길을 요약한 말인데, 주자의 「대학장구서(大學章句序)」의 글을 인용한 것이다.

4

다음으로는 『논어(論語)』를 읽어 어짊을 추구하고 자기를 바르고 충실하게 하며 근본적인 바탕을 철저히 잘 닦는 공부에 관해 하나하나 자세히 생각해서 깊이 그것을 잘 터득하도록 해야 한다.

다음으로는 『맹자(孟子)』를 읽어 의로움과 이익을 분명히 분별하고 사람의 욕망은 막고 하늘의 이치를 잘 드러내야 한다는 이론에 관해 하나하나 분명히 살펴서 그것이 더욱 넓혀지고 충실해지도록 해야 한다.

다음으로는 『중용(中庸)』을 읽어서 사람의 본성과 감정의 움직임을 잘 조절하여 가장 적절하고 조화되게 하는 공부와 하늘과 땅이 자리 잡히고 만물이 잘 자라나는 오묘한 이치에 대해 하나하나 연구하고 익혀서 얻는 것이 있도록 해야 한다.

次讀論語[56]하여, 於[57] 求仁[58] 爲己[59]하고, 涵養[60] 本源[61] 之功[62]에, 一一
차 독 론 어   어 구 인 위 기   함 양   본 원   지 공   일 일

---

56 論語(논어): 공자와 공자의 제자들이 주고받은 말을 모아 엮은 책. 전에는 유가의 중요한 경전의 대우를 받지 못하였으나 주자가 『대학』·『중용』·『맹자』와 함께 '사서'를 이룩해 놓은 뒤로는 공자의 사상과 학문을 공부하는 데 가장 중요한 경전이라 하여 널리 읽혀지고 있다.
57 於(어): …에 대하여, …에 관하여. 밑의 '구인(求仁)'으로부터 '본원지공(本源之功)'까지 걸린다.

精思⁶³하여, 而深體之⁶⁴니라.

次讀孟子⁶⁵하여, 於明辨⁶⁶義利⁶⁷하고, 遏⁶⁸人欲⁶⁹存天理⁷⁰之說⁷¹에,

一一明察⁷²하여, 而擴充⁷³之니라.

次讀中庸⁷⁴하여, 於性情⁷⁵之德⁷⁶과, 推致⁷⁷之功과, 位育⁷⁸之妙⁷⁹에,

---

58 求仁(구인): 어짊을 추구하다. 특히 『논어』에서 공자는 거듭거듭 사람의 가장 중요한 덕목(德目)으로 어짊 곧 인(仁)을 강조하고 있다.
59 爲己(위기): 자기를 바르고 충실하게 하는 것. 이 말은 『논어』 헌문(憲問)편에서 공자가 "옛날의 공부하는 사람들은 자기를 바르고 충실하게 하기 위해 했으나, 지금의 공부하는 사람들은 남에게 인정받기 위해서 한다(古之學者爲己, 今之學者爲人.)"고 한 말에서 따온 것이다.
60 涵養(함양): 자기 수양을 하여 자기의 덕성을 기르는 것.
61 本源(본원): 근본, 근원.
62 功(공): 공부, 노력.
63 精思(정사): 자세히 생각하다, 정세히 사색하다.
64 體之(체지): 그것을 잘 터득하는 것, 그것을 체득하다.
65 孟子(맹자): 공자의 제자인 전국시대 맹가(孟軻, B.C. 372-B.C. 289)가 지은 책. 주자는 맹자가 공자 사상의 올바른 전통을 이어받은 제자라 하여 그의 책을 '사서' 가운데 끌어넣었다.
66 明辨(명변): 분명히 분별하다.
67 義利(의리): 의로움과 이익. 『맹자』 첫머리 양혜왕(梁惠王) 상편을 보면, 맹자가 양나라 혜왕을 찾아갔을 때 임금은 맹자에게 양나라에 이익을 보태 줄 것을 요구하였으나 맹자는 나라를 다스리는 데 있어서는 이익보다 "어짊과 의로움"이 더 소중한 것임을 가르치고 있다. '어짊'은 『논어』를 읽으라고 하면서 이미 얘기했으므로 여기에서는 '의로움'만을 들어 '이익'과 다른 것임을 분별하여 소중히 여기라고 가르치고 있는 것이다.
68 遏(알): 멎게 하다, 막다, 없애다.
69 人欲(인욕): 사람들의 욕심. 주자가 『대학장구』에서 '대학의 도(大學之道)'를 설명하면서 "하늘의 이치를 철저히 따르고 자기를 위한 사람의 욕심은 조금도 없어야 한다(盡夫天理之極, 而無一毫人欲之私.)", 또 정이(程頤)가 "사람의 욕심을 버리고 하늘의 이치를 되찾아야 한다(損人欲而復天理.)"라고 한 말(『程氏易傳』損卦 卦辭, 『近思錄』 권 5)과 같은 뜻이다.
70 存天理(존천리): 하늘의 이치를 잘 간수하다, 하늘의 이치를 잘 드러내다.
71 說(설): 말. 이론, 주장.
72 明察(명찰): 밝게 살피다, 잘 살피다.
73 擴充(확충): 넓히고 채우다, 더 발전시키고 충실하게 하다.
74 中庸(중용): 『대학』이나 마찬가지로 본시는 『예기』 가운데 한 편이었으나 역시 단행본으로 독립한 뒤 '사서' 중의 하나가 되었다. 많은 학자들이 이 책은 공자의 손자인 자사(子思), 곧 공급(孔伋)이 지은 것이라 믿고 있다. 『중용』에서는 '하늘의 명(天命)'과 '도(道)' 및 사람의 '본성(性)'과 '감정(情)' 같은 문제를 논하고 있어 옛날부터 주목을 받아 왔다.

──玩索⁸⁰하여, 而有得⁸¹焉이니라.

> **해설** 앞의 『대학』에 이어 『논어』·『맹자』·『중용』을 읽어야 함을 강조하면서 그 읽는 법을 가르치고 있다. 앞 대목의 해설에 인용한 정이의 말 "처음 공부를 시작하는 사람이 공부하는 길로 들어가는 길을 쓴 것으로 『대학』만한 책이 없다"고 한 말에 이어 "그 다음으로 읽을 것으로는 『논어』와 『맹자』만한 것이 없다 (其他莫如語孟.)"고 말하고 있다.
> 기 타 막 여 어 맹
>
> 정이는 또 "『논어』와 『맹자』를 읽을 때는 반드시 익히 읽어 뜻을 제대로 알아야 하며, 성인의 말씀이 자신에게 절실해야 한다. 다만 한바탕 얘기로 받아들여서는 안 된다. 사람들이 오직 이 두 가지 책을 자신에게 절실해지도록 읽는다면 평생토록 언

---

75 性情(성정): 사람의 본성과 감정. 『중용』에서는 첫머리에 "하늘이 사람들에게 내려 준 것을 본성이라 한다(天命之謂性.)"고 하면서 '본성'을 논하고, 곧 이어 "기쁨·노여움·슬픔·즐거움의 감정이 들어나지 않은 것을 '중'이라 한다(喜怒哀樂之未發, 謂之中.)"고 하면서 '감정'을 이용하여 '중용'의 '중'의 뜻을 설명하고 있다.

76 德(덕): 여기서는 '움직임' 또는 '성격'을 가리킴.

77 推致(추치): 가장 적절하고 조화가 되도록 밀고 나가는 것. 『중용』 첫 대목에서 '가장 적절한 상태'를 '중(中)'이라 하고 '가장 조화가 잘 된 모양'을 '화(和)'라 한다고 '중'과 '화'를 설명한 다음 "중과 화에 이르도록 해야 한다(致中和.)"고 말하고 있는데, 주자는 여기의 '치(致)'자를 설명하여 "치는 밀어서 지극한 상태에 갖다 놓는 것이다(致, 推而極之也.)"라고 『장구』에서 설명하고 있어서 율곡 선생은 여기에 '추치'라는 표현을 쓴 것이다.

78 位育(위육): 자리 잡히고 길러지다. 『중용』 첫 대목에서 "가장 적절하고 조화가 잘 된 상태에 이르게 되면, 하늘과 땅이 자리 잡히고 만물이 길러지게 되는 것이다(致中和, 天地位焉, 萬物育焉.)"라고 한 데서 두 글자를 빌려 쓴 것이다.

79 妙(묘): 오묘함, 오묘한 이치.

80 玩索(완색): 연구하고 익히다, 공부하고 추구하다.

81 得(득): 얻는 것, 터득하는 것.

는 게 많을 것이다.(凡看語孟, 且熟讀玩味, 將聖人之言語切己. 不可只作一場話說. 人只看得此二書切己, 終身儘多也.)"(『近思錄』권 3)라고 말하고 있다. 『소학』권 5(外篇)에도 사서를 읽을 것을 권하면서 이 글을 인용하고 있다. 정유(程愈)의 『소학집설(小學集說)』에서는 이 글의 해설에 다음과 같은 주자의 말을 인용하고 있다.

"『논어』라는 책은 감싸지지 않는 문제가 없어서 그 내용이 사람들에게 보여 주고 있는 것은 모두가 몸가짐을 바르게 하고 마음을 깨끗이 하는 요령이다. 『맹자』 7편은 추구하지 않은 문제가 없어서 그 내용이 사람들에게 보여 주고 있는 것은 여러 가지 몸소 실천해야 하고 넓히고 발전시켜야 할 일들이다. 반드시 익히 읽고 뜻을 제대로 알아서 자신이 그것들을 체득해야만 비로소 절실한 것이 된다."

論語一書는, 無所不包하여, 而其示人者는, 莫非操存涵養之要니라. 孟子七篇은, 無所不究하여, 而其示人者는, 類多體驗擴充之端이니라. 須熟讀玩味하고, 以身體之라야, 方是切實也니라.

『소학』의 제1권 첫머리 입교(立敎)편에서는 『중용』의 다음과 같은 첫 구절을 인용하며 글을 시작하고 있다.

"하늘이 내려 준 것을 본성이라 하고, 본성을 따르는 것을 '도'라 하고, '도'를 닦는 것을 가르침이라 한다."

天命之謂性이요, 率性之謂道요, 修道之謂敎니라.

이것은 『중용』의 저자인 자사가 "하늘의 밝음을 본받고 성인의 법도를 따르라(則天明 하고, 遵聖法하라.)"고 가르친 말이며, "스승 된 사람은 가르치는 방법을 알고 제자인 학생은 공부하는 방법을 알게 하려는 것이다(俾爲師者로, 知所以敎하고, 而弟子로, 知所以學이니라.)"고도 설명을 보충하고 있다. 이상 중국학자들의 말을 율곡 선생의 가르침과 함께 참고하여 이해해 주기 바란다.

여하튼 『대학』·『논어』·『맹자』·『중용』의 '사서'는 주자 이후로 이처럼 공부를 시작하는 사람들이 꼭 읽어야 할 중요한 책으로 받들어 모시게 되었기 때문에 오히려 다음에 얘기할 『시경』·『서경』·『역경』의 '삼경'보다도 더 기초적이고 더 소중한 경전으로 널리 읽히게 되었다.

5

다음으로는 『시경』을 읽어 사람의 본성과 감정이 비뚤어지고 올바르게 되는 것과 착한 일이나 악한 짓을 해 상을 받고 벌을 받게 되는 일에 대해 하나하나 깊이 공부하여 느끼고 깨달음으로써 잘못을 바로잡아야 할 것이다.

다음으로는 『예경』을 읽어 하늘의 이치를 근거로 한 예절과 형식 및 올바른 몸가짐과 원칙에 따라 행동하는 법도에 관해 하나하나 따져보고 연구하여 올바른 몸가짐을 지녀야 할 것이다.

다음으로는 『서경』을 읽어 요임금·순임금과 하나라 우임금·상나라 탕임금·주나라 문왕과 무왕이 천하를 다스린 위대한 원리와 위대한 법도에 대해 하나하나 요점을 터득하여 그 근본을 추구해야 할 것이다.

次讀詩經[82]하여, 於性情之邪正[83]과, 善惡[84]之褒戒[85]를, 一一潛繹[86]하여, 感發[87]而懲創[88]之니라.

次讀禮經[89]하여, 於天理之節文[90]과, 儀則[91]之度數[92]를, 一一講究[93]하여, 而有立[94]焉이니라.

---

82 詩經(시경): 지금으로부터 3000년 전후로 서주(西周)시대에 유행하던 노래의 가사인 시를 모아 놓은 중국 최초의 시가집. 그 내용은 여러 나라의 민요를 모아 놓은 풍(風)과 궁중에서 잔치를 벌일 때 부르던 노래의 가사가 중심을 이루는 소아(小雅), 궁중에서 의식을 행할 때 부르던 노래가 중심을 이루는 대아(大雅), 임금들이 종묘에서 조상들에게 제사를 지낼 때 부르던 노래의 가사를 모아 놓은 송(頌)의 네 부분으로 이루어져 있다.

83 邪正(사정): 비뚤어진 것과 올바른 것, 사악한 것과 바른 것. 주자는 그의 『시집전(詩集傳)』서문에서 "시란 사람들이 사물에 대해 느낀 것을 말로 표현한 것"이기 때문에 사람들의 마음으로 느끼는 것에는 "비뚤어진 것과 올바른 것(邪正)"이 있다 하였다. 한편 그것은 사람들의 본성과 감정에도 "비뚤어진 것과 올바른 것"이 있게 됨을 말한다.

84 善惡(선악): 착한 것과 악한 것. 사람의 본성과 감정에는 "비뚤어진 것과 올바른 것이 있기" 때문에 결국 세상에는 "착한 것과 악한 것"이 있게 되는 것이다.

85 褒戒(포계): 상을 받는 것과 벌을 받는 것, 포상과 징계. 하늘의 이치를 따라 올바르고 착한 일을 하는 이는 상을 받게 되고 비뚤어지고 악한 짓을 하는 자는 벌을 받게 됨을 말한다.

86 潛繹(잠역): 깊이 연구하다, 깊이 생각해 보다.

87 感發(감발): 느끼고 깨닫다, 느끼고 발견하다.

88 懲創(징창): 교훈으로 삼아 잘못을 깨우치는 것. 주자도 그의 『시집전』서문에서 『시경』의 시는 읽고 "착한 것은 그것을 스승으로 삼고 악한 것은 고치도록 해야 한다(善者師之, 而惡者改焉.)"라고 말하고 있다.

89 禮經(예경): 예에 관한 경전. '삼례(三禮)'라 하여 『예기(禮記)』·『의례(儀禮)』·『주례(周禮)』의 세 가지가 있다. 지금 우리에게 전해지는 책은 한(漢)나라 초기(기원전 1세기 전후)에 이루어진 것이라 하나 그 내용은 서주(西周) 초(기원전 1000여 년 전)에 무왕(武王)의 아우인 주공(周公)이 천하를 다스릴 법도로 제정했다는 이른바 '제례작악(制禮作樂)'에 바탕을 둔 정치 사회 제도 및 예의 제도가 그 내용의 중심을 이루고 있다.

90 節文(절문): 사람들이 지켜야 할 절도와 형식, 예절과 형식.

91 儀則(의칙): 올바른 몸가짐과 원칙, 위의(威儀)와 법칙.

92 度數(도수): 법도, 정해진 원리.

93 講究(강구): 따져보고 연구하다, 방법을 찾고 연구하는 것.

94 立(립): 서다. 올바른 몸가짐을 지니고 제대로 행동하는 것. 『논어』태백(泰伯)편에서 공자가 "예로써 자립하게 되고, 악으로써 자기를 완성시키게 된다(立於禮, 成於樂.)"라고 한 말에서 따온 표현이다. '립'은 본시 '서다'는 뜻인데 곧 "올바른 몸가짐을 지니고 제대로 남 앞에 설 수 있는 사람이 됨"을 뜻한다.

次讀書經[95]하여, 於二帝[96]三王[97]의, 治天下[98]之大經[99]大法[100]을, 一一領要[101]하여, 而遡本[102]焉이니라.

> **해설**
>
> 여기서부터는 사서에 앞서 유가의 중요한 경전으로 모셔지던 오경(五經)을 읽고 공부하는 방법을 일러주고 있다. 『시경』은 유교의 기본 경전이지만 시가집이어서 특히 민요에서 나온 국풍(國風) 중에는 연애시도 많고 정치나 사회의 잘못된 점을 풍자하는 시도 적지 않다. 그래서 특히 "사람의 본성과 감정이 비뚤어지고 올바르게 되는 것과 착한 일이나 악한 짓을 하는 데 대해" 자세히 공부해야 한다고 당부하고 있는 것이다. 여기에서는 『주례』와 『의례』 및 『예기』를 통틀어 『예경』이라 부르고 있는

---

95 書經(서경): 옛날부터 중국에는 임금 밑에 임금의 말과 행동 및 나라의 정치에 관한 일을 기록하여 남겨 두는 일을 하는 사관(史官)이 있어서 공자의 노(魯)나라에는 역대의 사관의 기록이 쌓여 있었다. 공자가 세상 사람들을 가르치려고 이 옛날 사관의 기록을 골라 엮은 것이 『서경』이라 한다. 이 책은 요임금 시대로부터 주나라 시대에 이르는 기록인 요전(堯典)·순전(舜典)에서 시작하여 하서(夏書)·상서(商書)·주서(周書)로 이루어져 있다. 다만 학자들의 연구에 의하면 이 중 오히려 가장 뒤의 '주서'가 서주 때 이루어진 가장 오래된 기록이며 나머지 것들은 오히려 그보다 후세에 이루어진 글이라 한다.
96 二帝(이제): 두 황제, 곧 요임금과 순임금 '요전'과 '순전'의 주인공들이다.
97 二王(삼왕): 세 임금이 아니라 삼대(三代)의 임금들. '삼대'는 하·상·주 세 나라를 가리키지만 삼대의 성군(聖君)으로는 하나라 우(禹)임금·상나라 탕(湯)임금·주나라 문왕(文王)과 무왕(武王)을 친다. 이들이 '하서'·'상서'·'주서'의 기반을 이루는 주인공들이다.
98 治天下(치천하): 천하를 다스리다.
99 大經(대경): 위대한 원리, 큰 원칙.
100 大法(대법): 위대한 법도, 위대한 법칙.
101 領要(영요): 요점을 터득하다, 중요한 것을 헤아려 알다.
102 遡本(소본): 근본을 거슬러 올라가다, 근본을 추구하여 알다.

데, 『주례』에는 주(周)나라 시대의 정치 제도가 자세히 기록되어 있다. 본시는 『주관(周官)』이라 불렸고 주나라 초에 주공(周公)이 지은 것이라 전해져 왔다. 근대에 와서는 이 책이 주공이 지은 것이 아니며 전국시대에 이루어진 책이라 믿는 학자들이 많다. 그러나 책의 내용이 주공의 제례작악(制禮作樂)을 바탕으로 하였음은 부정할 길이 없다.

『의례』에는 주나라 시대의 사대부들이 살아가면서 꼭 지켜야 할 예의에 대해 조목별로 자세히 씌어 있는 유일한 책이다. 어른이 되어 관(冠)을 쓸 때의 예식, 결혼 예식, 사람들이 서로 만나 인사를 나눌 때의 예의, 고을에서 어른들을 모시고 술을 마시는 예식, 활쏘기를 할 때의 예식, 다른 나라와 외교적인 행사를 할 때의 예식, 그 밖에 조정이나 관청에서의 예식과 사람이 죽었을 때 장사를 지내거나 제사를 지내고 하는 예식 등이 모두 씌어 있다.

그리고 『예기』에는 여러 가지 예의에 관한 원칙이나 기본 이론에서 시작하여 직접 예의와 관계가 없는 음악론 및 공자의 생활에 관한 글 등 잡다한 글들이 모아져 있는 책이다. 이 두 종류의 책도 지금 우리에게 전해지고 있는 것은 한나라 초기에 이루어진 것임이 분명하나 그 내용의 바탕은 『주례』나 마찬가지로 주나라 초기에 주공이 마련한 제도에서 나온 것들이다. 결국 이 책들은 유가의 예의 제도의 뿌리가 되고 있는 것이다. 때문에 율곡 선생은 이 『예경』에 씌어 있는 것은 "하늘의 이치를 근거로 한 예절"이라고 하면서 이를 열심히 공부하여 올바른 몸가짐과 행동을 하는 사람이 되라고 당부하고 있는 것이다.

『서경』은 옛날부터 성인이라고 모두가 받들어 모셔 온 요임금·순임금·하나라 우임금·상나라 탕임금·주나라 문왕과 무왕에 관한 일의 기록을 중심으로 하여 이루어져 있는 책이다. 그러기에 성인들의 "위대한 원리와 위대한 법도"이니 잘 공부하라고 부탁하고 있는 것이다.

율곡 선생은 『시경』과 『예경』 및 『서경』은 사람 노릇을 올바로 하기 위해 반드시 읽어야 할 책임을 강조하고 있는 것이다.

6

다음에는 『역경』을 읽어서 좋은 일이 있기도 하고 나쁜 일이 있기도 한 것과 살기도 하고 죽기도 하는 것 및 나아가기도 하고 물러나기도 하는 것과 사라지기도 하고 불어나기도 하는 빌미에 대해 하나하나 살펴보고 공부하여 그 근본을 추구해 알아야 할 것이다.

다음으로 『춘추』를 읽어서 성인께서 착한 일에는 상을 주고 악한 일에는 벌을 주며 억누르기도 하고 드러내 주기도 하면서 세상을 올바로 이끌려고 하여 은밀한 표현의 글로 담아 놓은 깊은 뜻에 대해 하나하나 자세히 연구하여 잘 깨달아야 할 것이다.

次讀易經[103]하여, 於吉凶[104]存亡[105]과, 進退[106]消長[107]之幾[108]를, 一一
차 독 역 경   어 길 흉 존 망   진 퇴   소 장   지 기   일일
觀玩[109]하여, 而窮研[110]焉이니라.
관 완   이 궁 연   언

次讀春秋[111]하여, 於聖人[112]賞善[113]罰惡[114]과, 抑揚[115]操縱[116]之微辭[117] 奧旨[118]를, 一一精研[119]하여, 而契悟[120]焉이니라.

103 易經(역경): 본시는 주나라 시대의 점 책. 복희(伏羲)씨가 만든 팔괘(八卦)를 바탕으로 하여 흔히 주나라 문왕이 이를 64괘로 늘이고 여러 괘와 효(爻)에 따른 길함과 흉함을 얘기한 괘사(卦辭)와 효사(爻辭)도 문왕이 써서 이루어진 책이라 하여 『주역(周易)』이라고도 부른다. 그 밖에 '역'의 원리를 논한 10편의 글인 십익(十翼)은 뒤에 공자가 쓴 것이라 전해져 왔다. 중국 사람들은 옛날부터 점을 매우 중시하였다. 『서경』 홍범(洪範)편에도 사람의 이성으로 결정할 수 없는 일은 모두 점을 쳐서 행동을 결정하라고 가르치고 있다. 후세에 와서는 경문(經文) 자체보다도 후세에 이루어진 '역'의 원리를 논한 '십익'의 글이 형이상학적(形而上學的)인 문제를 논하고 있는지라 『역경』이 철학책처럼 다루어지는 경우가 많아졌다.

104 吉凶(길흉): 징조가 좋은 것과 나쁜 것. 점은 하고자 하는 일이 좋을 것인가 나쁠 것인가를 알아보기 위해 친다.

105 存亡(존망): 삶과 죽음, 나라나 사업이 계속 잘 되는 것과 뜻대로 되지 않고 망하는 것.

106 進退(진퇴): 나아가고 물러나는 것, 발전하는 것과 퇴보하는 것.

107 消長(소장): 사라지는 것과 불어나는 것, 줄어드는 것과 늘어나는 것.

108 幾(기): 빌미, 기미.

109 觀玩(관완): 살펴보고 공부하다.

110 窮研(궁연): 근본을 추구하다, 연구하다.

111 春秋(춘추): 공자가 노(魯)나라의 역사를 바탕으로 그 시대 역사에 관해 쓴 책. 노나라 은공(隱公) 원년(B.C. 722)에서 기록이 시작되어 노나라 애공(哀公) 14년(B.C. 481)에 끝나고 있다. 공자의 기록은 매우 간략하여 옛날부터 간략한 공자의 글 속에는 "숨겨져 있는 큰 뜻(微言大義)", 곧 여기서 말하는 "은밀한 표현의 글로 담아 놓은 깊은 뜻(微辭奧旨)"이 있다고 생각하고, 많은 학자들이 그 숨겨진 공자의 뜻을 밝히는 것을 『춘추』 연구의 목표로 삼았다.

112 聖人(성인): 공자를 가리킴.

113 賞善(상선): 착한 이에게 상을 주다, 잘 하는 이에게 상을 주다.

114 罰惡(벌악): 악한 자를 벌하다, 악한 짓을 하는 자에게 벌을 주다.

115 抑揚(억양): 억누르는 것과 드날리게 하는 것, 잘못하는 자는 억압하여 다시는 그런 일을 못 하게 하고 잘 하는 이는 크게 드러내어 격려하는 것.

116 操縱(조종): 세상을 올바로 이끌어 주는 것.

117 微辭(미사): 은미한 말, 오묘한 표현.

118 奧旨(오지): 오묘한 뜻, 감추어져 있는 뜻.

119 精研(정연): 정세히 연구하다, 자세히 연구하다.

120 契悟(계오): 올바로 깨닫다, 잘 깨닫다.

> **해설** 『역경』과 『춘추』를 읽을 것을 권하면서 읽는 방법을 얘기해 주고 있다. 유가의 가장 중요한 경전으로 『시경』・『서경』・『역경』의 삼경을 치지만 근대에 와서는 점을 중시하지 않게 되어 『역경』은 일반적으로 많이 읽지 않는 경향을 보여 주고 있다.
>
> 『춘추』에는 후세 사람이 이를 보충 해설한 『춘추좌씨전(春秋左氏傳)』・『춘추공양전(春秋公羊傳)』・『춘추곡량전(春秋穀梁傳)』의 삼전(三傳)이 있어 지금은 대체로 이것들을 읽는다. 이 중에서도 『좌씨전』은 내용이 보다 상세하고 풍부하여 일반적으로 가장 많이 읽히는데, 이는 본시 『좌씨춘추(左氏春秋)』로 공자의 『춘추』를 해설하기 위해 쓴 것이 아니나 내용이 풍부하고 문장이 좋아서 후세 사람이 공자의 책을 보충 해설하는 방향으로 개편하여 많이 읽히게 된 것이다.
>
> 어떻든 여기에서 자세히 연구하라고 한 "은밀한 표현의 글로 담아 놓은 깊은 뜻(微辭奧旨)"은 일반 독자로서는 추구하기 매우 어려운 일이다. 현대에 있어서는 『춘추좌씨전』을 중심으로 하여 공자의 역사관을 터득하면서 춘추시대 역사를 공부한다는 목표 아래 읽는 것이 좋을 것이다.

7

앞에 소개한 다섯 가지 책(五書)과 다섯 가지 경전(五經)을 돌려가며 익히 읽어 철저히 이해하여 뜻과 이치가 날로 밝아져야 한다. 그리고는 송(宋)나라 때의 어진 학자들이 지은 책인 『근사록(近思錄)』·『주자가례(朱子家禮)』·『심경(心經)』·『이정전서(二程全書)』·『주자대전(朱子大全)』·『주자어류(朱子語類)』 같은 것들 및 그 밖의 성리(性理)에 관한 책을 마땅히 틈이 날 때마다 꼼꼼히 읽어서 뜻과 이치가 언제나 나의 마음에 젖어들어 잠시도 끊이는 일이 없어야 한다. 그리고 남는 힘으로는 역사에 관한 책도 읽어서 옛날부터 지금에 이르는 일에 정통하고 여러 가지 일과 변화에 통달함으로써 자기의 지식과 판단력을 길러야 한다. 바른 학문이 아닌 잡된 종류의 부정한 책 같은 것은 잠깐 동안이라도 펼쳐 보아서는 안 된다.

五書[121] 五經[122]을, 循環[123]熟讀[124]하여, 理會[125]不已[126]하여, 使[127]義理[128] 日明[129]이니라. 而宋[130]之先正[131]所著[132]之書로, 如近思錄[133]·家禮[134]·

---

121 五書(오서): 앞에서 읽으라고 권한 『소학』·『대학』·『논어』·『맹자』·『중용』의 다섯 가지 책. 보통 '사서'라는 말은 많이 쓰이지만 '오서'라는 말은 잘 쓰지 않는다.
122 五經(오경): '오서'에 이어 앞에서 읽으라고 권한 『시경』·『예경』·『서경』·『역경』·『춘추』의 다섯 종류의 책. 다만 『예경』만은 『주례(周禮)』·『의례(儀禮)』·『예기(禮記)』의 세 가지 '예'와 관련이 되는 경전을 말한다는 사실에 주의해야 한다.
123 循環(순환): 돌려가며, 번갈아 가며.
124 熟讀(숙독): 익히 읽다, 잘 읽다.
125 理會(이회): 이해하다, 이치를 잘 알게 되다.
126 不已(불이): 끊이지 않다, 멈추지 않다. 멈추어지지 않고 나날이 잘 알게 됨을 뜻한다.
127 使(사): …으로 하여금, …이 되게 하다.
128 義理(의리): 뜻과 이치.
129 日明(일명): 나날이 더 밝아지다, 하루하루 더 밝아지다.

心經[135] · 二程全書[136] · 朱子大全[137] · 語類[138]와, 及他[139]性理之說[140]을, 宜[141]
심경　　이정전서　　　주자대전　　　어류　　　급타　성리지설　　의

間間[142]精讀[143]하여, 使義理이, 常常[144]浸灌[145]吾心하여, 無時[146]間斷[147]
간간　정독　　　　사의리　　　상상　　침관　　오심　　　　무시　　간단

130 宋(송): 북송(北宋)과 남송(南宋)을 합쳐 부르는 말. 북송시대에는 소옹(邵雍, 1011-1077) · 주돈이(周敦頤, 1017-1073) · 장재(張載, 1020-1077) · 정호(程顥, 1032-1085) · 정이(程頤, 1033-1107) 같은 학자가 나와 이전의 유학자들과는 달리 '사람의 본성(性)'이나 '하늘의 이치(理)' 같은 형이상학적인 명제들을 학문의 연구 대상으로 삼았다. 그 뒤 남송에 이르러 주희(朱熹, 1130-1200)가 나와 이들의 학설을 종합하여 이전과는 다른 새로운 성격의 유학인 성리학(性理學) 또는 주자학(朱子學)을 이룩하였다. 율곡 선생은 이 분들이 쓴 책을 읽어야 주자학을 제대로 이해하게 된다고 생각했던 것이다.
131 先正(선정): 옛날의 어진 분들, 이전의 어진 학자들.
132 所著(소저): 저작한 것, 쓴 것, 지은 것.
133 近思錄(근사록): 남송 때의 주희가 친구 여조겸(呂祖謙, 1137-1181)과 함께 북송시대에 주돈이 · 정호 · 정이 · 장재의 네 학자가 '성리'에 관한 문제들을 논한 기록을 모아 편찬한 14권으로 이루어진 책. 성리학의 바탕을 이루는 이론이 모아져 있는 책이다.
134 家禮(가례): 옛날 사람들이 집안의 여러 가지 의식에서 지켜야 할 예의 제도에 관해 써 놓은 책. 앞머리에 주희의 서문이 붙어 있는 판본도 있어서 주희가 지은 것이라 생각하고『주자가례(朱子家禮)』라고 흔히 부른다. 첫 권 통례(通禮)에 이어 관례(冠禮) · 혼례(昏禮) · 상례(喪禮) · 제례(祭禮)의 순으로 내용이 이루어져 있다. 많은 청대 고증학자들이 이 책은 주희가 지은 것이 아님을 고증하였다.(『四庫全書提要』經, 禮類 조목 참조) 그러나 조선시대 예를 연구한 학자들은 모두 이 책을 주희의 저서라 믿고 연구의 주요 자료로 썼다.
135 心經(심경): 송나라 학자 진덕수(眞德秀, 1178-1235)가 지은 책. 성현들이 사람의 마음에 대해 한 말을 모은 다음 여러 학자들의 그 말에 대한 이론을 주석(注釋)처럼 붙여 놓은 책. 조선시대 정술(鄭述)에게는 선조(宣祖) 36년에 낸『심경발휘(心經發揮)』4권이 있다.
136 二程全書(이정전서): 68권. 주희가 스승으로 모시는 정호와 정이 형제의 글을 모아 편찬한 책. 이정자(二程子)의 학문을 연구하는 데 무엇보다도 귀중한 자료가 되고 있다.
137 朱子大全(주자대전): 송나라 학자 주재(朱在)가 주희의 저술을 전부 모아 엮어 놓은『주자대전집(朱子大全集)』. 청나라 때 주옥(朱玉)이 편찬한『주자문집대전류편(朱子文集大全類編)』110권도 있다.
138 語類(어류):『주자어류(朱子語類)』140권, 송나라 때 여정덕(黎靖德)이 주희가 그의 제자들과 묻고 대답한 말들을 모아 내용을 26 부문으로 나누어 편찬한 책. 주희의 참된 모습과 학문의 성격을 연구하는 데 큰 도움이 되는 책이다.
139 及他(급타): ⋯ 및 그 밖의.
140 說(설): 이론, 이론을 쓴 책.
141 宜(의): 마땅히.
142 間間(간간): 틈틈이, 틈이 날 때마다.
143 精讀(정독): 자세히 읽다, 꼼꼼히 읽다.
144 常常(상상): 늘, 언제나.
145 浸灌(침관): 물을 부어 젖는 것, 물을 붓듯이 불어나는 것.

이니라. 而餘力[148]亦讀史書[149]하여, 通[150]古今하고, 達[151]事變[152]하여, 以長[153]識見[154]이니라. 若異端[155]雜類[156]의, 不正之書는, 則不可頃刻[157]披閱[158]也니라.

> **해설**
>
> 여기에서는 앞에서 권한 다섯 가지 책과 다섯 가지 경전을 읽은 다음 그 밖에 어떤 책을 읽어야 하는가를 설명하고 있다. 우선 『근사록』에서 시작하여 『주자어류』에 이르기까지 완전히 성리학에 관한 책만을 권하고 있는 것은 주자학만을 공부하던 조선시대 학자들의 사정을 감안해야 할 것이다. 성리학을 철저히 익힌 다음에는 역사 공부를 하라고 권하고 있다. 역사 공부는 어느 시대건 지식인이면 꼭 갖추어야만 할 교양이다.
>
> 다만 여기에서 끝머리에 "바른 학문이 아닌 잡된 종류의 부정

---

146 無時(무시): …한 때가 없는 것.
147 間斷(간단): 중간에 끊기는 것, 중단하는 것.
148 餘力(여력): 남는 힘.
149 史書(사서): 역사책, 역사를 써놓은 책.
150 通(통): 정통(精通), 통달(通達), 꿰뚫어 아는 것.
151 達(달): 통달하다, 다 알다.
152 事變(사변): 여러 가지 사건과 변화, 일과 변고.
153 長(장): 길다, 발전시키다.
154 識見(식견): 지식과 판단력, 아는 것과 견해.
155 異端(이단): 바른 학문이 아닌 공부를 한 사람, 정통에서 벗어나는 믿음을 지닌 사람.
156 雜類(잡류): 잡된 종류, 형편없는 부류.
157 頃刻(경각): 잠깐 동안, 짧은 시간.
158 披閱(피열): 펼쳐 보는 것.

한 책"이란 심지어 주자학에서 벗어나는 모든 학문에 속하는 책이라 볼 수도 있다. 주자학의 가장 큰 폐단은 다른 학파의 학문은 말할 것도 없고 같은 유학이라 하더라도 주자의 이론에서 벗어나는 이론은 모두 이단으로 몰아붙인 것이다. 현대에 있어서는 자기가 하지 않는 학문이나 자기와 다른 생각에 대해서도 관심을 지닐 줄 알아야 한다.

8

언제나 책을 읽을 때는 반드시 한 책을 익히 읽어 뜻과 취지를 다 알아 의문 나는 것 없이 꿰뚫게 된 다음에야 다른 책으로 바꾸어 읽어야 한다. 많은 책을 읽으려 욕심내고 많은 것을 얻기에 힘쓰며 급히 서둘러 이것저것 여러 가지를 읽어서는 안 된다.

凡讀書엔, 必熟讀一册하여, 盡曉[159]義趣[160]하여, 貫通[161]無疑[162]하고, 然後[163]乃[164]改[165]讀他書니라. 不可貪多[166]務得[167]하여, 忙迫[168]涉獵[169]也

---

159 盡曉(진효): 다 알다, 모두 이해하다.
160 義趣(의취): 뜻과 취지, 글의 뜻과 글을 쓴 까닭.
161 貫通(관통): 꿰뚫다, 앞뒤를 모두 이해하는 것.
162 無疑(무의): 의문이 없다, 의심이 없다.
163 然後(연후): 그렇게 된 뒤, 그러한 다음.
164 乃(내): 곧.
165 改(개): 바꾸다, 고치다.

니라.

> **해설** 책을 읽는 방법에는 짧은 시간에 여러 가지 책을 되도록 많이 읽는 방법과 한 책을 공들여 자세히 그 책의 내용과 쓰인 뜻을 철저히 읽는 방법이 있다. 책의 성격과 읽는 목적에 따라 이는 달리할 수밖에 없는 것이다. 가벼운 소설이나 수필 또는 자기 경험을 쓴 책 같은 것은 간단히 많이 읽는 방법을 택하는 것이 좋지만, 어려운 인생에 관한 글이나 위대한 사상을 써 놓은 글 같은 것은 그 책을 공들여 자세히 이해하도록 철저히 읽어야 할 것이다. 어떤 문제를 추구하거나 어떤 일을 연구하기 위해 관련 자료를 읽을 때도 그 책의 한 마디 말도 빠뜨리는 일 없이 철저히 읽어야 할 것이다.
>
> 율곡 선생이 이러한 독서 방법을 가르치고 있는 것은 주자학의 학문 목적과 방법에 바탕을 두고 있기 때문이다. 주자학에 있어서 공부를 하는 궁극적인 목적은 성인이 되는 것이다. 성인은 모든 기본 원리, 곧 하늘의 이치에 통달해야 하고 모든 일에 대한 판단이 정확해야 하고 모든 사람들 곧 이 세계를 위해 큰일을 이룩할 수 있어야 한다. 책을 읽는 것은 이전의 훌륭한 분들이 써 놓은 글을 통해서 성인이 되는 길을 터득하기 위해서인

---

166 貪多(탐다): 많은 것을 탐내다, 책을 많이 읽으려고 욕심을 내는 것.
167 務得(무득): 얻기에 힘쓰다, 많은 지식을 얻으려고 애쓰는 것.
168 忙迫(망박): 급히 서두르다, 바빠서 함부로 하다.
169 涉獵(섭렵): 이것저것 여러 가지를 뒤지는 것, 이것저것 여러 가지를 읽는 것.

것이다. 때문에 성인의 길과는 상관없는 잡된 책에는 손도 대지 말아야 하고, 율곡 선생이 앞에 소개한 성인의 길이 쐬어진 책만을 정성들여 뜻을 철저히 이해하도록 읽어야 한다는 것이다.

초충도 草蟲圖
전 신사임당, 조선/16세기, 지본채색, 48.5×36cm, 강원도유형문화재 제11호, 강릉시 오죽헌·시립박물관 소장

제5장

어버이를 섬기는 법

事親

1

 사람이라면 누구든 어버이에게는 효도를 다해야 한다는 것을 알지 못하는 이는 없다. 그런데도 효도를 하는 사람이 매우 드문 것은 어버이의 은혜를 깊이 알지 못하고 있기 때문이다. 『시경(詩經)』에 이르지 않았던가?

 아버님 날 낳으시고, 어머님 날 기르셨네.
 이 은덕 갚고자 하나, 넓은 하늘처럼 한이 없네!

 사람이 자식으로써 삶을 타고 나는데, 목숨이며 피와 살이 모두 어버이가 물려주신 것이라 숨을 들이쉬고 내쉬면서 기맥이 서로 통하고 있으니 내 개인의 물건이 아니라 바로 부모님께서 물려주신 것이다. 그러므로 이어 읊고 있다.

슬프다! 부모님이여! 나를 낳고 기르시느라 수고 하셨네.

어버이의 은혜란 어떤 것인가? 어찌 감히 자기 몸이 자기 것이라고 멋대로 다루어 부모에게 효도를 다하지 않을 수가 있겠는가? 사람이 언제나 이러한 마음을 지니고 있으면 자연이 어버이를 위하려는 정성이 생겨나게 될 것이다.

事親
사 친

凡人莫不知[1]親[2]之當孝[3]니라. 而孝者甚鮮[4]은, 由[5]不深知[6]父母之恩[7]
범인막부지친지당효 이효자심선 유불심지부모지은

故也니라. 詩[8]不云乎아?
고야 시불운호

父兮生我하시고, 母兮鞠[9]我하시니라.
부혜생아 모혜국아

---

1 莫不知(막부지): 알지 못하는 이가 없다.
2 親(친): 어버이, 부모.
3 當孝(당효): 마땅히 효도를 해야 한다, 응당 효성을 다해야 한다.
4 甚鮮(심선): 매우 드물다, 무척 적다.
5 由…故(유…고): …으로 말미암는다, …하기 때문이다.
6 深知 (심지): 깊이 알다, 철저히 알다.
7 恩(은): 은혜, 은덕.
8 詩(시): 『시경(詩經)』 소아(小雅) 육아(蓼莪) 시에 보이는 구절임.
9 鞠(국): 기르다, 양육하다.

격몽요결

欲¹⁰報¹¹之德¹²이로되, 昊天¹³罔極¹⁴이로다.

人子¹⁵之受生¹⁶에, 性命¹⁷血肉¹⁸이, 皆親所遺¹⁹니, 喘息²⁰呼吸²¹에, 氣脈²²相通²³하나니, 非我私物²⁴이요, 乃²⁵父母之遺氣²⁶也니라. 故로 曰²⁷;

哀哀²⁸父母여! 生我劬勞²⁹시라 하니라.

父母之恩이, 爲如何哉오? 豈敢³⁰自有其身³¹하여, 以不盡孝³²於父

---

10 欲(욕): …을 하고자 하다. 욕심을 내다.
11 報(보): 갚다, 보답하다.
12 德(덕): 은덕.
13 昊天(호천): 넓은 하늘, 하늘.
14 罔極(망극): 끝이 없는 것. '호천망극'이란 말의 해석에는 학자에 따라 여러 가지 다른 의견이 있으나, 송나라 주희의 『시집전(詩集傳)』에서 "부모님의 은혜는 이처럼 크기 때문에 그것을 덕으로써 갚으려 하나 그 은혜의 큼이 곧 하늘이 끝이 없는 것이나 같아서 갚을 방법을 알지 못하겠다는 것이라는 뜻이다"라고 한 풀이를 따랐다. 다만 '덕'의 뜻은 주희의 풀이와 다르다.
15 人子(인자): 사람의 자식이 된 사람, 사람으로서 자식인 사람.
16 受生(수생): 삶을 받다, 삶을 타고 나다.
17 性命(성명): 생명, 목숨, 본성과 목숨.
18 血肉(혈육): 피와 살, 사람의 육체를 가리키는 말.
19 所遺(소유): 내려 준 것, 끼쳐 준 것.
20 喘息(천식): 숨을 쉬는 것.
21 呼吸(호흡): 숨을 내쉬고 들이쉬고 하는 것.
22 氣脈(기맥): 기운과 매락(脈絡), 기혈(氣血)과 맥락.
23 相通(상통): 서로 통하다.
24 私物(사물): 사사로운 물건, 개인의 물건.
25 乃(내): 곧.
26 遺氣(유기): 끼치신 기운, 물려주신 것.
27 故曰(고왈): 그러므로 말하였다, 그러므로 읊고 있다. 위에 인용한 것과 같은 『시경』 육아시에 보이는 구절임.
28 哀哀(애애): 슬프고 또 슬프다.
29 劬勞(구로): 수고하고 애쓰다.
30 豈敢(기감): 어찌 감히.

母乎아? 人能恒存³³此心³⁴이면, 則自有向親³⁵之誠³⁶矣리라.

> **참고**
>
> 이 대목은 『율곡전서(栗谷全書)』본을 따랐음. 수초본(手抄本) 『격몽요결』은 "『시경(詩經)』에 이르지 않았던가?(詩不云乎아?)"로부터 "그러므로 이어 읊고 있다. 슬프다! 부모님이여! 나를 낳고 기르시느라 수고하셨네.(故로 曰; 哀哀父母여! 生我劬勞시라 하니라.)"에 이르는 부분이 다음과 같다. 아마도 수초본은 초고이고 『율곡전서』본은 뒤에 수정한 것이 아닐까 여겨진다. '참고'로 수초본의 이 부분 번역과 본문을 아래에 붙여 둔다.

천하의 물건 중에는 내 몸보다 더 귀한 것이 없으니, 그것은 부모님이 내려 주신 것이기 때문이다. 지금 어떤 사람에게 재물을 보내 주는 사람이 있다면 곧 그 물건이 많고 적은 것과 값싸고 비싼 정도에 따라 은혜를 느끼는 마음도 그대로 깊거나 얕게 여겨질 것이다. 부모님은 나에게 몸을 내려 주셨는데, 어떤 천하의 물건을 가지고도 이 몸과는 바꿀 수가 없을 것이다.

---

31 自有其身(자유기신): 스스로 그의 몸을 갖다, 스스로 자기 몸을 마음대로 하다.
32 盡孝(진효): 효도를 다하다, 효성을 다하다.
33 恒存(항존): 언제나 지니고 있다, 항상 갖고 있다.
34 此心(차심): 이러한 마음, 부모의 은혜에 보답하려는 마음.
35 向親(향친): 어버이를 향하는, 어버이를 위하는.
36 誠(성): 정성, 성의.

天下之物은, 莫貴[37]於吾身이니, 乃父母之所遺也니라. 今有遺人[38] 以財物[39]者면, 則隨[40]其物之多少[41]輕重[42]而感恩之意[43]爲之深淺[44]焉이 니라. 父母遺我以身하시니, 而擧天下之物[45]로, 無以易[46]此身矣니라.

> **해설** 여기에서는 먼저 효도의 중요성을 강조하고 있다. 특히 어버이는 우리에게 이 세상에서 가장 소중한 몸을 낳아 준 분이기 때문에 그 은혜가 이루 말할 수 없이 크다. 그러니 사람이라면 그 은혜를 갚기 위해 효도를 다해야 한다는 것이다.
>
> 틀린 말은 아니다. 그러나 아무래도 너무 도식적인 효도 사상인 것 같다. 우리는 자기를 낳아 주지 않았다 하더라도 어버이와 자식 관계로 살게 된다면 효도를 다해야 할 것이기 때문이다. 현대에 와서는 아이들을 입양하는 가정이 날로 늘어나고 있기 때문에 더욱 그러하다.
>
> 심지어 자기 어버이가 아니라 하더라도 자기 주변에 여러 가

---

[37] 莫貴(막귀): 더 귀중한 것이 없다.
[38] 遺人(유인): 어떤 사람에게 보내 주다.
[39] 財物(재물): 값이 나가는 물건, 재산이 되는 물건.
[40] 隨(수): 따라서.
[41] 多少(다소): 많고 적은 것.
[42] 輕重(경중): 가벼운 것과 무거운 것, 값이 싼 것과 값이 나가는 것.
[43] 感恩之意(감은지의): 은혜를 느끼는 마음, 은혜에 대해 느끼는 뜻.
[44] 深淺(심천): 깊은 것과 얕은 것, 무거운 것과 가벼운 것.
[45] 擧天下之物(거천하지물): 모든 천하의 물건, 천하의 물건 어느 것이나, 어떤 천하의 물건도.
[46] 無以易(무이역): 바꿀 것이 없다, 바꿀 수가 없다.

지 이유로 마음이 끌리는 어른이 있다면 부모를 모시듯 효도하는 자세로 그 분을 위해 줄 수도 있는 것이다. 효도는 받은 것을 갚기 위해서가 아니라 자연스러운 인정과 사랑을 바탕으로 추진되어야 할 것이다. 현대에 있어서는 효도의 개념도 옛날과 달라져야 할 것이다. 어버이가 자기를 위해 해준 것은 별로 없고 오히려 성장 과정에서 해를 끼쳤다 하더라도 얼마든지 뒤에 그 부모를 위해 효도를 다할 수도 있는 것이다.

2

모든 부모를 모시는 사람은 한 가지 일, 한 가지 행동이라도 감히 자기 멋대로 하지 말고 반드시 아뢰어 허락을 받은 다음에 행해야 한다. 만약 해야 할 일을 부모님께서 허락지 않는다면 반드시 간곡히 아뢰어 좋다는 승낙을 받은 뒤에 행해야 한다. 만약 끝내 허락하지 않았는데도 곧장 자기 마음먹은 대로 해치워서는 안 되는 것이다.

凡事[47]父母者는, 一事[48]一行[49]을, 毋[50]敢自專[51]이요, 必稟命[52]而後行
범사 부모자 일사 일행 무 감자전 필품명 이후행

---

47 事(사): 섬기다, 모시다.
48 一事(일사): 한 가지 일, 한 가지 하는 일.
49 一行(일행): 한 가지 행동.
50 毋(무): …을 하지 마라, …을 하면 안 된다.
51 自專(자전): 자기 멋대로 하는 것, 자기 생각대로 행동하는 것.
52 稟命(품명): 여쭈어 명을 받다, 아뢰어 승낙을 받다.

이니라. 若事之可爲者⁵³를, 父母不許⁵⁴어든, 則必委曲⁵⁵陳達⁵⁶하여 頷可⁵⁷而後行이니라. 若終⁵⁸不許라도, 則亦不可直遂⁵⁹其情⁶⁰也니라.

해설

　　부모를 모시고 있는 사람은 모든 일을 부모에게 아뢰고 부모의 뜻을 따라 행해야 한다는 것이다. 꼭 해야만 할 일도 부모님이 승낙하지 않으면 하지 말라는 대목은 현대인으로서는 받아들이기 힘들 것이다. 그러나 옛날의 임금과 신하, 아버지와 아들, 남편과 아내 사이의 예절을 뜻하는 '삼강(三綱)'은 하늘의 원리를 따른 절대적인 윤리였기 때문에 거스를 수가 없는 것이었음을 알아야 한다.

　　지금 와서는 부모와 자식 사이의 윤리뿐만이 아니라 '삼강'에 대한 이해가 모두 뒤흔들리게 된 터이라 여기의 가르침을 곧이곧대로 받아들이지 못하는 것은 당연한 일이라 할 수 있다. 그러나 우리는 지금 세상과는 잘 맞지 않는다 하더라도 그러한 윤리를 하늘의 원리라 하여 절대적인 것으로 받아들였던 옛 분들의

53　事之可爲者(사지가위자): 일 중에 할 만한 일, 해야 할 일, 해야 좋을 일.
54　不許(불허): 허락하지 않다.
55　委曲(위곡): 자세히, 간곡히.
56　陳達(진달): 설명하여 알도록 하다, 아뢰다.
57　頷可(함가): 좋다고 머리를 끄덕이는 것, 좋다고 승낙하는 것.
58　終(종): 끝내, 끝까지.
59　直遂(직수): 곧장 행하다, 바로 해치우다.
60　其情(기정): 그의 생각, 자기 마음.

기본 정신만은 잘 이해하도록 노력해야 한다. 그래야만 현대에 있어서도 지금 세상에 맞는 올바른 부모를 모시는 법을 알게 되리라고 믿는다.

3

날마다 날이 밝기 전에 일어나 세수하고 머리 빗고 옷을 입고 띠를 매고서 부모님 잠자리로 가서 숨을 죽이고 부드러운 목소리로 잠자리가 따뜻하고 편안하셨는지 여쭈어 보아야 한다. 저녁이 되면 잠자리로 나아가 이부자리를 깔아 드리고 따뜻한지 서늘한지 살펴보아 드려야 한다. 낮 동안에 모실 때는 언제나 기쁜 얼굴빛과 부드러운 모습으로 공경히 시중을 들어야 한다. 곁에 모시고 봉양할 때는 지극히 정성을 다해야 하고 집을 나가고 들어오고 할 때는 반드시 절하며 나가는 인사를 드리고 절하며 들어와 뵈어야 한다.

每日未明[61]而起[62]하여, 盥[63]櫛[64]衣帶[65]하고, 就[66]父母寢所[67]하여, 下

---

61 未明(미명): 날이 밝기 전, 새벽.
62 起(기): 잠자리에서 일어나는 것.
63 盥(관): 세수하는 것.
64 櫛(즐): 머리 빗는 것.
65 衣帶(의대): 옷을 입고 띠를 매는 것. 옷을 입고 띠를 맨다는 것은 정장을 함을 뜻한다.
66 就(취): 나아가다, 가다.
67 寢所(침소): 잠자리, 잠자는 곳.

氣[68]怡聲[69]으로, 問[70]燠寒[71]安[72]否니라. 昏[73]則詣[74]寢所하여, 定[75]其褥席[76]하고, 察[77]其溫凉[78]이니라. 日間[79]侍奉[80]엔, 常愉色[81]婉容[82]으로, 應對[83]恭敬이니라. 左右[84]就養[85]엔, 極盡[86]其誠하고, 出入[87]必拜辭[88]拜謁[89]이니라.

> **해설** 일상생활을 통해 부모님을 모시는 법에 대해 쓴 대목이다. 아침저녁으로 정성을 다해 부모님께 문안드리고 낮 동안에

---

68 下氣(하기): 숨을 낮추다, 숨을 죽이다.
69 怡聲(이성): 부드러운 목소리, 기쁜 것 같은 목소리.
70 問(문): 묻다, 문안 드리다.
71 燠寒(욱한): 따뜻하고 추운 것, 잠자리가 따뜻했는가 추웠는가.
72 安否(안부): 편안했는가 그렇지 못했는가.
73 昏(혼): 날이 어두워지는 것, 저녁.
74 詣(예): 찾아가다, 이르다.
75 定(정): 손을 보다, 잘 깔아 주다.
76 褥席(욕석): 이부자리, 이불과 요.
77 察(찰): 살펴보는 것.
78 溫凉(온량): 따뜻한 것과 시원한 것.
79 日間(일간): 낮 사이, 낮 동안.
80 侍奉(시봉): 시중하고 받들다, 모시다.
81 愉色(유색): 기쁜 얼굴빛.
82 婉容(완용): 부드러운 모습, 부드러운 태도.
83 應對(응대): 시중을 드는 것, 잘 따르고 잘 대해 주는 것.
84 左右(좌우): 가까이, 곁.
85 就養(취양): 봉양하는 것, 잘 모셔 드리는 것.
86 極盡(극진): 극도로 다하다, 지극히 다하다.
87 出入(출입): 집을 나가고 들어오고 하는 것.
88 拜辭(배사): 절하고 떠나가다, 떠나가는 인사로 절을 하는 것.
89 拜謁(배알): 절하고 뵙는 것, 뵙는 인사로 절을 하는 것.

는 공경스럽게 빈틈없이 모셔야 한다는 것이다. 『소학(小學)』의 제2권 명륜(明倫)에서도 부모님을 섬길 때는 "첫 닭이 울 때 일어나 세수하고 머리 빗고 손질한 다음 옷을 제대로 차려 입고 관을 쓰고 띠도 맨 다음" "부모님 계신 곳으로 가서 숨을 죽이고 부드러운 목소리로" 여러 가지 안부를 여쭈어야 한다고 말하고 있다. 그 밖에도 여기의 가르침과 같은 내용의 글이 모두 보인다.

다시 집밖으로 나갈 때는 절을 하며 나갔다 오겠다는 인사를 드리고 다녀와서는 절을 하며 다녀온 인사를 드리라는 것이다. 정말 엄격한 규범이다. 현대 생활에는 잘 맞지 않는 예법이라 하더라도 그 기본 정신만은 이해하고 살리도록 노력해야 할 것이다.

4

지금 사람들은 많은 이들이 부모에게 양육을 받고 있어서 자기 힘으로 부모님을 모시지 못하고 있다. 만약 이대로 깜박하는 사이에 세월이 지나가 버리면 끝내 성실히 모실 기회가 없을 것이다. 반드시 자신이 집안일을 처리하면서 자기가 직접 맛있고 좋은 음식을 갖추어 드려야만 자식의 직책을 다하게 될 것이다.

만약 부모님이 완강히 자기의 뜻을 따라주지 않아 비록 집안일을 돌보지 못한다 하더라도 응당 일이 잘 되도록 힘쓰고 도와드리며 힘을 다해 맛있고 좋은 음식을 여러 가지 구해 어버이 입에 맞도록 해 드려야 한다. 만약 모든 마음가짐과 생각하는 것이 어버이를 모시는 데 있다면 진귀한 음식도 반드시 구할 수 있게 될 것이다. 언제나 생각나는 것은 옛날에 왕연(王延)이란 사람이 한 겨울 몹시 추운 때 몸에 온전한 옷도 걸치지 못하고서도 어버이에게는 맛있는 음식을 여러 가지 드시게 하여, 사람들이 감탄한 나머지 눈물까지 흘리게 했던 일이다.

今人多是[90]被養[91]於父母하여, 不能以其力[92]으로, 養其父母니라. 若此[93]奄[94]過日月[95]이면, 終無忠養[96]之時[97]也니라. 必須躬[98]幹家事[99]하고, 自備[100]甘旨[101]라야, 然後子職[102]乃修[103]리라.

若父母堅[104]不聽從[105]이면, 則雖[106]不能幹家[107]리나, 亦當[108]周旋[109]補

---

90 多是(다시): 많은 사람이 …하다.
91 被養(피양): 부양을 받다, 부양을 당하다.
92 以其力(이기력): 그의 힘으로, 그의 힘을 가지고서.
93 若此(약차): 만약 이대로, 만약 이렇게, 이와 같이.
94 奄(엄): 문득, 눈 깜빡히는 사이.
95 過日月(과일월): 세월이 지나가나.
96 忠養(충양): 충실히 봉양하다, 성실하게 모시다.
97 時(시): 때, 기회.
98 躬幹(궁간): 몸소 하다, 직접 자신이 일을 처리하는 것.
99 家事(가사): 집안 일, 집의 일.
100 自備(자비): 스스로 갖추다, 자신이 마련하다.
101 甘旨(감지): 맛있고 좋은 음식.
102 子職(자직): 자식의 직책, 아들의 직무.
103 修(수): 닦다, 모두 잘 이루는 것.
104 堅(견): 굳이, 굳건히, 완강히.
105 聽從(청종): 말을 따르다, 말을 들어주다.

助[110]하고, 而盡力[111]得甘旨之具[112]하여, 以適[113]親口可也니라. 若心心[114]念念[115]이, 在於[116]養親이면, 則珍味[117]亦必可得矣리라. 每念[118]王延[119]이, 隆冬[120]盛寒[121]에, 體無全衣[122]로되, 而親極[123]滋味[124]하여, 令人[125]感歎[126] 流涕[127]也로다.

---

106 雖(수): 비록, 비록 …이라 하더라도.
107 幹家(간가): 집안을 돌보다, 집안일을 하다.
108 亦當(역당): 역시 마땅히, 또 응당.
109 周旋(주선): 두루 돌보아주다, 일이 잘 되도록 여러 가지로 힘쓰다.
110 補助(보조): 돕다.
111 盡力(진력): 힘을 다하다, 능력을 다 기울이다.
112 甘旨之具(감지지구): 맛있고 좋은 음식을 두루 갖추다, 맛있고 좋은 음식 여러 가지를 마련하다.
113 適(적): 적합하다, 맞다.
114 心心(심심): 모든 마음, 언제나 갖고 있는 마음.
115 念念(념념): 모든 생각, 언제나 생각하고 있는 것.
116 在於(재어): …에 있는 것.
117 珍味(진미): 진귀한 맛, 진귀한 맛있는 음식.
118 每念(매념): 언제나 생각하다, 매번 생각하다.
119 王延(왕연): 오호십륙국(五胡十六國) 때(302-421)의 전조(前趙) 사람. 아홉 살 때 어머니를 잃었는데 3년 동안이나 피눈물을 흘리며 슬퍼했다 한다. 뒤에 계모가 들어와 그를 학대했으나 효성으로 섬겨 계모도 그를 사랑하게 되었다 한다. 벼슬은 상서좌승(尙書左丞)까지 하였으나 후세에까지도 효자로 이름난 사람이다.(『진서(晉書)』 권 88 효우전(孝友傳) 참고) 여기의 왕연에 관한 얘기는 『소학(小學)』에서 인용한 것이다. 『소학』의 그 대목을 「해설」에 인용하고 있으니 참고하기 바란다.
120 隆冬(융동): 한 겨울.
121 盛寒(성한): 몹시 추운 것, 대단한 추위.
122 全衣(전의): 온전한 옷, 제대로 된 옷.
123 極(극): 극진히 하다, 음식을 여러 가지 들게 하는 것.
124 滋味(자미): 맛있는 음식.
125 令人(영인): 사람들로 하여금 …하게 하다, 사람들이 …하도록 하다.
126 感歎(감탄): 무엇을 느끼고 탄식하는 것, 감탄하다.
127 流涕(유체): 눈물을 흘리다.

> **해설** 지금도 부모 밑에서 부모의 재력에 기대어 먹고 사는 사람들이 있지만, 옛날 농업 사회에서는 거의 모두가 대가족이었고 그 집의 재산인 땅과 집은 모두 소유권이 웃어른의 명의 아래 있었다. 게다가 부모님이 건강하셔서 상당히 나이 많을 때까지도 직접 농사일을 하는 이들이 있다. 이런 경우 그 아들이 아무리 열심히 아버지 밑에서 일을 한다 하더라도 그 집의 아들은 부모가 먹여 살려 주는 셈이 된다. 부모를 완전히 모시지 못하는 셈이다. 이 대목에서는 그러한 경우 부모에게 효도하는 방법을 설명하고 있다. 경제적으로 부모의 덕을 보고 있을수록 더욱 분발하여 열심히 부모님을 기쁘게 해 드리라는 것이다.
>
> 여기에 보인 왕연에 대해서는 『소학』 권 6 선행(善行)에도 아래와 같은 기록이 있다.

"진(晉)나라 서하(西河) 사람 왕연은 어버이를 섬길 때 어버이 얼굴빛을 살피면서 모셨다. 여름이면 잠자리를 부채질해 드렸고, 겨울이면 자기 몸으로 이불을 따뜻하게 해 드렸다. 한 겨울 몹시 추운 때에 몸에 온전한 옷도 걸치지 못하고서도 어버이에게는 맛있는 음식을 여러 가지 드시게 해 드렸다."

晉西河人王延은, 事親色養이니라. 夏則扇枕席하고, 冬則以身溫被
진 서 하 인 왕 연　　사 친 색 양　　　　하 즉 선 침 석　　　　동 즉 이 신 온 피

러라. 隆冬盛寒에, 體常無全衣로되, 而親極滋味니라.
　　　융 동 성 한　　체 상 무 전 의　　이 친 극 자 미

제5장 어버이를 섬기는 법

5

 사람들 집안의 아버지와 아들 사이를 보면 흔히 공경보다도 사랑의 정이 지나치게 드러난다. 반드시 그런 낡은 풍습을 철저히 씻어 내고 존경을 극진히 해야 한다. 부모님이 앉았거나 누웠던 곳이라면 아들은 감히 그곳에 앉거나 누워서는 안 되고, 부모님이 손님을 대접했던 곳이라면 아들이 감히 자기의 손님을 그곳에서 대접해서는 안 되며, 부모님이 말을 타고 내렸던 곳이라면 아들은 감히 그곳에서 말을 타고 내리지 말아야 한다.

 人家[128]父子間에, 多是[129]愛逾於敬[130]이니라. 必須痛洗[131]舊習[132]하고, 極[133]其尊敬이니라. 父母所坐臥處[134]엔, 子不敢坐臥하고, 所接客[135]處엔, 子不敢接私客[136]하며, 上下馬[137]處엔, 子不敢上下馬이, 可也[138]니라.

---

128 人家(인가): 사람들 집안.
129 多是(다시): 많은 사람들이 …하다, 흔히 …하다.
130 逾於敬(유어경): 공경보다 더 하다, 존경을 넘어가다.
131 痛洗(통세): 철저히 씻어내다, 싹 씻다.
132 舊習(구습): 낡은 습성, 옛날 습관.
133 極(극): 극진히 하다.
134 所坐臥處(소좌와처): 앉았거나 누웠던 곳.
135 接客(접객): 손님을 접대하다, 손님을 대하다.
136 私客(사객): 사사로운 손님, 개인 손님.
137 上下馬(상하마): 말을 타고 내리는 것.
138 可也(가야): …이 좋다, …해야 된다.

> **해설** 이 대목 첫머리에서 보통 사람들의 아버지와 아들 사이에는 공경하는 마음씨보다도 사랑하는 마음씨가 더 강하다는 말은 일리가 있다고 할 수 있다. 공경하는 마음씨란 공정한 마음가짐이고 사랑하는 마음씨란 사적인 마음가짐이라고 볼 수 있다. 부모와 자식 사이는 서로의 잘못이나 모자라는 점은 서로 덮어 주려는 마음을 누구나 지니고 있을 것이다. 그러나 이는 잘못된 행동으로 흐르기 쉬우니 서로 공경하는 마음, 곧 공정한 마음을 갖는 것이 매우 중요하다고 할 수 있다.
>
> 그런데 그 말에 이어 부모가 앉았거나 누웠던 자리에는 앉거나 누워서는 안 되고, 부모님이 손님을 대접한 곳에서는 아들이 자기 개인 손님을 접대해서는 안 되며, 부모님이 말을 타고 내린 곳에서는 아들이 말을 타거나 내려서는 안 된다는 말은 지금 사람들로서는 잘 납득할 수 없는 말이다. 그리고 앞의 "아버지와 아들 사이를 보면 흔히 공경보다도 사랑의 정이 지나치게 드러난다"고 한 말과도 잘 연결이 되지 않는 것 같다.

6

부모님의 뜻은 만약 올바른 도리를 해치지 않는 것이라면 곧 마땅히 먼저 뜻을 알아차려 가지고 받들고 따르되 가는 털만큼도 소홀히 하거나 어겨서는 안 된다. 만약 그 중에 올바른 도리를 해치는 것이 있다면 곧 온화한 기색과 기쁜 얼굴빛을 지니고 부드러운 목소리로 말씀드리되 거듭 사실을 설명하여 반드시 들어 주시도록 해야 한다.

父母之志이, 若非害[139]於義理[140]면, 則當先意[141]承順[142]하되, 毫忽[143] 不可違[144]니라. 若其害理者[145]는, 則和氣[146]怡色[147]으로, 柔聲[148]以諫[149]하되, 反覆[150]開陳[151]하여, 必期[152]於聽從[153]이니라.

해설 부모님의 뜻이나 생각을 자식이라면 따라야 함을 강조한 글이다. 특히 부모님의 뜻이나 생각이 도리에 어긋나는 경우에 자식으로써 어떻게 대응해야 하는가를 가르쳐 준 대목이 매우 중요하다.

---

139 非害(비해): 해치지 않다, 해가 되지 않다.
140 義理(의리): 올바른 도리, 올바른 이치.
141 先意(선의): 먼저 뜻을 알아차리는 것.
142 承順(승순): 받들고 따르다, 공경히 따르다.
143 毫忽(호홀): 가는 털만큼도 소홀히, 가는 털만치 가벼이.
144 違(위): 어기다, 부모님 뜻을 어기는 것.
145 害理(해리): 도리를 해치다, 올바른 도리에 해가 되다.
146 和氣(화기): 온화한 기색, 부드러운 기색.
147 怡色(이색): 기쁜 얼굴빛, 얼굴빛을 기쁜 듯이 갖는 것.
148 柔聲(유성): 부드러운 목소리.
149 諫(간): 윗분에게 잘못을 아뢰는 것, 윗분에게 어떤 일을 하거나 하지 말라고 권하는 것.
150 反覆(반복): 거듭하다, 한 것을 또 하는 것.
151 開陳(개진): 사실이나 내용을 자세히 얘기하는 것, 사실을 설명하는 것.
152 必期(필기): 반드시 …하도록 한다, 반드시 …할 것을 목표로 삼다.
153 聽從(청종): 듣고 따르다, 뜻을 잘 따르다.

『소학(小學)』의 옛 분들의 훌륭한 말을 모아 놓은 권 5 가언(嘉言)을 보면 사마광(司馬光, 1019-1086)의 말을 인용하여 "모든 나이 어린 자녀들은 큰 일 작은 일 가리지 말고 멋대로 하면 안 되고 반드시 집안 어른에게 아뢰어 허락을 얻어야 한다"는 말을 인용하고 나서 다음과 같은 말을 하고 있으니 이 글과 앞의 2대목의 가르침과 견주어 보며 참고하기 바란다.

"간혹 부모님이 명하신 것 중에 해서는 안 될 것이 있다면 곧 온화한 얼굴빛을 지니고 부드러운 목소리로 옳고 그르고 이롭고 해로운 점을 모두 말씀드려 부모님의 허락을 얻은 다음에야 그 일을 달리 해야 한다. 만약 허락지 않으실 때 진실로 큰 해는 없는 일이라면 역시 그대로 따라 해야 한다. 만약 부모의 명하신 일이 그릇된 것이라 하여 곧장 지기 뜻대로 행한다면 비록 한 일이 모두 올바르다 하더라도 여전히 '순종 않는 자식'이 되고 마는 것이다. 하물며 반드시 옳다고 할 수 없는 것을 했을 때에야 어떻게 되겠는가?"

或所命有不可行者면, 則和色柔聲으로, 具是非利害而白之하여, 待
혹소명유불가행자   즉화색유성   구시비이해이백지   대

父母之許하여, 然後改之니라. 若不許시로되, 苟於事無大害者면,
부모지허   연후개지   약불허   구어사무대해자

亦當曲從이니라. 若以父母之命爲非라 하여, 而直行己志면, 雖所執
역당곡종   약이부모지명위비   이직행기지   수소집

皆是라도, 猶爲不順之子니라. 況未必是乎아?
개시   유위불순지자   황미필시호

7

　부모님께 병환이 생기면 마음의 근심으로 죽은 얼굴빛이 되어 다른 일은 제쳐 두고 오직 의사의 진료를 받고 약을 지어 드리는 일에만 힘써야 한다. 병환이 낳은 다음에야 일상으로 되돌아간다.

　父母有疾[154]이시어든, 心憂[155]色沮[156]하여 捨置[157]他事[158]하고, 只以[159] 問醫[160]劑藥[161]으로, 爲務[162]니라. 疾止[163]어든, 復初[164]니라.

> **해설**　이 대목은 짧지만 부모님이 병환으로 불편하실 때 아들로서 부모님 병환을 돌보아 드리는 방법을 얘기한 것이다. 지금은 병원 산업이 발전하여 사람들이 병이 났을 때 병에 대처하는 방법이 옛날과는 크게 다르다. 그러나 여기에서 가르치고 있는 부모님이 불편하실 때 자식으로 부모님의 병환을 돌보아 드리는

154　有疾(유질): 병이 있게 되다, 병환이 생기다.
155　心憂(심우): 마음으로 근심하는 것.
156　色沮(색저): 얼굴빛이 죽다, 죽은 듯한 얼굴빛이 되는 것.
157　捨置(사치): 버려두다, 제쳐 두다.
158　他事(타사): 다른 일, 여타의 일.
159　只以(지이): 오직 …만 가지고, 오직 …하는 일에만.
160　問醫(문의): 의사에게 묻다, 의사에게 진료를 받다.
161　劑藥(제약): 약을 짓다, 약을 지어 올리는 것.
162　爲務(위무): 힘쓰다, 일을 삼다.
163　疾止(질지): 병이 멈추다, 병이 낫는 것.
164　復初(복초): 처음으로 되돌아가다, 전의 일상적인 생활로 되돌아가는 것.

기본 정신만은 지금도 잘 살려야만 할 것이다.

8

  일상생활을 통해 한 순간도 부모님을 잊지 않고 지내야만 효도를 한다고 할 수가 있다. 제 몸가짐을 삼가지 아니하고 말을 함부로 하며 장난이나 치고 놀면서 나날을 보내는 자들은 모두가 부모를 잊고 있는 것이다.

  세월은 흐르는 물과 같아서 어버이를 모시며 오래도록 살 수는 없는 것이다. 그러므로 자식이 된 사람들은 반드시 정성을 다하고 힘을 다하기를 부족할까 두려워하고 있듯이 해야만 한다. 옛 분의 시에 이렇게 읊고 있다.

"옛 분들은 하루 부모 봉양하는 일을,
  삼공(三公)의 벼슬을 준대도 그만두지 않았네."

  일반적으로 말하는 세월을 아끼는 일을 이와 같이 생각하였던 것이다.

日用之間[165]에, 一毫之頃[166]이라도, 不忘[167]父母라야, 然後[168]乃名[169]

---

165 日用之間(일용지간): 일상생활을 하는 사이에, 일상생활을 통해. '일용'은 일상생활.

爲孝[170]니라. 彼[171]持身[172]不謹[173]하고, 出言[174]無章[175]하며, 嬉戱[176]度日[177]者는, 皆是[178]忘父母者也니라.

日月如流[179]하니, 事親不可久[180]也니라. 故로 爲子者는, 須[181]盡誠[182]竭力[183]하되; 如恐不及[184]可也[185]니라. 古人詩에 曰;

古人一日養[186]을, 不以三公[187]換[188]이라.

---

166 一毫之頃(일호지경): 한 순간, 극히 짧은 순간. '일호'는 한 개의 가는 털, 여기서는 극히 짧은 시간을 형용하고 있다.
167 不忘(불망): 잊지 않다. 『예기(禮記)』 제의(祭義)편에는 효자라면 부모에 대한 사랑과 정성을 늘 마음에 간직하고 "잊지 않는다"고 말하고 있다.
168 然後(연후): 그러한 뒤, …을 하면.
169 乃名(내명): 곧 이름 부르다, 곧 …이라 하다.
170 爲孝(위효): 효도를 하다, 효성스럽다.
171 彼(피): 저, 저 사람.
172 持身(지신): 몸가짐.
173 不謹(불근): 삼가지 않다, 곧 아무렇게나 하는 것.
174 出言(출언): 말을 하다, 발언하다.
175 無章(무장): 법도가 없는 것, 곧 함부로 하는 것.
176 嬉戱(희희): 장난치고 노는 것.
177 度日(도일): 나날을 보내다, 세월을 보내다.
178 皆是(개시): 모두가 …이다.
179 如流(여류): 물이 흐르는 것 같다, 흐르는 물 같다.
180 不可久(불가구): 오래도록 …할 수가 없다.
181 須(수): 반드시, 모름지기.
182 盡誠(진성): 성의를 다하다, 정성을 다하다.
183 竭力(갈력): 힘을 다 쏟는 것.
184 不及(불급): 미치지 못하다, 부족하다. 자기의 정성이나 능력이 부족하다고 여기는 것.
185 可也(가야): 가하다, …이 된다, …해야 한다.
186 一日養(일일양): 하루 봉양하다, 부모님을 하루 모시는 것.
187 三公(삼공): 조선시대의 영의정(領議政)·좌의정(左議政)·우의정(右議政)의 세 가지 벼슬. 왕조에서 가장 높은 벼슬 세 가지로, 중국에도 호칭은 달랐지만 주(周)나라·한(漢)나라 등 왕조에 삼공 벼슬이 있었다.
188 換(환): 바꾸다. 부모님을 하루 모시는 일과 삼공의 높은 벼슬을 바꾸는 것.

所謂[189]愛日[190]者이 如此니라.

> **해설** 이 대목은 부모님을 모시고 효도하는 방법을 논한 결론에 해당하는 성격의 글이다. 앞뒤 두 토막으로 이루어져 있는데, 앞에서는 일상생활을 통해 부모님이 계신 것을 절대로 잊지 말라고 당부하고 있고, 뒤에서는 아무리 부모님께 효도를 다하려 한다 해도 부모님이 생존해 계시는 기간은 그리 길지 않으니 이를 마음에 늘 새겨 두라는 것이다.
>
> 앞에서 "자기의 몸가짐을 삼가지 아니하고 말을 함부로 하며 장난이나 치고 놀면서 나날을 보내는 것"은 부모를 잊은 행동이라 책망하고 있다. 그리고 시간은 물이 흘러가듯 흘러가고 있으니 부모를 모시고 있는 사람은 게으름 피우지 말고 언제나 부모를 위해 "정성을 다하고 힘을 다하라"고 당부하고 있다.

---

189 所謂(소위): 이른바, 사람들이 말하는.
190 愛日(애일): 날을 아끼다, 세월을 아끼다. 부모를 잘 섬기려고 세월을 아끼는 것을 말한다. 『논어』 이인(里仁)편의 "부모의 나이는 몰라서는 안 된다(父母之年, 不可不知也.)"고 한 공자의 말을, 주희가 『집주(集註)』에서 "늘 부모의 나이를 알고 있다면(常知父母之年이면)… 세월을 아끼는 정성이 자연히 멎어질 수가 없게 될 것이다(於愛日之誠, 自有不能已者.)"라고 해설한 말에서 따온 표현이다.

초충도 草蟲圖

전 신사임당, 조선/16세기, 지본채색, 48.5×36cm, 강원도유형문화재 제11호, 강릉시 오죽헌·시립박물관 소장

제6장
장례를 치르는 법

喪制

1

　장례를 치르는 법은 마땅히 모든 것을 주희(朱熹)의 『주자가례(朱子家禮)』를 따라야 한다. 만약 의심스럽고 모르는 것이 있으면 곧 상례(喪禮)에 대해 잘 아는 선생님이나 어른에게 물어서 반드시 그 예를 극진히 해야 한다.

喪制
상제

喪制¹當一依²朱文公³家禮⁴니라. 若有疑晦處⁵면, 則質問⁶于先生⁷長
상제 당일의 주문공 가례　　　　약유의회처　　　즉질문 우선생 장

1　喪制(상제): 장례를 치르는 제도, 초상을 치르는 법. 사람이 죽었을 때 장사를 지내는 방법.
2　一依(일의): 한결같이 의존하다, 모든 것을 따르다.

者⁸識禮處⁹하여, 必盡其禮¹⁰可也니라.

해설

집안의 어느 분이 돌아가셔서 초상을 치르게 되면 반드시 『주자가례』에 기록되어 있는 제도를 철저히 지켜야 한다는 것이다. 이 『주자가례』의 내용은 북송 사마광(司馬光, 1019-1086)의 『사마온공서의(司馬溫公書儀)』를 많이 참조하여 이루어진 책이라 한다.

여기에 씌어진 「장례를 치르는 법」은 현대 사회에 적용될 수가 없는 것이다. 따라서 우리는 이 글을 읽으면서 '상례'의 형식보다도 그 기본 정신을 이해하려고 노력해야 할 것이다. 곧 왜 우리 조상들은 이러한 방법으로 초상을 치렀을까 생각해 보는 것이 보다 중요한 일이라는 것이다.

---

3 朱文公(주문공): 남송의 대학자 주희(朱熹), 주자학(朱子學)을 창시한 사람. 죽은 뒤 주어지는 시호(諡號)가 '문공'임. 흔히 그를 높여 주자(朱子)라 부름. 앞의 해설 참고 바람.

4 가례(家禮): 흔히 『주자가례(朱子家禮)』 또는 『문공가례(文公家禮)』라 부르며 앞머리에 주희(朱熹)의 서문이 붙어 있는 판본이 있어 특히 조선시대에는 주희의 저서라 믿고 무척 존중되어 왔다. 내용은 통례(通禮)에 이어 관(冠)·혼(婚)·상(喪)·제(祭)의 네 가지 예식에 관한 기록으로 구성되어 있다. 권수는 판본에 따라 5권에서 14권에 이르기까지 여러 가지가 있다. 율곡 선생이 "장례를 치르는 법은 마땅히 모든 것을 주희의 『주자가례』를 따라야 한다"고 말하고 있듯이 조선시대에는 절대적인 경전으로 믿었기 때문에 우리 생활에 끼친 영향이 매우 크다. 그러나 청나라 고증학자(考證學者)들은 이 책은 주희의 저서가 아님을 밝히고 있다.(기균(紀昀, 1724-1805)의 『사고전서총목제요(四庫全書總目提要)』 경(經) 예류(禮類) 참조)

5 疑晦處(의회처): 의심이 나고 잘 모르는 곳, 의심스럽고 애매한 곳.
6 質問(질문): 모르는 것이나 의심스러운 것에 대해 묻는 것.
7 先生(선생): 잘 아는 선생님, 잘 아는 선배.
8 長者(장자): 나이가 많은 분, 어른.
9 識禮處(식례처): 예를 아는 곳, 예에 대해 잘 아는 분.
10 盡其禮(진기례): 그에 관한 예를 다하다, 그 일에 관한 예법을 완전히 지키다.

2

　죽은 이의 넋을 부를 때 세상의 습속으로는 반드시 어릴 적 이름을 부르지만 예에 어긋나는 짓이다. 젊은 사람이라면 그래도 이름을 부르는 것이 좋지만 어른이라면 이름을 불러서는 안 되고 살아 있을 때 부르던 호칭을 따라야 한다.[부녀자라면 더욱이 이름을 불러서는 안 된다.]

　復[11]時에, 俗例[12]必呼小字[13]로되, 非禮[14]也니라. 少者[15]則猶可[16]呼名이로되, 長者[17]則不可呼名[18]이요, 隨[19]生時所稱[20]可也니라.[婦女尤[21]不

11　復(복): 고복(告復) 또는 초혼(招魂)이라고도 한다. 죽은 사람의 혼 또는 넋을 부르는 것. 사람이 막 죽었을 때 죽은 이가 살아 있을 때 입던 저고리를 들고 지붕 위에 올라가 왼손으로는 저고리의 동정을 잡고 오른손으로는 저고리의 허리춤을 잡고서 북쪽을 향해 "아무 동네 아무개 복(復)!" 하고 세 번 소리친다. 그리고는 저고리를 들고 내려와 죽은 이 시신 위에 덮어 준다. 죽은 이의 넋을 불러들여 죽은 이를 되살아나게 해보려는 의식이다. 그래도 죽은 이가 되살아나지 않으면 완전히 죽은 것이므로 그제서야 장사를 지내는 것이다.
12　俗例(속례): 세속(世俗)의 습성(習性), 세상의 습속.
13　呼小字(호소자): 어릴 적 이름을 부르다. "아무개 복!" 하고 소리칠 때 어릴 적 이름을 쓴다는 것이다. '소자'는 소명(小名)이라고도 하였다.
14　非禮(비례): 예가 아니다, 예에 어긋나는 것.
15　少者(소자): 나이가 적은 사람, 젊은이.
16　猶可(유가): 그래도 괜찮다, 오히려 괜찮다.
17　長者(장자): 나이가 많은 사람, 어른.
18　不可呼名(불가호명): 이름을 부르면 안 된다. 여기에서는 『율곡전서』본을 따랐으나, 수초본 같은 판본에는 "불필호명(不必呼名)", 곧 "반드시 이름을 부를 필요는 없다"로 되어 있으나, 적절치 않다. 물론 앞뒤가 잘 이어지도록 "절대로 이름을 불러서는 안 된다"로 옮길 수도 있다.
19　隨(수): 따르다.
20　生時所稱(생시소칭): 살아 있을 때 부르던 호칭. '복' 곧 초혼을 하는 사람이 죽은 이를 부르던 칭호를 말한다.
21　尤(우): 더욱이.

宜²²呼名이니라.]
의　호명

> **해설**　죽은 사실을 믿을 수가 없다고 하여 아쉬운 정성을 나타내기 위해 행하던 '복' 곧 '죽은 이의 넋을 불러 보는 행사'에 대한 설명이다. 『주자가례』 상례(喪禮)에도 '복'에 대한 설명이 보인다. 지금은 완전히 사라진 풍습이니 그런 예식을 행하던 뜻만을 알아주기 바란다.

3

어머니가 돌아가셨을 때 아버지가 계시다면 곧 아버지가 상주가 된다. 모든 축문(祝文)은 모두 마땅히 남편이 아내에게 이르는 격식으로 써야 한다.

母喪²³父在면, 則父爲喪主²⁴니라. 凡祝辭²⁵는, 皆當用夫²⁶告妻²⁷之
모상　부재　　즉부위상주　　　　범축사　　　개당용부 고처 지

---

22 不宜(불의): 합당하지 않다, 적절치 않다.
23 母喪(모상): 어머니 상을 당하다, 어머니가 돌아가신 것.
24 喪主(상주): 상제, 맏상제, 죽은 이를 모시는 가장 중심이 되는 사람.
25 祝辭(축사): 축문(祝文), 축문의 용어, 곧 장례를 치르고 제사를 지낼 때 저승에서 편히 계시기를 비는 말.
26 夫(부): 남편.
27 妻(처): 아내.

例[28]니라.
례 야

해설 　보통 부모님이 돌아가시면 그 자식들이 상주 노릇을 하는 것이 상식이다. 그러나 어머니가 돌아가셨을 때 아버지가 계시다면 아버지가 상주 노릇을 해야 한다는 것이다. 조선시대에 이맹종(李孟宗)이 편찬한 『가례증해(家禮增解)』 상례의 '상주를 세움(立喪主)' 대목을 보면 주희의 "아내가 죽었을 때는 남편이 자연히 상주가 된다. 자식이 상주가 되는 것은 내키지 않는 일이다"라는 말을 인용하고 있다. 남편이 상주라면 장례를 지낼 때의 축문은 남편이 아내에게 이르는 격식으로 써야 한다는 것은 당연한 일이다. 이것은 일리는 있는 제도인 것 같으면서도 남녀를 구별하는 것이 되기 때문에 옳지 않은 듯하다.

4

　부모가 돌아가시면 바로 아내와 첩과 며느리와 딸들은 모두 머리를 풀어 헤친다. 남자들은 머리를 풀어 헤치고 옷깃을 걷어 올려 띠에 끼우고 맨발이 된다.[처음 염습을 하고 난 뒤에는 남자는 저고리를 벗어 왼쪽 어깨를 드러내고 머리를 묶는다. 여자들은 머리를 모아 묶는다.] 아

---

28 例(례): 보기, 격식, 형식.

들이라 하더라도 다른 사람의 양자가 된 사람과 이미 시집간 딸들은 모두 머리를 풀어 헤치거나 맨발이 되지 않는다.[남자들은 관만 벗는다.]

父母初沒[29]에, 妻妾[30]婦[31]及女子[32]는, 皆被髮[33]하니라. 男子則被髮하고, 扱上衽[34]徒跣[35]하니라.[小斂[36]後엔, 男子則袒[37]括髮[38]하니라. 婦人則髽[39]하니라.] 若子爲他人後[40]者와, 及女子已嫁[41]者는, 皆不被髮徒跣이니라.[男子則免冠[42]이니라.]

 부모님이 돌아가셨을 때 그 자식들이 가장 먼저 바꾸어야

---

29 初沒(초몰): 처음 돌아가셨을 때, 막 돌아가셨을 때.
30 妻妾(처첩): 죽은 이의 아내와 첩.
31 婦(부): 자부(子婦), 며느리.
32 女子(여자): 딸들을 가리킴.
33 被髮(피발): 머리를 풀어 헤치는 것.
34 扱上衽(급상임): 옷깃을 걷어 올려 허리띠에 끼는 것.
35 徒跣(도선): 맨발, 맨발이 되다. 버선과 신발을 모두 벗는 것을 말함.
36 小斂(소렴): 일차로 염습(斂襲)을 하는 것. 곧 죽은 이에게 옷을 입히고 이불로 싸주는 절차임. '염'은 염(殮)으로도 씀.
37 袒(단): 저고리를 벗어 왼편 어깨를 들어내는 것.
38 括髮(괄발): 머리를 묶는 것.
39 髽(좌): 머리를 모아 잡아매는 것, 결발(結髮).
40 他人後(타인후): 다른 사람의 후손이 되는 것, 곧 다른 사람에게로 양자를 가는 것.
41 已嫁(이가): 이미 출가하다, 이미 시집가다.
42 免冠(면관): 관을 벗다.

할 몸차림에 대해 설명한 대목이다. 『주자가례』의 상례에는 부모의 상을 당하게 되면 "곧 옷을 바꿔 입고 음식을 먹지 않는다(乃易服不食)"고 하면서 이와 비슷한 말을 하고 있다. 그리고 소렴(小斂)에 관한 절차도 자세히 기록되어 있다.

5

 시신이 침대에 있고 아직 빈소(殯所)를 차리지 않았을 때는 남녀 모두 시신 곁에 자리를 잡는데, 그들 자리의 차례를 남쪽을 윗자리로 삼는 것은 시신의 머리가 놓여 있는 곳을 윗자리로 삼기 때문이다. 빈소가 차려진 뒤에는 여자들은 전처럼 대청 위에 자리를 잡고 남쪽을 윗자리로 삼지만, 남자들은 섬돌 아래 자리를 잡고 북쪽을 윗자리로 삼는 것이 옳은데 빈소가 있는 곳을 윗자리로 삼기 때문이다. 시신을 밖으로 모실 때는 남녀 모두의 자리가 다시 남쪽을 윗자리로 삼는데, 시신을 모신 관이 있는 곳이 윗자리가 되기 때문이다. 때에 따라서 윗자리를 바꾸어 그때마다 예의를 따르는 뜻을 살리려는 것이다.

 尸[43]在牀[44]而未殯[45]엔, 男女[46]位[47]于尸傍[48]이니, 則其位[49]南上[50]은, 以

---

43 尸(시): 시체, 시신.
44 牀(상): 침상(寢牀), 침대.

尸頭所在[51]爲上[52]也니라. 旣殯之後[53]엔, 女子則依前[54]位于堂上[55]南上이로되, 男子則位于階下[56]하여, 其位當北上[57]이니, 以殯所在爲上也니라. 發引[58]時엔, 男女之位復南上이니, 以靈柩[59]所在爲上也니라. 隨時[60]變位[61]하여, 而各有禮意[62]니라.

---

45 殯(빈): 빈소(殯所), 빈소를 차리다. '빈소'는 장례를 치르기 위해 죽은 이의 시신을 밖으로 내갈 때까지 시신이 담긴 관을 놓아두는 장소임.
46 男女(남녀): 상주를 비롯하여 장례를 지내기 위해 모인 죽은 이의 아들딸과 가족 및 친족들을 가리킴.
47 位(위): 자리를 잡는다. 곧 죽은 이를 애도하기 위해 모두들 시신 곁에 남녀 친족의 서열을 따라 자리를 잡고 앉는 것이다.
48 尸傍(시방): 시신 곁.
49 其位(기위): 그들이 자리를 잡는 자리.
50 南上(남상): 남쪽을 윗자리로 삼다.
51 尸頭所在(시두소재): 시신의 머리가 있는 곳, 시신의 머리를 둔 곳. 시신을 침대 위에 눕히고 머리가 남쪽을 향하도록 자리를 잡는 것이다. 때문에 남녀를 불문하고 서열이 높은 분들이 죽은 이의 얼굴에 가까운 쪽인 남쪽에 자리를 잡는 것이다.
52 爲上(위상): 윗자리가 된다.
53 旣殯之後(기빈지후): 이미 빈소를 차리고 난 뒤.
54 依前(의전): 전 대로, 이전과 같이.
55 堂上(당상): 대청 위. "여자들은 전처럼 대청 위에 자리를 잡는다"고 하였으니, 시신이 담긴 관은 대청 위에 남쪽으로 머리를 두게 하고 놓아두었음을 알 수 있다. 따라서 빈소는 대청 앞뜰에 차려진 것이다.
56 階下(계하): 섬돌 밑. '섬돌'은 대청에서 뜰로 내려오는 돌층계임.
57 北上(북상): 북쪽을 윗자리로 삼다. 빈소는 뜰에 대청 가까이 붙어 마련되기 때문에 그 앞의 뜰에서는 북쪽 빈소에 가까운 곳이 윗자리가 되는 것이다.
58 發引(발인): 장사지낼 곳으로 가기 위해 시신이 담긴 관을 집밖으로 모시는 것. 발인(發靷)으로 보통 씀.
59 靈柩(영구): 죽은 이의 시신이 담긴 관.
60 隨時(수시): 때에 따라, 경우에 따라.
61 變位(변위): 자리를 바꾸다, 윗자리가 바꾸어지는 것.
62 禮意(예의): 예의의 뜻, 예의를 따르려는 뜻.

해설 이 대목은 사람이 죽었을 때 시신을 집 밖으로 내어가기 전까지, 죽은 이의 아들딸이나 친족들이 시신을 모시는 예의를 설명한 것이다. 옛날 사람들이 예의를 지키기 위해 얼마나 혈연이나 나이 등에 따른 차례인 서열을 중시했는가도 알 수 있는 대목이다.

6

지금 사람들은 대부분이 예의를 알지 못해 언제나 조문을 온 손님이 위문을 하면 전혀 일어나 움직이는 법 없이 오직 엎드려 있기만 할 따름이다. 이것은 예의에 어긋나는 짓이다. 조문 온 손님이 돌아가신 분에게 절을 하고 나오면 곧 상제들도 상제의 자리로부터 나와서 조문 온 손님들을 향해 두 번 절하고 곡을 해야만 하는 것이다.[조문 온 손님도 맞절을 해야 한다.]

상복은 다른 곳을 갔다 와야 할 때가 아니라면 벗어서는 안 된다.

今人多[63]不解[64]禮하여, 每[65]弔客[66]致慰[67]면, 專[68]不起動[69]하고, 只俯

---

63 多(다): 대부분이, 흔히.
64 不解(불해): 이해하지 못하다, 알지 못하다.
65 每(매): 매번, 언제나, 늘.
66 弔客(조객): 죽은 이를 조문하기 위해 온 손님, 조문을 하는 손님.

伏⁷⁰而已⁷¹니라. 此非禮也니라. 弔客拜⁷²靈座⁷³而出하면, 則喪者⁷⁴當出

自⁷⁵喪次⁷⁶하여, 向弔客再拜⁷⁷而哭⁷⁸可也니라.[弔客當答拜⁷⁹니라.]

衰絰⁸⁰은, 非出入⁸¹他處⁸²면, 則不可脫⁸³也니라.

> **해설**
>
> 이 대목에서는 장례를 지낼 때 상제가 조문 온 손님을 대하는 예절을 강조하여 설명하고 있다.
>
> 끝머리 짧은 대목은 상제와 상복(喪服)의 관계를 설명한 말인데 따로 다루기가 번거로운 것 같아 여기에 함께 붙여 옮기고 주석을 붙였다. 여기서는 필사본을 바탕으로 "상복은 다른 곳을

---

67 致慰(치위): 위문을 하다, 위로하는 뜻을 알리다.
68 專(전): 오로지, 전혀.
69 起動(기동): 일어나 움직이다, 몸을 움직이다.
70 俯伏(부복): 땅바닥에 엎드리는 것.
71 而已(이이): …일 따름이다, …할 뿐이다.
72 拜(배): 절하다.
73 靈座(영좌): 죽은 이를 모셔 놓은 곳, 신위(神位).
74 喪者(상자): 상제, 상주.
75 出自(출자): …으로부터 나오다.
76 喪次(상차): 상제의 자리, 상을 치르는 자리.
77 再拜(재배): 두 번 절하는 것.
78 哭(곡): 통곡하다, 울다. 옛날에 죽은 이 앞에서 통곡하듯이 우는 소리를 내는 행동.
79 答拜(답배): 답하는 절을 하다, 맞절을 하다.
80 衰絰(최질): 상복을 이르는 말. '최'는 상복, '질'은 머리에 두르는 상복(首絰)과 허리에 두르는 상복(腰絰)을 뜻하나, 여기에서는 일반적인 '상복'을 이르는 말로 쓰였음.
81 出入(출입): 갔다 오다, 들락날락하다.
82 他處(타처): 다른 곳.
83 脫(탈): 옷을 벗는 것.

갔다 와야 할 때가 아니라면 벗어서는 안 된다"고 옮겼지만, 『율곡전서』본에는 "상복은 병이 나거나 일을 할 때가 아니라면 벗어서는 안 된다(哀絰은, 非疾病服役이면, 則不可脫也니라.)"고 되어 있으니 참고하기 바란다. 불가피할 때가 아니라면 상복은 벗지 말라는 뜻으로 이해하면 될 것이다.

7

『주자가례』에 의하면 부모님의 상을 당했을 때 자식들은 나흘째 상복을 입고 나서야 비로소 죽을 먹고, 장사를 지내고 석 달 뒤 졸곡(卒哭)하는 날에야 비로소 거친 음식[곱게 찧지 않은 곡식으로 지은 밥]과 물을 마시고[국은 먹지 않는다.] 채소와 과일은 먹지 않는다. 일 년 뒤 소상(小祥)을 지내고 나서야 비로소 채소와 과일을 먹는다.[국을 먹어도 괜찮다.] 정해진 예법이 이와 같으니 병이 나지 않는다면 마땅히 정해진 예식을 따라야 할 것이다.

사람들 중에는 간혹 지나치게 예식을 지키려고 삼 년 동안 죽을 먹는 이가 있다. 만약 이것이 남보다 뛰어난 참된 효성으로 하는 것이어서 조금도 억지로 하는 뜻이 없다면 비록 예식에 지나친다 하더라도 괜찮다고 할 수 있을 것이다. 만약 참된 효성에는 이르지 못하면서도 억지로 예법을 뛰어넘는 것이라면 곧 이것은 스스로를 속이는 짓이요 어버이를 속이는 짓이 되기도 하니, 절대로 삼가야만 할 것이다.

家禮⁸⁴에, 父母之喪엔, 成服⁸⁵之日에, 始食粥⁸⁶하고, 卒哭⁸⁷之日에, 始疏食⁸⁸[糲飯⁸⁹也니라.]水飮⁹⁰하고,[不食羹⁹¹也니라.] 不食菜果⁹²니라. 小祥⁹³之後에, 始食菜果니라.[羹亦可食이니라.] 禮文⁹⁴如此하니, 非有疾病⁹⁵이면, 則當從禮文이니라.

人或有過禮⁹⁶하여, 而啜粥⁹⁷三年者라. 若是⁹⁸誠孝⁹⁹出人¹⁰⁰하여, 無一

---

84 家禮(가례): 『주자가례』, 주희가 지었다는 예의에 관한 책, 앞에 이미 설명이 보였음.
85 成服(성복): 사람이 죽은 뒤 나흘째 되는 날 죽은 이와의 관계에 따라 상복을 차려 입는 의식. 죽은 이와의 관계에 따라 3년·1년·9개월·5개월·3개월 등 상을 지키는 기일이 다르고 그에 따라 입는 상복도 모두 다르다.
86 始食粥(시식죽): 비로소 죽을 먹다. 『예기』 단궁(檀弓) 상편에도 자사(子思)의 말을 인용해, 부모님이 돌아가셨을 때 사흘 동안은 음식은 물론 물이나 음료도 마시지 않는다고 씌어 있다.
87 卒哭(졸곡): 부모님이 돌아가신 뒤 장례를 치르고 대략 한 달 만에 우제(虞祭)를 지내는데, 세 번째 우제인 삼우제(三虞祭)를 끝내고, 다시 날을 가려(甲·丙·戊·庚·壬에 해당하는 날) 지내는 제사 이름.
88 疏食(소식): 거친 음식. 저자가 스스로 이 말 아래 "곱게 찧지 않은 쌀로 지은 밥(糲飯也)"이라고 해석을 붙이고 있다.
89 糲飯(여반): 곱게 찧지 않은 쌀로 지은 밥. 실제로 순 쌀밥만을 먹지 않을 것이기에 '쌀'을 '곡식'으로 옮겨 놓았다.
90 水飮(수음): 물을 마시다. '졸곡'하는 날에야 "물을 마신다"고 한 것은 그 전의 거의 석 달 동안은 물도 마시지 않는다는 것을 뜻하는 것 같은데 너무 심한 것 같다.
91 羹(갱): 국.
92 菜果(채과): 채소와 과일.
93 小祥(소상): 사람이 죽은 지 일 년 만에 지내는 제사. 기년제(朞年祭)·소기(小朞)·연상(練祥) 등으로도 부른다. 죽은 지 이 년 만에 지내는 제사는 대상(大祥)이라 부른다.
94 禮文(예문): 예에 관한 규정, 정해진 예법.
95 疾病(질병): 병, 병이 나다.
96 過禮(과례): 지나친 예의, 지나치게 예식을 차리는 것.
97 啜粥(철죽): 죽을 먹다.
98 若是(약시): 이와 같이 하는 것, 곧 지나치게 예를 차리는 것.
99 誠孝(성효): 정성스러운 효성, 참된 효성.

毫¹⁰¹勉强¹⁰²之意면, 則雖過禮라도, 猶或¹⁰³可야니라. 若誠孝未至¹⁰⁴로되,

而勉强蹈禮¹⁰⁵면, 則是自欺¹⁰⁶而欺親¹⁰⁷이니, 切¹⁰⁸宜戒¹⁰⁹之니라.

해설

　　맨 앞에 『주자가례』를 인용하고 있지만 거기에는 부모님이 돌아가시면 자식들은 3일 동안 음식을 먹지 않는다고만 씌어 있다. 우리 조선시대의 상례가 『주자가례』를 바탕으로 하였다지만 훨씬 더 자세하고 까다로워진 것 같다. 부모님이 돌아가신 뒤 석 달 뒤에야 "비로소 물을 마신다"든가, 일 년 뒤 '소상'을 지내고 나서야 "채소와 과일을 먹어도 된다"는 등의 예법은 지나친 규제인 것 같다. 그런데도 끝머리에는 지나친 예법은 되도록 지키지 않도록 하라고 당부도 하고 있다.

100　出人(출인): 남들보다 뛰어난, 다른 사람들보다 더한. 『수초본』에는 '출인'이 출입(出入)으로 되어 있다. "若是誠孝로, 出入無一毫勉强之意면,…" 하고 읽어야 한다. "출입"은 '들락날락거리는 것', 곧 '거동'이나 '행동'을 뜻한다. 이 대목을 따라서 "만약 참된 효성으로 행동을 함에 조금도 억지로 하는 뜻이 없다면 …"으로 옮겨야 할 것이다.
101　無一毫(무일호): 한 개의 가는 터럭도 없다, 조금도 없다.
102　勉强(면강): 억지로 하는 것, 일부러 하는 것.
103　猶或(유혹) 그래도 혹시, 그래도 …할지도 모른다.
104　未至(미지): 이르지 못하다, 되지 못하다.
105　蹈禮(유례): 예법을 뛰어넘다, 지나친 예식을 차리다.
106　自欺(자기): 자신을 속이다, 스스로 속다.
107　欺親(기친): 어버이를 속이다.
108　切(절): 절대로, 철저히.
109　宜戒(의계): 경계해야 마땅하다, 삼가야만 한다.

8

지금 예법을 아는 집안에서는 대부분이 장례를 지낸 뒤에 흔히 혼(魂)을 신주(神主)에 모시고 돌아오는데, 그것은 진실로 올바른 예법이다. 다만 요새 사람들은 이를 무턱대고 흉내 내어 마침내 무덤 옆에 움막을 짓고 지내는 풍속도 집어치운 채 신주를 모시고 돌아온 뒤에는 각기 자기 집으로 돌아가 처자들과 함께 지내고 있다. 예법이 크게 무너진 것이니 매우 한심한 일이다.

모든 어버이가 돌아가신 사람들은 스스로 헤아려 모든 것을 예법에 따라 하면서 조금의 잘못된 점도 없도록 마땅히 예법대로 신주를 모시고 돌아와야 할 것이다. 혹시 그렇게 하지 못할 때는 옛날 풍속대로 무덤 옆에 움막을 짓고 지내야 할 것이다.

今之識禮[110]之家는, 多[111]於葬後[112]返魂[113]하니, 此固[114]正禮니라. 但 時人[115]效顰[116]하여, 遂[117]廢[118]廬墓[119]之俗[120]하고, 返魂之後에, 各還[121]

---

110 識禮(식례): 예에 대해 알다, 예법을 알다.
111 多(다): 많다, 흔히, 대부분.
112 葬後(장후): 장례를 지낸 뒤.
113 返魂(반혼): 장례를 치르고 나서 죽은 이의 혼을 신주(神主)에 모시고 집으로 돌아오는 의식.
114 固(고): 본시, 진실로.
115 時人(시인): 요즘 사람들, 이때 사람들.
116 效顰(효빈): 그릇된 것을 잘못 본뜨는 것을 이르는 말. 옛날에 미인으로 유명한 서시(西施)가 가슴이 아파 얼굴을 찌푸렸는데 한 동리의 못난 여자가 보고 그 모습이 매우 예쁘게 여겨져, 돌아와서는 자기도 늘 가슴을 감싸 안고 얼굴을 찌푸려 더욱 못난 모습이 되었다는 얘기(『莊子』 天運편에 보임)에서 비롯된 말임. '효'는 본뜬다는 뜻, '빈'은 얼굴을 찌푸리는 것.

其家하여, 與妻子同處[122]로다. 禮坊[123]大壞[124]니, 甚[125]可寒心[126]이로다.

凡喪親者는, 自度[127]——[128]從禮[129]하여, 無毫分[130]虧欠[131]이니, 當依禮[132]返魂이니라. 如或[133]未然[134]이면, 則當依舊俗[135]하여, 廬墓可也니라.

해설   부모님이 돌아가시어 장례를 지내고 난 다음에 자식들은 3년의 상을 지켜야 했다. 이 대목에서는 두 가지 중의 한 가지는 꼭 지킬 것을 당부하고 있다. 하나는 장례를 치르고 나서 돌아

---

117 遂(수): 마침내, 드디어.
118 廢(폐): 폐지하다, 집어치우다.
119 廬墓(여묘): 무덤 옆에 상제가 움막을 지어 놓고 지내며 상을 치르는 것.
120 俗(속): 풍속, 습속.
121 還(환): 돌아가다.
122 同處(동처): 함께 지내다, 함께 살다.
123 禮坊(예방): 예법. 『예기(禮記)』 방기(坊記)편에 "군자는 예로써 덕을 보호한다(君子禮以坊德)"고 한 말에서 나온 표현. '방'은 방(防)으로도 쓰며 '막는다, 보호한다'의 뜻.
124 壞(괴): 무너지다, 허물어지다.
125 甚(심): 심히, 매우.
126 寒心(한심): 한심하다, 안타깝고 기가 막히는 것.
127 自度(자탁): 스스로 헤아리다, 자신이 일의 앞뒤를 잘 살피는 것.
128 ——(일일): 하나하나, 자세히, 모든 것.
129 從禮(종례): 예법을 따르다.
130 毫分(호분): 가는 터럭만큼, 매우 조금.
131 虧欠(휴흠): 일그러지고 모자라는 것, 그릇된 것.
132 依禮(의례): 예법을 따라, 예법에 의지하여.
133 如或(여혹): 혹시, 어쩌다가.
134 未然(미연): 그렇게 되지 못한 것, 그렇게 하지 못하는 것.
135 依舊俗(의구속): 옛날 풍속을 따르다, 옛 습속에 의하여.

가신 분의 혼(魂)을 신주(神主)에 모시고 돌아와 사당(祠堂) 같은 곳에 잘 모셔 놓고 지내는 것이고, 다른 하나는 무덤 옆에 움막을 지어 놓고 그곳에서 밤낮으로 돌아가신 분을 모시는 것이다. 율곡 선생님은 뒤의 방법을 우리의 옛날 풍속이라 말하고 있다.

그런데 사당이 없는 가난한 집에서는 신주를 모셔 놓고 돌아가신 어버이를 추모하는 것이 쉽지 않을 것이고, 무덤 옆에 움막을 지어 놓고 거기서 3년을 지내기란 더욱 어려운 일일 것 같다. 그러나 우리 조상들은 이런 힘든 방법으로 돌아가신 부모님의 상을 치렀다는 것을 유념해 주기 바란다.

9

어버이가 돌아가시어 상복을 입기 전에는 곡을 하는 소리가 입에서 끊이지 않아야 한다.[기운이 다하면 곧 하녀나 하인을 시켜 대신 곡을 하게 한다.] 장례를 치르기 전에는 곡을 하는 정해진 때가 없고, 슬픔이 느껴지면 곡을 하는 것이다. 석 달 지나 졸곡(卒哭) 뒤에는 아침저녁으로 두 때에만 곡을 할 따름이다. 정해진 예법이 대체적으로 이러하다.

만약 효자의 감정이 지극하다면 곡을 하는 데 어찌 정해진 회수가 있겠는가? 상을 치름에 있어서는, 그 슬픔은 모자라는 것 같은데 예법은 남음이 있도록 복잡하게 차리는 것보다는 예법은 간략하여 모자라는 것 같다고 해도 슬픔은 지극하여 남음이 있는 것이 더 좋다.

상을 치르는 일이란 다만 그 슬픔과 공경을 다할 따름인 것이다.

親喪成服[136]之前엔, 哭泣[137]不絶[138]於口이니라.[氣盡[139]則令[140]婢僕[141]代哭이니라.] 葬[142]前엔, 哭無定時[143]요, 哀至[144]則哭이니라. 卒哭[145]後엔, 則朝夕哭[146]二時而已니라. 禮文[147]大槩[148]如此니라.

若孝子情至[149]면, 則哭泣豈[150]有定數[151]哉리오? 凡喪은, 與其[152]哀不足[153]而禮有餘[154]也일진댄, 不若禮不足[155]而哀有餘[156]也니라. 喪事는,

---

136 成服(성복): 사람이 죽은 뒤 4일째 되는 날 죽은 이와의 관계에 따른 상복을 입는 것(앞 7절에 보임).
137 哭泣(곡읍): 곡을 하면서 울다, 곡을 하는 것.
138 不絶(부절): 끊이지 않는 것.
139 氣盡(기진): 기운이 다하다, 기운이 없어지다.
140 令(령): 명령하다, 시키다.
141 婢僕(비복): 하녀와 하인, 옛날 집에서 부리던 여자 종과 남자 종.
142 葬(장): 장례를 치르다, 죽은 이의 시신을 땅에 묻는 의식.
143 定時(정시): 정해진 때, 일정한 시간.
144 哀至(애지): 슬픔이 이르다, 슬픔이 느껴지는 것.
145 卒哭(졸곡): 부모님이 돌아가신 뒤 장례를 치르고 대략 석 달이 지낸 뒤에 삼우제(三虞祭)를 끝내고, 다시 날을 가려 지내는 제사 이름(앞 7절에 보임).
146 朝夕哭(조석곡): 이침저녁으로 곡을 하나. 『주자가례』 상례편에서도 '졸곡'의 예법을 설명하면서 똑같은 말을 하고 있다.
147 禮文(예문): 예에 관한 글, 예법 규정, 정해진 예법.
148 大槩(대개): 일반적으로 '대개(大槪)'로 씀. 대개, 대체적으로.
149 情至(정지): 돌아가신 분을 생각하는 감정이 지극한 것.
150 豈(기): 어찌.
151 定數(정수): 정해진 수, 정해진 회수.
152 與其…不若(여기…불약): …하는 것은 …하는 것만 못하다, …하는 것보다는 …하는 것이 더 좋다.
153 哀不足(애부족): 죽은 이를 슬퍼하는 마음이 모자라는 것, 복잡하게 차리는 예법에 비해 슬픔이 모자라는 것.

不過¹⁵⁷盡其哀敬¹⁵⁸而已니라.
불과   진기애경   이이

해설 　부모님이 돌아가셨을 때 장례를 지내면서 울고 곡하는 예법을 설명한 대목이다. 옛날에는 사람이 죽었을 때 관련이 있는 사람들은 장례에 참여해 곡을 하였다. '곡'이란 자연스런 울음이 아니라 소리를 내어 일정한 형식으로 우는 것이다. 현대 사람들은 잘 이해하기 어려운 예법이다. 율곡 선생도 뒤의 대목에서는 참되고 자연스러운 예법을 이렇게 강조하고 있다. 이 대목을 특히 잘 마음속에 새겨 두기 바란다.

"만약 효자의 감정이 지극하다면 곡을 하는 데 어찌 정해진 회수가 있겠는가? 상을 치름에 있어서는, 그 슬픔은 모자라는 것 같은데 예법은 남음이 있도록 복잡하게 차리는 것보다는 예법은 간략하여 모자라는 것 같다고 해도 슬픔은 지극하여 남음이 있는 것이 더 좋다. 상을 치르는 일이란 다만 자기의 슬픔과 공경을 다할 따름인 것이다."

---

154 禮有餘(예유여): 예법은 남음이 있도록 복잡하게 차리는 것, 슬퍼하는 마음에 비해 예법은 지나치게 복잡하게 차리는 것.
155 禮不足(예부족): 예법은 간략하게 모자라는 것처럼 차리는 것. '예유여'의 반대.
156 哀有餘(애유여): 슬퍼하는 마음에 남음이 있는 것, 예법은 간단히 차리면서도 슬픔은 넘쳐 나는 것. 앞 '애부족'의 반대.
157 不過…而已(불과…이이): …다만 …일 따름이다.
158 盡其哀敬(진기애경): 죽은 이에 대한 자기의 슬픔과 공경을 다하다.

10

증자가 말하였다. "사람으로서 자신의 정성을 다해 본 일이 없는 사람이라 하더라도, 반드시 부모의 장례에는 정성을 다해야 한다." 장례를 치르는 일은 어버이를 섬기는 데 있어서 가장 큰 예절이다. 여기에 자기 정성을 쏟지 않는다면 어디에 그 정성을 쏟을 것인가?

옛날에 소련과 대련이란 사람은 장례를 잘 치렀다. 처음 사흘 동안의 예법을 게을리 하지 않았고, 처음 석 달 동안의 예법도 소홀히 하지 않았으며, 일 년이 넘어도 슬퍼하였고, 삼 년에 걸쳐 걱정을 하였다. 이것이 장례를 치르는 원칙인 것이다. 정성스러운 효성이 지극한 사람이라면 곧 힘쓰지 않고도 할 수 있는 일이다. 만약 이에 미치지 못하는 사람이 있다면 힘써 이에 미치도록 해야 할 것이다.

曾子[159]曰; 人未有[160]自致[161]者也라도, 必也[162]親喪[163]乎인저! 送死[164]者는, 事親之大節[165]也니라. 於此[166]不用其誠이면, 惡乎[167]用其誠이리오?

---

159 曾子(증자): 공자의 제자. 이름은 삼(參), 자는 자여(子輿). 특히 효도에 뛰어나 유명하다. 이 말은 『논어(論語)』 자장(子張)편에 보이는데, 공자에게서 들은 말이라고 말하고 있다.
160 未有(미유): 이제껏 있은 일이 없다, 이제까지 한 일이 없다.
161 自致(자치): 자기의 정성을 다하는 것.
162 必也(필야): 반드시 해야 한다, 반드시 정성을 다해야 한다.
163 親喪(친상): 어버이 상, 어버이의 장례.
164 送死(송사): 죽은 이를 장례 지낼 곳으로 보내는 것, 장례를 치르는 것.
165 大節(대절): 위대한 예절, 큰 예절.
166 於此(어차): 여기에, 이 일에. 곧 어버이 장례에.
167 惡乎(오호): 어디에, 어찌.

昔者에, 少連[168]大連이, 善居喪이라. 三日不怠[169]하고, 三月不懈[170]하며, 期悲哀[171]하고, 三年憂[172]하니라. 此是居喪[173]之則[174]也니라. 誠孝[175]之至者는, 則不勉而能[176]矣니라. 如[177]有不及者[178]면, 則勉而及之[179]可也니라.

이 대목에서는 특히 『논어』자장(子張)편에 보이는 증자의

---

168 少連(소련): 대련(大連)과 함께 사람 이름. 어느 시대 어디에 산 사람인지 알 수 없다. 이들에 관한 글은 『예기』잡기(雜記) 하편에 공자의 말이라 하며 인용되고 있다. 공자가 이 말 끝머리에 "동쪽 오랑캐 사람이다(東夷之子也)"라고 한 것이 유일한 이들에 관해 알려진 기록이다. 곧 '동이(東夷)' 사람이라는 것 이외에는 알려진 것이 없다.
169 三日不怠(삼일불태): 사흘 동안 게을리 하지 않았다. 『예기』의 이 대목 공영달(孔穎達) 『소(疏)』의 해설에 따르면 "부모님이 돌아가신 뒤 처음 사흘 동안은 예법을 지키는 일을 게을리 하지 않고 음식은 물론 물이나 음료도 마시지 않는 것 따위를 뜻하는 것"을 말한다.
170 三月不懈(삼월불해): 석 달 동안 소홀히 하지 않다. '해'는 앞의 태(怠)나 같은 뜻. 『예기』의 공영달의 해설에는 "석 달 동안 소홀히 하지 않는다는 것은 장례를 지내기 이전에는 아침에도 돌아가신 이 영전에 음식을 올리고 저녁에도 올리면서 슬픔이 느껴지는 대로 곡을 하는 것 같은 것"이라 하였다.
171 期悲哀(기비애): 만 일 년이 넘어도 슬퍼한다. 『예기』의 공영달의 해설에는 "만 일 년에 소상(小祥)을 지내고 난 뒤에도 늘 슬퍼하면서 아침에도 곡을 하고 저녁에도 곡을 하는 것 같은 일"이라 하였다.
172 三年憂(삼년우): 삼 년에 걸쳐 걱정을 하다. 『예기』의 공영달의 설명에는 "삼 년에 걸쳐 걱정을 한다는 것은 상복을 벗기 전까지는 몸이 파리하고 핼쑥해지도록 근심하고 걱정하는 것을 말한다"고 하였다.
173 居喪(거상): 상을 치르는 것, 장례를 지내는 것.
174 則(칙): 원칙, 법칙.
175 誠孝(성효): 정성스런 효성, 성실한 효도, 효성.
176 不勉而能(불면이능): 힘쓰지 않아도 할 수 있다.
177 如(여): 만약.
178 不及者(불급자): 미치지 못하는 자, 장례를 치르는 원칙에 미치지 못하는 자.
179 及之(급지): 거기에 미치다, 장례를 치르는 원칙에 미치다. '종지(從之)'로 된 판본도 있는데, 이는 "장례를 치르는 원칙을 따르다"는 뜻으로 글 뜻의 연결에는 아무런 차이가 없다.

말과 『예기』 권 42 잡기(雜記) 하(下)편에 보이는 공자의 말을 인용해 어버이의 상을 치르는 원칙에 대해 설명하고 있다. 특히 공자가 어버이의 상을 잘 치른 보기로 동쪽 오랑캐 사람인 소련과 대련을 보기로 들고 있기 때문일 것이다. 특히 중국의 옛 기록에 동이(東夷)의 나라 중에 예의를 잘 지키는 나라가 있다고 하였는데, 많은 사람들이 그 "동이의 나라", 곧 동쪽 오랑캐의 나라는 우리나라를 가리킨다고 생각해 왔다.

'소련'이란 사람 이름이 필사본에는 소(小)로 되어 있으나 『예기』와 다른 판본에는 소(少)로 되어 있으며, "삼월불해(三月不懈)" 구절의 '해'자가 『예기』에는 해(解)로 되어 있으나, 모두 뜻이 서로 통하는 글자들이니 어느 편을 따르던 잘못일 수는 없다.

우리는 옛 분들의 지독한 효성을 생각하면서 부모님에 대한 효도의 중요성을 마음속에 되새기면 될 것이다.

11

사람들 중에 장례를 치를 때 효성이 미치지 못해 예법을 따르지 못하는 자는 본시 말할 것도 못 되는 자들이다. 가끔 바탕은 훌륭한데 배우지 못한 자들 중에 부질없이 예법을 지키는 것이 효도라는 것만 알고 삶을 손상시키는 것은 바른 도리에 어긋나는 것임은 알지 못해, 지나치게 슬퍼하고 몸을 해쳐서 여위고 병이 났는데도 차마 적절히 처치하지 못하고 목숨을 잃는 데 이르는 사람도 간혹 있는데, 심히 애석한 일이다. 이런 까닭에 몸을 해치고 여위게 해 목숨을 잃는 것을 지식인들은 불효한 짓이라고 한 것이다.

人之居喪[180]에, 誠孝不至[181]하여, 不能從禮[182]者는, 固[183]不足道[184]矣니라. 間[185]有質美[186]而未學[187]者이, 徒[188]知執禮[189]之爲孝하고, 而不知[190] 傷生[191]之失正[192]하니, 過[193]於哀毁[194]하여, 羸疾[195]已作[196]이로되, 而不忍[197]從權[198]하여, 以至滅性[199]者이, 或有之하니, 深[200]可惜[201]也로다. 是

---

180 居喪(거상): 상을 지키다, 장례를 치르다, 상중(喪中)이다.
181 不至(부지): 이르지 못하다, 부족하다.
182 從禮(종례): 예를 따르다.
183 固(고): 본시, 진실로.
184 道(도): 말하다, 입에 올리다.
185 間(간): 간혹, 가끔.
186 質美(질미): 타고난 바탕이 아름답다, 사람의 바탕이 훌륭하다.
187 未學(미학): 제대로 배우지 못한 것.
188 徒(도): 부질없이, 공연히.
189 執禮(집례): 예법을 지키는 것.
190 徒知…而不知…(도지…이부지…): 부질없이 …만을 알고 …은 알지 못한다.
191 傷生(상생): 삶을 손상시키다, 목숨을 해치는 것.
192 失正(실정): 올바름을 잃다, 올바른 도리에 어긋나는 것.
193 過(과): 지나치게 하다.
194 哀毁(애훼): 슬퍼하여 몸을 해치는 것.
195 羸疾(이질): 몸이 여위고 병이 나는 것.
196 已作(이작): 이미 생기다, 이미 일어나다.
197 不忍(불인): 차마 …을 못하다.
198 從權(종권): 적절한 방법을 따르다, 적절한 조치를 취하다. '권'은 본뜻이 '저울질을 하는 것'으로 적절한 방법, 적절한 자리, 적절함을 뜻함.
199 滅性(멸성): 타고난 본성을 망치다, 목숨을 잃다.
200 深(심): 깊이, 심히, 매우.
201 可惜(가석): 애석하다, 아깝다.

故²⁰²로 毁瘠²⁰³傷生²⁰⁴은, 君子²⁰⁵謂之²⁰⁶不孝니라.
　고　　훼척　　상생　　　군자　위지　불효

해설　사실 여기서 가르치는 대로 장례를 치르다가는 상주는 모두 건강을 잃고 말 것 같다. 옛날 분들도 어느 정도 그런 사실을 알고 있었던 것 같다. 따라서 효성이 지극한 사람일수록 상을 치르면서도 건강을 잃지 않도록 해야 함을 강조하고 있다.

효도의 첫째 요건은 무엇보다도 자기의 몸 자기의 건강을 잘 지키는 것이기 때문이다. 부모 앞에서 병들어 눕거나 심지어 부모에 앞서 죽는 것은 무엇보다도 큰 불효가 될 것이다. 예법보다도 사람의 몸과 건강이 훨씬 더 중요한 것이다.

12

모든 상복을 입어야 할 친척이 돌아가셨을 때 만약 다른 고장에서 돌아가신 소식을 들었다면 곧 돌아가신 이의 혼을 모셔 놓고 곡을 해야 한다. 만약 장례를 치르러 가게 되면 곧 초상집에 도착하

---

202 是故(시고): 이 까닭에, 이런 때문에.
203 毁瘠(훼척): 몸을 망치는 것, 몸을 해치고 여위게 하는 것.
204 傷生(상생): 삶을 손상시키다, 목숨을 잃다.
205 君子(군자): 덕이 있는 사람, 참된 지식인.
206 謂之(위지): 그것을 …이라 말하다.

여 바로 상복을 입는다. 만약 장례를 치르러 가지 못한다면 곧 나흘 되는 날에 상복을 입는다. 만약 자최(齊衰)의 상복을 입을 관계라면 상복을 입기 전의 사흘 동안은 아침저녁으로 돌아가신 이의 혼을 모셔 놓은 앞에서 언제나 곡을 해야 한다.[자최에서 내려가 대공(大功)의 상복을 입을 사람들도 역시 같다.]

凡有服[207]親戚之喪[208]에, 若他處[209]聞訃[210]면, 則設位[211]而哭하니라. 若奔喪[212]이면, 則至家[213]卽成服[214]하니라. 若不奔喪이면, 則四日成服[215]하니라. 若齊衰[216]之服이면, 則未成服前三日中에, 朝夕爲位[217]會哭[218]하니라.[齊衰降[219]大功者亦同이니라.]

---

207 有服(유복): 상복을 입는 것, 상복을 입어야 할.
208 親戚之喪(친척지상): 친척의 상사(喪事), 친척 중의 한 분이 돌아가신 것.
209 他處(타처): 다른 곳, 다른 고장.
210 聞訃(문부): 부음(訃音)을 듣다, 죽었다는 소식을 듣다.
211 設位(설위): 위패(位牌)에 죽은 이의 혼을 모셔 놓는 것.
212 奔喪(분상): 상을 치르러 돌아가신 이의 집으로 가는 것, 장례를 치르러 가는 것.
213 至家(지가): 집에 이르다, 돌아가신 이의 집에 도착하는 것.
214 成服(성복): 상복을 차려 입는 것.
215 四日成服(사일성복): 상을 당한 지 나흘째 되는 날 상복을 입는다. 앞 7절 주석 2) 참조 바람.
216 齊衰(자최): 상복의 한 종류. 상복에는 죽은 이와의 관계가 멀고 가까운 데 따라서 다섯 가지 차등이 있는 상복이 있었다. 이를 오복(五服)이라 하는데, 참최(斬衰)·자최(齊衰)·대공(大功)·소공(小功)·시마(緦麻)의 다섯 가지였다. '참최'는 3년, '자최'도 3년, '대공'은 9개월, '소공'은 5개월, '시마'는 3개월 동안 입는 것이 원칙이나, 죽은 이와의 관계에 따라 상복 입는 기간이 달라지기도 한다. '자최'는 '참최' 다음으로 죽은 이와의 관계가 가까운 사람들이 입는 상복이다. 죽은 이와의 관계가 가까운 사람일수록 더욱 거친 삼베로 거칠게 만든 상복을 입는다.『주자가례』상례의 '성복(成服)'을 설명하는 대목에 '오복'에 대한 설명이 자세하다.
217 朝夕爲位(조석위위): 아침저녁으로 돌아가신 이의 위패 앞으로 가는 것.

> **해설** 이 대목에서는 죽은 이와의 관계가 가깝고 먼 데 따라서 상을 치르는 예법을 설명하고 있다. 죽은 이의 친척 중에는 먼 곳에 떨어져 살고 있는 사람도 있을 것이고 여행 중에 있는 사람도 있을 것이기 때문에 먼 곳에 떨어져 있으면서도 상을 치르는 예법에 대해 설명하고 있는 것이다. 지금 와서는 옛날 같은 상복을 만들 수도 없는 일이니, 언제나 옛날 사람들이 왜 그렇게 했는가 그 뜻을 마음에 새기는 데 힘을 기울여야 할 것이다.

13

스승이나 벗 중에 의리 관계가 무거운 사람이나 친척 중에 상복을 입을 관계가 아니지만 정이 두터운 사람과 모든 서로 알게 되어 교분이 친밀한 사람이라면 모두 그가 죽었다는 소식을 들은 날에, 만약 갈 길이 멀어 그의 장례에 가서 참여할 수가 없는 경우라면, 곧 혼을 모신 위패를 만들어 놓고 곡을 해야 한다.

스승의 경우라면 곧 그 분과의 정의가 깊고 얕은 정도에 따라 마음속으로 삼 년 동안 상을 지키거나 혹은 일 년, 혹은 구 개월, 혹은 오 개월, 혹은 삼 개월을 지킨다. 친구라면 곧 비록 가장 두터운 관

---

218 會哭(회곡): 빠짐없이 곡하다, 언제나 곡하다.
219 降(강): 내려가다, 상복의 등급을 내리는 것. 앞에 설명한 바와 같이 대공(大功)은 다시 '자최' 아래 등급의 상복이다.

계라도 삼 개월을 넘기지 않는다. 만약 스승이 돌아가셨을 때 삼 년 또는 일 년의 상을 지키려 하면서도 장례를 치르러 갈 수가 없을 때는 곧 아침저녁으로 혼을 모신 위패를 차려 놓고 곡을 하되, 나흘 만에 멈춘다.[나흘이 되는 아침에 멈춘다. 만약 정이 두터운 사람이라면 여기에서 멈추지 않아도 된다.]

師友[220]之義重者[221]와, 及[222]親戚之無服[223]而情厚[224]者와, 與凡相知[225]之分密[226]者는, 皆於聞喪[227]之日에, 若道遠[228]不能往臨其喪[229]이면, 則設位而哭하니라.

師則隨[230]其情義深淺[231]하여, 或心喪[232]三年하고, 或期[233]年하고, 或

---

220 師友(사우): 스승과 친구.
221 義重者(의중자): 교의(交誼)가 두터운 사람, 사귄 정이 두터운 사람.
222 及(급): 및, 다음 구절의 여(與)와 같은 뜻.
223 無服(무복): 상복을 입을 관계가 아님, 상복을 입을 관계가 없음.
224 情厚(정후): 서로의 정이 두터운 것.
225 凡相知(범상지): 모든 서로 알고 지내는 사람.
226 分密(분밀): 교분(交分)이 친밀(親密)한 것, 사귄 관계가 친밀한 것.
227 聞喪(문상): 상을 듣다, 죽었다는 소식을 듣는 것.
228 道遠(도원): 길이 멀다, 상가까지 갈 길이 먼 것.
229 往臨其喪(왕림기상): 가서 그 상례에 참석하다, 가서 장례에 참여하다.
230 隨(수): …을 따라서.
231 情義深淺(정의심천): 정의가 깊고 얕은 것, 스승과의 정분이 깊고 얕은 것.
232 心喪(심상): 마음속으로 상을 지키는 것. 『예기』 단궁(檀弓) 상편에 "스승이 돌아가셨을 때는 삼 년 동안 심상(心喪)을 한다"고 하였는데, 한(漢)나라 때 정현(鄭玄)이 "심상이란 아버지가 돌아가셨을 때처럼 슬퍼하되 상복은 입지 않는 것이다"라고 해설하고 있다. 그러니 상복 같은 것은 입지 않지만 마음으로는 어버이가 돌아가신 것처럼 삼 년 동안 상을 지키는 것이다.
233 期(기): 한 돌, 만 일 년.

九月하고, 或五月하고, 或三月이니라. 友則雖最重²³⁴이라도, 不過三月이니라. 若師喪에, 欲行²³⁵三年期年者이, 不能奔喪이면, 則當朝夕設位而哭하되, 四日而止니라.[止於四日之朝하나라. 若情重者면, 則不止此限²³⁶이니라.]

> **해설**
> 이 대목에서는 혈연관계는 없거나 멀면서도 자기와 친한 사람, 곧 존경하는 선생님이나 아주 친한 친구 또는 자기와의 관계가 친밀한 사람 같은 이들이 죽었을 때 처신하는 예법에 대해 설명하고 있다. 이러한 사람들 사이의 관계는 객관적으로 남이 알 수가 없는 것이기 때문에 확실한 규정을 마련하기 어려울 것이다. 자신의 정분에 따라 각자가 알아서 행동할 수밖에는 없을 것이다. 다만 사람들 사이의 정분이 매우 중요하다는 사실만은 잊지 말아야 할 것이다.

---

234 最重(최중): 가장 무거운 것, 가장 무겁게 상을 지키는 것.
235 欲行(욕행): 행하고자 하다, 상을 지키고자 하는 것.
236 此限(차한): 이 제한, 나흘 되는 날 곡을 멈추라는 예법의 한계.

14

　모든 상복을 입게 된 사람은 매월 초하루에 혼을 모신 위패를 차려 놓고 자기의 상복을 입은 다음 언제나 곡을 해야 한다.[스승이나 친구의 경우 비록 상복은 입지 않더라도 역시 같게 한다.] 달 수가 찬 뒤에는 곧 나음 달 초하루에 위패를 모셔 놓고 자기의 상복을 입은 다음 반드시 곡을 하고 상복을 벗는 것이다. 그러는 동안에 슬픔이 지극하면 곡을 해도 괜찮다.

　대체로 대공 이상의 상복을 입을 분이 돌아가셨을 때는 장례를 치르기 전까지는 까닭 없이 들락날락해서는 안 되고, 또 남이 죽었다 해도 조문을 해서는 안 된다. 언제나 장례를 치르며 예법을 지키는 일에만 종사해야 한다.

　凡遭服者[237]는, 每月[238]朔日[239]에, 設位[240]하고, 服其服[241]而會哭이니라.[師友[242]는, 雖無服[243]이나, 亦同[244]이니라.] 月數[245]旣滿[246]이면, 則於次

237　遭服者(조복자): 상복을 입어야 할 상을 당한 사람, 상복을 입어야만 하게 된 사람.
238　每月(매월): 달마다, 어느 달이나.
239　朔日(삭일): 초하루.
240　設位(설위): 죽은 이의 혼을 모신 위패(位牌)를 차려 놓는 것.(앞 12절 주 5) 참조)
241　服其服(복기복): 그가 입어야 할 상복을 입는 것. 앞의 '복'은 '입는다'는 뜻의 동사이고 뒤의 '복'은 '상복'을 뜻하는 명사임.
242　師友(사우): 스승과 친구, 스승이나 친구가 돌아가셨을 때를 가리킴.
243　雖無服(수무복): 비록 상복은 없으나, 비록 상복은 입지 않는다 하더라도.
244　亦同(역동): 역시 같다, 상복은 입지 않는다 하더라도 상복을 입어야 할 사람이 돌아가셨을 때와 똑같은 마음가짐으로 똑같이 슬퍼하며 같은 예법을 따라 상을 치러야 한다는 것이다.

月[247]朔日에, 設位하고, 服其服會哭而除之[248]니라. 其間哀至[249]면, 則哭 可也니라.

凡大功[250]以上喪이면, 則未葬[251]前엔, 非有故[252]면, 不可出入[253]이요, 亦不可弔人[254]이니라. 常[255]以治喪[256]講禮[257]로, 爲事[258]하니라.

해설 끝으로 비교적 가까운 분이 돌아가셨을 때 장례를 치르는 몸가짐 마음가짐에 대해 설명하고 있다. 옛날이나 지금이나 예법은 달라졌다 하더라도 사람들의 마음은 같다. 성심을 다해 정성으로 일을 처리하면 제대로 되지 않는 일이란 없을 것이다.

---

245 月數(월수): 상복을 입어야 할 달 수.
246 旣滿(기만): 이미 차다, (상복을 입어야 할 달 수가) 다 지나가다.
247 次月(차월): 다음 달.
248 除之(제지): 그것을 제외시키다, 상복을 벗는 것을 가리킴.
249 哀至(애지): 슬퍼지다, 슬픔이 지극해지다.
250 大功(대공): 다섯 가지 상복 중에서 세 번째로 중한 상복.(앞 12절의 주 10) 참조 바람)
251 未葬(미장): 장례를 아직 치르지 않은 것, 장사를 지내지 않은 것.
252 有故(유고): 사고가 있는 것, 까닭이 있는 것.
253 出入(출입): 상가로부터 나갔다 들어왔다 하는 것.
254 弔人(조인): 다른 사람이 죽은 것을 가서 조문하는 것.
255 常(상): 언제나.
256 治喪(치상): 상사(喪事)를 다스리다, 장례를 치르다.
257 講禮(강례): 예법을 강구하다, 예법을 잘 지키려고 노력하는 것.
258 爲事(위사): 일삼다, 종사하다.

화조도 花鳥圖
전 신사임당, 조선/16세기, 지본채색, 22.7×19.1cm, 국립중앙박물관 소장

제7장
제사를 지내는 법

祭禮

1

제사는 마땅히 『주자가례』를 따라야 할 것이다. 반드시 사당(祠堂)을 세워 놓고 조상들의 신주(神主)를 모셔 놓아야 한다. 제사에 쓰기 위한 밭을 마련해 놓고, 제사에 쓸 그릇을 갖추어 놓아야 한다. 맏 자손이 제사를 주관한다.

祭禮
제례

祭祀는, 當依¹家禮니라. 必立祠堂²하고, 以奉³先主⁴니라. 置⁵祭田⁶
제사   당의 가례   필립사당   이봉 선주   치 제전

---

1 依(의): 따르다, 의지하다.

하고, 具⁷祭器⁸니라. 宗子⁹主之¹⁰하니라.

> **해설** 제사의 기본 조건들에 대한 설명이다. 『주자가례』에서는 맨 마지막 장이 제례(祭禮)이다. 다만 여기에서 집안에 '사당'을 세우고 '제사에 쓰기 위한 밭'인 위토(位土)를 마련해 놓고, '제사에 쓰는 그릇을 다 갖추어 놓는다'는 것은 조선시대 양반들 생활을 기준으로 한 것임을 명심해야 한다.

2

사당을 주관하는 사람은 매일 새벽에 사당 대문 안으로 들어가 조상들에게 문안 드리며 두 번 절해야 한다.[비록 사당을 주관하는 사람이 아니라 하더라도 주관하는 사람을 따라 똑같이 문안을 드려도 괜찮

---

2 祠堂(사당): 제사를 지내는 집, 돌아가신 집안 조상들의 신주(神主)를 모셔 놓고 제사지내는 집.
3 奉(봉): 받들다, 모시다.
4 先主(선주): 선조들의 신주, 조상들의 신주.
5 置(치): 마련해 놓다, 두다.
6 祭田(제전): 조상들 제사지내는 데 쓰려고 특별히 마련하여 경작토록 하는 밭이나 논. 옛날에는 흔히 위토(位土)라 하여 소작인들에게 경작토록 하였다.
7 具(구): 갖추어 놓다.
8 祭器(제기): 제사지낼 때 쓰는 그릇, 제사 그릇.
9 宗子(종자): 종손 집안의 맏아들, 맏자손.
10 主之(주지): 그것을 주관하다, 그 주인이 되다. 여기에서 '그것'은 제사를 가리킴.

다.] 집을 나가고 들어가고 할 때는 반드시 사당에 아뢰어야 한다.

혹시 장마가 지거나 불이 나거나 도적이 집안에 들면 먼저 사당을 구해야 한다. 조상들 신주와 남겨 놓으신 책을 먼저 옮기고 다음에는 제기를 옮긴 다음 집안 재물에 손을 대는 것이다.

한 해의 초하루[설날]와 지일(至日)[동짓날]과 매월 초하루[1일]와 매월 보름[15일]에는 사당에 참례를 한다. 명절이나 절기에 따라 계절의 음식을 올린다.

主[11]祠堂者는, 每晨[12]謁[13]于[14]大門之內하여, 再拜[15]하니라.[雖非主人[16]이라도, 隨主人同謁無妨[17]하니라.] 出入必告[18]니라.

或有水火[19]盜賊이면, 則先救[20]祠堂이니라. 遷[21]神主遺書[22]하고, 次及[23]祭器하며, 然後及家財[24]니라.

---

11 主(주): 주관(主管)하는 것, 주제자(主祭者)가 되는 사람.
12 每晨(매신): 매일 새벽.
13 謁(알): 뵙다, 문안 드리다.
14 于(우): 어(於)와 같이, …에서.
15 再拜(재배): 두 번 절하는 것.
16 主人(주인): 주관하는 사람.
17 無妨(무방): 상관없다, 괜찮다.
18 告(고): 아뢰다, 사당에 모신 선조들에게 아뢰는 것.
19 水火(수화): 수재와 화재, 장마가 지는 것과 불이 나는 것.
20 先救(선구): 먼저 구하다, 사당의 것을 먼저 보호하는 것.
21 遷(천): 가장 먼저 옮기는 것.
22 遺書(유서): 조상들이 남긴 책, 조상들이 썼거나 보던 책.
23 次及(차급): 다음에 미치다, 다음으로 손을 대다.
24 家財(가재): 집안의 재물, 집안의 물건들.

正[25][正朝]至[26][冬至]朔[一日]望[27][十五日]엔, 則參[28]하니라. 俗節[29]엔, 則薦[30]以時食[31]하니라.

> **해설**
>
> 집안에 지어 놓은 사당을 지키는 예법 세 가지를 들어 설명하고 있다. 첫 대목의 "사당을 주관하는 사람"이 누구인가 분명치 않다. 그 집안의 가장 웃어른뿐만이 아니라 성인이 된 집안 남자들은 모두 가리키는 말일 것이다. 집을 나가고 들어가고 한다는 것도 이웃이나 가까운 곳에 잠깐 다녀오는 것까지도 뜻하는 말은 아닐 것이다.
>
> 집안에 불이 나거나 장마가 졌을 경우에도 사당의 것들을 가장 먼저 챙기라는 것도 지금 사람들로서는 쉽게 이해가 되지 않는다. 명절과 절기 날은 물론 매월 초하루와 보름날에는 사당에 제사를 올리라는 것과 명절과 절기마다 그 철의 재료로 장만한 음식을 차려 올리라는 것도 모두 너무 번잡하게 여겨진다. 지금은 특수한 경우를 빼고는 사당이 있는 집이 거의 없으니 문제가 되지는 않

---

25 正(정): 정조(正朝)라 해설을 붙이고 있는데, '정조'는 설날이다.
26 至(지): 동지(冬至)라고 해설을 붙이고 있다. 설과 동짓날은 뒤의 속절(俗節)에도 해당되는 날이다.
27 望(망): '15일'이라 해설을 붙이고 있다. 매월 보름날이다.
28 參(참): 참례(參禮)하다, 참예(參詣)하다, 사당에 들어가 간단한 제사를 올리는 것.
29 俗節(속절): 민속적인 명절, 설날이나 추석 같은 명절과 동지 단오 같은 절기에 해당되는 날.
30 薦(천): 조상들에게 차려 올리는 것.
31 時食(시식): 그 계절에 나는 곡식과 채소로 만든 음식.

는다. 옛날에는 양반 노릇 하기도 쉽지 않았던 것 같다.

3

　시제(時祭)를 지낼 때는 산재(散齋)를 나흘 동안 하고, 치재(致齋)를 사흘 동안 해야 한다. 돌아가신 날에 지내는 기제(忌祭)를 지낼 때는 이틀 동안 산재를 하고, 하루 동안 치재를 해야 한다. 참례(參禮)를 할 때는 하룻밤 재계를 해야 한다.
　이른바 산재라는 것은 남의 초상에 조문하지도 않고 남의 병문안도 하지 않으며 매운 고명풀을 먹지 않아야 하고, 술은 어지러울 정도로 마셔서는 안 되며 모든 흉하고 더러운 일에는 참여하지 않아야 한다.[만약 길을 가다가 흉하거나 더러운 것을 만나게 되면 곧 눈을 가리고 피하여 보지 않아야 한다.] 이른바 치재라는 것은 음악도 듣지 않아야 하고 집 밖에 나갔다 와도 안 되며, 오로지 마음으로는 제사 지낼 분만을 생각하면서 그 분이 지내시던 곳을 생각하고, 그 분이 웃고 얘기하던 모습을 생각하고, 그 분이 즐거워하시던 일을 생각하고, 그 분이 좋아하시던 것을 생각해야 함을 뜻하는 것이다. 그렇게 해야만 제사를 지낼 때 그 분의 모습을 뵙는 것 같고, 그 분의 목소리를 듣는 것 같아져서 지극히 정성스럽게 되어 신령께서 제사를 받으시게 되는 것이다.
　제사를 지내는 일은 주로 사랑하고 공경하는 정성을 다하면 그뿐인 것이다. 가난하다면 집안 형편에 어울리게 하면 되고, 병이 났다면 몸의 형편을 헤아려 제사를 지내면 되는 것이다. 재물과 능력이 충분한 사람이라면 마땅히 예법대로 해야 한다.

時祭³²엔, 則散齋³³四日하고, 致齋³⁴三日이니라. 忌祭³⁵엔, 則散齋二日하고, 致齋一日이니라. 參禮³⁶엔, 則齋宿³⁷一日이니라.

所謂³⁸散齋者는, 不弔喪³⁹하고, 不問疾⁴⁰하며, 不茹葷⁴¹하고, 飮酒⁴² 不得⁴³至亂⁴⁴이니라. 凡凶穢⁴⁵之事엔, 皆不得預⁴⁶니라.[若路中⁴⁷猝⁴⁸遇⁴⁹

---

32 時祭(시제):『주자가례』에는 사시제(四時祭), 곧 철마다 중간 달에 사당에서 지내는 제사로 해설되어 있다. 그리고 철따라 날짜를 고르는 법, 제사를 지내는 법 등이 설명되어 있다. 그러나 우리나라에서는 근래에 와서 가을에 5대 이상의 조상들 묘에 찾아가 지내는 제사를 시제라 부르고 있다.
33 산재(散齋): 재계(齋戒)의 일종. '재계'란 옛날에 제사를 지내거나 종교적인 수양을 할 때 마음과 몸을 깨끗이 하기 위하여, 깨끗한 음식을 먹으며 말이나 행동을 삼가며 흉하고 더러운 것을 모두 멀리하는 행동을 말한다. '재'는 재(齊)로 된 판본도 있는데, 읽는 음이나 뜻 모두 같은 글자이다. 여기의 글은『예기』권 47의 제의(祭義)편의 기록을 많이 참고하여 쓴 것이다. 뒤에 보이는 재계를 할 때 조심할 일 다섯 가지도 모두『예기』에 보인다.
34 치재(致齋): 재계의 일종,『예기』제의편에서는 "치재는 안에서 하고, 산재는 밖에서 한다." 바로 뒤의 제통(祭統)편에서는 "산재는 7일 동안, 치재는 3일 동안" 하는 것이라 하였다. 치재는 산재보다도 좀 더 철저히 재계하는 것이다. 뒤에 '산재'를 할 때 특히 유념할 일과 '치재'를 할 때 특히 유념할 일에 대해 쓰고 있는데, 모두『예기』의 기록을 바탕으로 한 것이다.
35 기제(忌祭): 조상이 돌아가신 날에 지내는 제사. 이 밑의 '치재'가 나오는 구절이 필사본에서는 "치재치재일일(致齋致齋一日)"로 되어 있으나 하나만 있는 편이 무난하다.
36 참례(參禮): 간단히 지내는 제사의 일종. 앞 절 주석 18) 참조 바람.
37 齋宿(재숙): 하룻밤 재계하는 재계를 이름.
38 所謂(소위): 이른바, …이라고 말하는.
39 弔喪(조상): 다른 집 상사(喪事)에 조문을 하는 것.
40 問疾(문질): 병이 난 사람을 찾아가 위문하는 것.
41 茹葷(여훈): '여'는 먹는 것; '훈'은 파·마늘·생강 같은 매운 맛의 고명 풀.
42 飮酒(음주): 술을 마시는 것.
43 不得(부득): …하면 안 된다, …은 할 수 없다.
44 至亂(지란): 어지러움에 이르다, 어지러운 짓을 하는 것, 난동을 부리게 되는 것.

凶穢면, 則掩目[50]而避[51]하여, 不可視[52]也니라.] 所謂致齋者는, 不聽樂[53]하고, 不出入[54]하며, 專心[55]想念[56]所祭之人[57]하여, 思其居處[58]하고, 思其笑語[59]하며, 思其所樂[60]하고, 思其所嗜[61]之謂也[62]니라. 夫然後[63]當祭之時[64]에, 如見其形[65]하고, 如聞其聲[66]하여, 誠至[67]而神享[68]也니라.

凡祭는, 主於[69]盡愛敬[70]之誠而已[71]니라. 貧[72]則稱[73]家之有無[74]하고,

---

45 凶穢(흉예): 흉악하고 더러운 것.
46 預(예): 참여하다, 끼어들다.
47 路中(노중): 길 가운데, 길을 가는 도중.
48 猝(졸): 갑자기, 뜻밖에.
49 遇(우): 만나다.
50 掩目(엄목): 눈을 가리다.
51 避(피): 피하다, 비켜가다.
52 視(시): 보다.
53 聽樂(청악): 음악을 듣는 것.
54 出入(출입): 나갔다 들어오는 것, 집밖으로 나갔다 오는 것. 앞의 주석 3)에 "치재는 안에서 한다"고 한 것은 밖에 나가지 않고 집안에서만 한다는 뜻이다. 따라서 "산재는 밖에서 한다"는 것은 집 밖에 나갔다 와도 괜찮다는 뜻임이 분명하다.
55 專心(전심): 마음을 오로지 하다. 마음을 한 일에 집중시키는 것.
56 想念(상념): 생각하다.
57 所祭之人(소제지인): 제사를 지낼 사람, 지내는 제사를 받으실 돌아가신 분.
58 思其居處(사기거처): 그 분이 지내시던 곳을 생각하다, 그 분이 사시던 곳을 생각하다.
59 笑語(소어) 웃고 **말**하고 히는 것.
60 所樂(소락): 즐기던 일.
61 所嗜(소기): 좋아하던 것.
62 謂也(위야): …을 말하는 것이다, …을 뜻하는 것이다.
63 然後(연후): 그러한 뒤, 그런 다음.
64 當祭之時(당제지시): 제사를 지내는 바로 그때, 바로 제사를 지낼 때.
65 其形(기형): 그 분의 형상, 제사를 받을 분의 몸.
66 其聲(기성): 그 분의 목소리, 돌아가신 이의 목소리.
67 誠至(성지): 정성이 지극해지는 것.
68 神享(신향): 신이 흠향(歆饗)하다, 돌아가신 이의 신령이 제사를 잘 받아 드시는 것.

疾[75]則量[76]筋力[77]而行之니라. 財力[78]可及[79]者는, 自當[80]如儀[81]니라.
질 즉양 근력 이행지 재력 가급 자 자당 여의

해설 시제(時祭)와 기제(忌祭) 등 돌아가신 조상을 제사지내는 방법에 대한 설명이다. 지금도 많은 집안에서 시제와 기제를 지내고 있지만 여기서 가르치는 대로 재계를 하기는 어렵다. 다만 현대 생활이 아무리 번잡하더라도 끝머리에서 당부하고 있는 "제사를 지내는 일은 주로 사랑하고 공경하는 정성을 다하면 그뿐인 것이다"라고 한 말만을 가슴에 잘 새겨두기 바란다.

4

묘에 가서 지내는 제사와 돌아가신 날에 지내는 제사를 세상 풍

---

69 主於(주어): …을 위주로 하다, …을 주로 삼다.
70 盡愛敬(진애경): 사랑과 공경을 다하다, 사랑하는 마음과 존경하는 마음을 다하다.
71 而已(이이): …할 따름이다, …을 하기만 하면 된다.
72 貧(빈): 가난한 것.
73 稱(칭): 알맞다, 어울리다.
74 有無(유무): 돈이나 재산이 있고 없는 것.
75 疾(질): 병, 병이 나다.
76 量(양): 헤아리다, 잘 따져보다.
77 筋力(근력): 몸의 힘, 체력.
78 財力(재력): 재산과 근력, 재물과 체력.
79 可及(가급): 미칠 수 있는 것, …을 할 능력이 있는 것.
80 自當(자당): 스스로 마땅히, 자연히 응당.
81 如儀(여의): 예법과 같이, 정해진 법도대로.

속으로는 자손들이 돌려가며 지내는데 예법에 어긋나는 것이다. 묘에 가서 지내는 제사는 비록 돌려가며 지낸다 하더라도 모두 묘 앞에서 지내는 것이니 그래도 그것은 괜찮다. 돌아가신 날에 지내는 제사를 돌아가신 분 신주(神主) 앞에서 지내지 않고 종이에 글을 써서 신주를 만들어 놓고 제사지내게도 되니 이것은 매우 합당치 않은 일이다. 비록 자손들이 돌려가며 제사를 지내지 않을 수 없다 하더라도 반드시 제사 음식을 갖추어 집안의 사당에서 지내야만 그래도 괜찮을 것이다.

墓祭[82]忌祭[83]를, 世俗[84]輪行[85]이나, 非禮[86]也니라. 墓祭는, 雖[87]輪行이라도, 皆[88]祭于墓上[89]이니, 猶之[90]可也니라. 忌祭를, 不祭于神主[91]하고, 而乃[92]祭于紙榜[93]하니, 此甚[94]未安[95]이로다. 雖不免[96]輪行이라

---

82 墓祭(묘제): 묘에 가서 지내는 제사.
83 忌祭(기제): 돌아가신 날에 지내는 제사.
84 世俗(세속): 세상 풍속, 세상 습속.
85 輪行(윤행): 돌려가며 행하다, 집안사람들이 서로 돌려가며 제사를 지내는 것.
86 非禮(비례): 예가 아니다, 예법에 어긋난다.
87 雖(수): 비록 …이라도.
88 皆(개): 모두, 모든 제사를 가리키기도 하고, 제사지내는 모든 사람들도 가리키는 것 같다.
89 墓上(묘상): 묘 위에서, 무덤 앞에서.
90 猶之(유지): 그래도 그것은.
91 祭于神主(제우신주): 신주 앞에서 제사지내다. 돌아가신 조상의 신주는 집안의 사당에 모셔져 있다. 따라서 사당에 가서 신주를 모셔 놓고 제사지내는 것을 뜻한다.
92 而乃(이내): 그리고 또한.
93 紙榜(지방): 종이쪽지에 돌아가신 이의 이름과 벼슬 등을 써 놓고 신주를 대신하는 것. 집안의 사당은 큰 집에 있게 마련이다. 형제들이 돌려가며 제사를 지낼 때 아우들 집에는 사당이 없으므로 집안에서 종이로 지방을 만들어 놓고 제사를 지내게 되는 것이다.

도, 須^{97}具^{98}祭饌^{99}하여, 行于家廟^{100}이, 庶乎^{101}可矣니라.

> **해설** 지금은 묘에 가서 지내는 제사며 돌아가신 날에 지내는 제사 모두 집안에서 돌려가며 제사를 지내는 집안은 거의 없는 것 같다. 특히 지금 사람들에게는 별 도움이 되지 않는 제사 풍속에 대한 가르침인 것 같다.

5

장례와 제사에 관한 두 가지 예법은 가장 자손 된 사람이라면 정성을 다해야만 할 일이다. 이미 돌아가신 어버이는 다시 받들어 모실 수가 없는 것이니 만약 장례를 그 예법대로 잘 모시지 않고 제사를 자기 정성을 다해 지내지 않는다면 영원한 어버이를 잃은 아픔을 맡겨 위로받을 데도 없고 그것을 흘려 버릴 기회도 없게 될 것이다. 자식 된 자의 감정으로 어찌 해야만 하겠는가?

---

94 甚(심): 매우, 심히.
95 未安(미안): 합당치 못하다, 타당하지 않다.
96 不免(불면): 면할 수가 없다, 어찌 하는 수 없이 …을 하게 되는 것.
97 須(수): 반드시, 꼭.
98 具(구): 갖추다.
99 祭饌(제찬): 제사 음식, 제수.
100 家廟(가묘): 집안의 사당. 사당에는 신주가 모셔져 있다.
101 庶乎(서호): 그래도, 보다.

증자가 말하였다. "부모의 장례를 신중히 치르고 선조의 제사를 잘 지내면 백성들의 성품이 어질고 두텁게 된다." 자식 된 사람이라면 마땅히 깊이 생각해야만 할 일이다.

　喪祭[102]二禮[103]는, 最是[104]人子[105]致誠處[106]니라. 已沒[107]之親은, 不可追養[108]이니, 若非[109]喪盡其禮[110]하고, 祭盡其誠[111]이면, 則終天[112]之痛[113]을, 無事可寓[114]요, 無時可洩[115]也니라. 於人子之情으로, 當何如[116]哉오?

　曾子[117]曰; 愼終[118]追遠[119]이면, 民德[120]歸厚[121]矣니라. 爲人子者는, 所

102　喪祭(상제): 상례와 제사, 장례지내는 것과 제사지내는 것.
103　二禮(이례): 두 가지 예법.
104　最是(최시): 가장 …하다, 가장 …이다.
105　人子(인자): 사람의 자손, 자손 된 사람, 자식 된 사람.
106　致誠處(치성처): 성의를 다할 곳, 정성을 다할 일.
107　已沒(이몰): 이미 돌아가신.
108　追養(추양): 뒤쫓아 가 부양하다, 다시 받들어 모시다.
109　若非(약비): 만약 … 아니라면, 만약 … 못 하면.
110　盡其禮(진기례): ㄱ 예를 다하다, 그 예법대로 철저히 치르다.
111　盡其誠(진기성): 그의 정성을 다하다.
112　終天(종천): 하늘이 끝나다, 하늘이나 땅은 없어지지 않음으로 결국 '영원함' '끝이 없음'을 뜻한다.
113　痛(통): 아픔, 애통함.
114　無事可寓(무사가우): 기탁할 수 있는 일이 없다, 곧 어버이를 잃은 애통함을 '맡겨 풀어 버릴 데가 없게 된다'는 뜻.
115　無時可洩(무시가설): 흘려 버릴 수 있는 때가 없다, 곧 어버이를 잃은 아픔을 '흘려 버릴 기회가 없게 된다'는 뜻.
116　當何如(당하여): 마땅히 어떻게 해야 하는가? 마땅히 어찌 해야 되겠는가?

當深念也니라.
당 심 념 야

> **해설** 옛날의 관례(冠禮)·혼례(婚禮)·상례(喪禮)·제례(祭禮)의 이른바 '네 가지 큰 예법(四禮)' 중에서 뒤의 두 가지 장례를 치르는 예법과 제사를 지내는 예법의 중요성을 간단히 해설한 대목이다. 조선시대의 학자들은 이러한 예법을 연구하는 것이 공부를 하는 목표의 하나이기도 했음을 이해해야만 한다.

6

지금의 세상 습속을 보면 예법을 알지 못하는 이들이 많아서 제사를 지내는 의식이 집집마다 같지 않으니 매우 가소로운 일이다. 만약 예법으로 똑같이 조절해 주지 않는다면 마침내는 질서도 없이 어지러워져서 오랑캐들 풍습으로 되돌아가지 않을 수가 없게 될

---

117 曾子(증자) : 공자의 제자. 이름은 삼(參), 자는 자여(子輿), 노(魯)나라 사람. 특히 효도에 뛰어나 유명하다. 이 증자의 말은 『논어』 학이(學而)편에서 인용한 것이다.
118 愼終(신종): '신'은 '신중히 하는 것'; '종'은 '끝맺음', 곧 '사람의 죽음을 처리하는 것', '장례를 지내는 것'을 뜻한다. 따라서 '신종'은 '장례를 신중히 치르는 것'을 뜻한다.
119 追遠(추원): '추'는 '추모하는 것', 곧 '추모하여 제사를 잘 지내는 것'을 뜻하며; '원'은 '먼 것' '멀리 가신 분' '멀리 계신 분' 곧 '이미 돌아가신 조상들'을 가리킨다. 따라서 '추원'은 '이미 돌아가신 조상을 추모하여 제사를 잘 지내는 것'을 뜻한다.
120 民德(민덕): 백성들의 덕성, 백성들의 행동, 백성들의 성품.
121 歸厚(귀후): '귀'는 '돌아가다' '귀착되다' '…하게 된다'는 뜻; '후'는 '돈후한 것' '두터운 것' '어질고 두터운 것'을 뜻한다. 따라서 '귀후'는 '어질고 두텁게 된다'는 뜻임.

것이다. 이에 제사 예법을 적어 뒤에 덧붙이고, 또 거기에 그림까지 그려 놓았으니 반드시 잘 살펴 그대로 제사를 지내야 한다. 그런데 만약 아버지나 형님 같은 분들이 따르려 하지 않을 때는 마땅히 찬찬히 자세하게 설명을 드려 올바르게 되도록 해야 한다.

今俗[122]多[123]不識禮[124]하여, 其行祭[125]之儀[126]이, 家家[127]不同하니, 甚[128] 可笑[129]也니라. 若不一裁[130]之以禮[131]면, 則終[132]不免[133]紊亂[134]無序[135]하여, 歸[136]於夷虜[137]之風[138]矣니라. 玆[139]抄[140]祭禮하여, 附錄于後[141]하고,

---

122 今俗(금속): 지금의 풍속, 지금 세상의 습속.
123 多(다): 많다, 대부분.
124 識禮(식례): 예를 알다, 예법을 알다.
125 行祭(행제): 제사를 지내는 것, 제사 의식을 행하는 것.
126 儀(의): 의식(儀式), 의례(儀禮).
127 家家(가가): 집집마다, 집집이.
128 甚(심): 심히, 매우.
129 可笑(가소): 가소롭다, 우스운 일이다.
130 一裁(일재): 한결같이 손질하다, 다 같이 조절하다.
131 以禮(이례): 예로써, 예법을 가지고.
132 終(종): 끝까시, 내내.
133 不免(불면): …을 면하지 못한다, …하지 않을 수가 없게 된다.
134 紊亂(문란): 어지러운 것, 매우 어지러움.
135 無序(무서): 차례가 없다, 질서가 없다.
136 歸(귀): 돌아가다, 귀착(歸着)되다, …하게 되다.
137 夷虜(이로): 오랑캐, 문화적으로 낮은 수준의 족속들을 가리키는 말.
138 風(풍): 기풍, 풍습, 풍속.
139 玆(자): 이에, 여기에.
140 抄(초): 적다, 베끼다, 쓰다.
141 附錄于後(부록우후): 뒤에 붙여 놓다, 뒤쪽에 덧붙이다.

且¹⁴²爲之圖¹⁴³하니, 須¹⁴⁴詳審¹⁴⁵倣行¹⁴⁶이니라. 而¹⁴⁷若父兄¹⁴⁸不欲¹⁴⁹이
차 위지도   수 상심 방행   이 약부형 불욕

면, 則當委曲¹⁵⁰陳達¹⁵¹하여, 期¹⁵²於歸正¹⁵³이니라.
    즉당위곡 진달   기 어귀정

해설

　　율곡 선생의 시대에도 제사지내는 방법이 집집마다 조금씩 달랐던 것 같다. 세상의 제사지내는 예법을 바로잡으려고 율곡 선생은 부록으로 도표까지 만들어 붙여 놓았다고 말하고 있다. 따라서 『율곡전서』의 판본 같은 곳에는 뒤에 제사 예법과 함께 도표를 부록으로 붙여 놓았으나[곧 祭儀鈔: 祠堂之圖, 正寢時祭
                                                                              제의초 사당지도 정침시제
之圖, 每位設饌之圖; 出入儀, 參禮儀, 薦獻儀, 告事儀, 時祭儀, 忌祭儀, 墓
지도 매위설찬지도 출입의 참례의 천헌의 고사의 시제의 기제의 묘
祭儀, 喪服中行祭儀이다.] 지금 젊은이들에게는 거의 필요하지 않
제의 상복중행제의
은 것이라서 여기에서는 생략하기로 한다. 앞의 『격몽요결』의 해설에서 이미 밝힌 바와 같이 율곡 선생이 쓰신 「서문」을 살펴볼 때 앞의 「상례」장과 「제례」장은 일단 『격몽요결』을 완성한 다음

142　且(차): 또, 그리고.
143　爲之圖(위지도): 그런 것을 위해 도표(圖表)를 만들다, 그에 관한 그림을 그리다.
144　須(수): 반드시.
145　詳審(상심): 자세히 살피다, 자세히 알다.
146　倣行(방행): 그대로 본받아 행하다, 그대로 따라서 제사를 지내다.
147　而(이): 그러나, 그런데.
148　父兄(부형): 아버지와 형님, 손위의 어른들을 가리킴.
149　不欲(불욕): 그렇게 하기를 바라지 않다, 예법대로 제사를 지내려고 하지 않는 것.
150　委曲(위곡): 자세하고 찬찬한 것, 간곡한 것.
151　陳達(진달): 설명하여 알려주는 것, 설명하는 것.
152　期(기): 반드시 …하도록 하다, …이 되도록 하다.
153　歸正(귀정): 올바름으로 돌아가다, 올바르게 귀착되다, 올바르게 되다.

뒤에 다시 우리 사회에 올바른 장례를 지내는 예법과 제사를 지내는 예법을 바로잡아 주려는 뜻에서 써 붙여 놓은 것이다.

居家章第八

凡居家當謹守禮法以率妻子及家衆
分之以職授之以事而責其成功制財用之
節量入以為出稱家之有無以給上下之衣
食及吉凶之費皆有品節而莫不均一裁省
冗費禁止奢華常須稍存嬴餘以備不
虞　冠婚之制當依家禮不可苟且從俗
　兄弟同受父母遺体與我如一身視之當無彼

제8장
집안에서 생활하는 법

居家

1

 집안의 생활에 있어서는 마땅히 예법을 삼가 지키면서 아내와 자식 및 집안의 여러 사람들을 거느려야 한다. 그들에게 직책을 나누어 주고, 그들에게 할 일을 내려 주되, 그들이 모든 일을 잘 하도록 다그쳐야 한다. 집안에서 재물과 쓰임의 정도를 잘 조절하고 수입을 따져서 지출을 해야 하며, 집안의 경제 사정에 알맞게 위아래 사람들의 입을 것과 먹을 것 및 좋은 일과 궂은일에 드는 비용을 써야 한다. 모든 일에 차등을 두고 조절하되 그 기준이 모두가 고르게 처리해야 한다. 쓸데없는 비용은 절약하고 사치스럽고 호화롭지 않도록 해야 한다. 언제나 반드시 여유가 약간 있도록 하여 뜻밖에 일어나는 일에 대비해야 한다.

居家
거가

凡居家[1]엔, 當謹守[2]禮法하여, 以率[3]妻子及[4]家衆[5]이니라. 分之[6]以職[7]하고, 授之[8]以事[9]하되, 責[10]其成功[11]이니라. 制[12]財用[13]之節[14]하고, 量入[15]而爲出[16]하며, 稱[17]家之有無[18]하여, 以給[19]上下[20]之衣食[21]及吉凶[22]之費[23]니라. 皆有品節[24]하되, 莫不[25]均一[26]이니라. 裁省[27]冗費[28]하

---

1 居家(거가): 집에서 지내는 것, 집안에서 생활하는 것.
2 謹守(근수): 삼가 지키다, 신중히 지키다.
3 以率(이솔): …을 하고서 …을 거느리다.
4 及(급): 및, …과 ….
5 家衆(가중): 집안의 여러 사람들.
6 分之(분지): 그들에게 나누어 주다.
7 以職(이직): 직책을, 책임질 일을.
8 授之(수지): 그들에게 주다, 그들에게 주다.
9 以事(이사): 일을, 할 일을.
10 責(책): 책임을 추구하다, 다그치다.
11 成功(성공): 일을 이룩하는 것, 일을 잘 하는 것.
12 制(제): 절제하다, 잘 조절하다.
13 財用(재용): 재물과 쓰임, 재물과 소비, 재물의 쓰임.
14 節(절): 절도, 정도.
15 量入(양입): 들어오는 것을 헤아리다, 수입을 따지다.
16 爲出(위출): 나가게 하다, 지출을 하다.
17 稱(칭): 알맞게 하다, 어울리게 하다.
18 家之有無(가지유무): 집안의 있고 없는 것, 집안의 경제 사정.
19 以給(이급): …을 하고서 …을 공급하다, …을 하고서 …에 쓰게 하다.
20 上下(상하): 위아래, 집안의 어른들과 아랫사람들.
21 衣食(의식): 옷과 음식, 입을 것과 먹을 것.
22 吉凶(길흉): 집안의 좋은 일과 궂은일.
23 費(비): 비용, 경비.
24 品節(품절): 차등을 두고 조절하다, 실정에 맞도록 헤아리고 조절하다, 차등을 조절하다.
25 莫不(막불): …아닌 것이 없다, 모두.
26 均一(균일): 하나같이 고르다, 모두가 고르다.

격몽요결

고, 禁止²⁹奢華³⁰니라. 常須稍存³¹贏餘³²하여, 以備³³不虞³⁴니라.

> **해설** 먼저 자신의 처자와 집안사람들을 다스리는 법을 설명한 다음 집안사람들이 살아가는 데 필요한 여러 가지 경제 문제를 조정하는 방법을 얘기하고 있다. 앞의 제6장 「장례를 치르는 법」과 제7장 「제사를 지내는 법」에서부터는 '공부를 하는 사람'보다도 공부를 한 어른이 자기 집안을 올바로 이끌면서 세상을 올바로 살아갈 수 있는 기초적인 방법을 설명하고 있다. 물론 세상을 올바로 살아가는 것도 크게 보면 공부의 범위에 속하는 문제라고 할 수도 있을 것이다.

2

어른이 되어 관을 쓰는 의식과 결혼을 하는 의식은 마땅히 『주자가례』를 따라야만 한다. 구차히 속된 습속을 따라서는 안 된다.

---

27 裁省(재생): 잘라내고 줄이다, 절약하다.
28 冗費(용비): 쓸데없는 비용.
29 禁止(금지): 못하게 하고 없애다, 금지하다.
30 奢華(사화): 사치스러운 것과 화려한 것.
31 稍存(초존): 약간 남겨두다.
32 贏餘(영여): 남은 것, 여유, 남은 여유.
33 備(비): 대비하다.
34 不虞(불우): 생각 못한 일, 뜻밖의 일, 사고.

冠³⁵婚³⁶之制³⁷는, 當依³⁸家禮³⁹니라. 不可苟且⁴⁰從俗⁴¹이니라.

> **해설**
> 남자가 어른이 되었다는 뜻으로 스무 살에 관을 쓰는 의식과 남녀가 결혼을 할 적의 절차와 의식은 모두 『주자가례』를 따를 것을 당부한 대목이다. 당시에도 제각기 여러 가지 절차를 따라 관을 쓰기 시작하고 여러 가지 방식으로 결혼을 하는 사람들이 많았던 것 같다. 율곡 선생은 세상의 풍습을 올바른 방법으로 통일시키려는 뜻에서 이런 말을 하였을 것이다. 그러나 세상은 더욱 바뀌어 관례는 사라져 버리고 남녀가 결혼을 하는 방식도 크게 달라져 뜻 없는 당부가 되고 말았다.

3

형과 아우는 다 같이 부모님께서 내려 주신 몸을 받으므로, 나와는 한 몸이나 같은 것이니 마땅히 그들과 나는 차별이 없는 사이라

---

35 冠(관): 관례(冠禮). 남자가 스무 살이 되면 어른이 되었다는 뜻으로 머리에 관을 쓰기 시작하는 옛날에 행해지던 의식.
36 婚(혼): 혼례(婚禮). 남녀가 결혼을 하는 여러 가지 절차와 의식.
37 制(제): 제도, 의식.
38 依(의): 의지하다, 따르다.
39 家禮(가례): 주희가 지었다고 알려진 『주자가례』.
40 苟且(구차): 구차히, 떳떳하지 못하게.
41 從俗(종속): 속된 세상의 습속을 따르는 것.

고 보아야 한다. 음식이나 옷 같은 것은 있고 없고 간에 모두 함께 누려야만 한다. 만약에 형은 굶주리는데 아우는 배부르게 지내고, 아우는 춥게 지내고 있는데 형은 따뜻하게 지내고 있다면 바로 그것은 한 몸 가운데 팔다리나 몸이 어떤 부분은 병이 들고 어떤 부분은 튼튼한 거나 같은 것이니 몸과 마음이 어찌 한쪽만이 편할 수가 있겠는가?

 지금 사람들 중의 형과 아우가 서로 사랑하지 않는 자들은 모두가 부모를 사랑하지 않음으로 말미암은 것이다. 만약 부모를 사랑하는 마음이 있다면 어찌 부모의 자식을 사랑하지 않을 수가 있겠는가? 형이나 아우에게 만약 좋지 않은 행실이 있다면 곧 정성을 다하며 성실히 올바로 알려주어 이치를 조금씩 깨달아서 느끼고 알게 되도록 해주어야지 갑자기 노여운 얼굴빛을 띠고 꾸짖는 말을 하여 화목한 사이를 망쳐서는 안 된다.

 兄弟는, 同受[42]父母遺體[43]하여, 與我[44]如一身이니, 視之[45]當無彼我之間[46]이니라. 飮食衣服은, 有無皆當共之[47]니라. 設使[48]兄飢[49]而弟飽[50]

---

42 同受(동수): 똑같이 받다, 다 같이 받다.
43 遺體(유체): 내려 준 몸.
44 與我(여아): 나와, 나와는.
45 視之(시지): 그들 보기를, 형제들 보기를.
46 彼我之間(피아지간): 그들과 나의 사이, 형제들과 나의 간격.
47 共之(공지): 함께 누리다, 형제들과 함께 하다.
48 設使(설사): 만약 …하게 된다면, 만약 …하게 한다면.
49 飢(기): 굶주리는 것.
50 飽(포): 배불리 먹는 것, 배부른 것.

하고, 弟寒⁵¹而兄溫⁵²이면, 則是一身之中에, 肢體⁵³或病或健⁵⁴也니, 身心豈得⁵⁵偏安⁵⁶乎아?

今人兄弟不相愛⁵⁷者는, 皆緣⁵⁸不愛父母故⁵⁹也니라. 若有⁶⁰愛父母之心이면, 則豈可⁶¹不愛父母之子乎아? 兄弟若有不善之行⁶²이면, 則當積誠⁶³忠諫⁶⁴하여, 漸喩⁶⁵以理⁶⁶하여, 期於⁶⁷感悟⁶⁸요, 不可遽加⁶⁹厲色⁷⁰拂言⁷¹하여, 以失⁷²其和⁷³也니라.

---

51 寒(한): 추운 것, 헐벗는 것.
52 溫(온): 따뜻한 것, 따듯하게 옷을 잘 입고 자내는 것.
53 肢體(지체): 팔다리와 몸, 사지(四肢)와 몸뚱이.
54 或病或健(혹병혹건): 어떤 부분은 병이 들고 어떤 부분은 튼튼한 것, 혹은 병이 들기도 하고 혹은 건강하기도 한 것.
55 豈得(기득): 어찌 …할 수가 있겠는가?
56 偏安(편안): 한 편만이 편안한 것, 어느 한 곳으로만 치우쳐 편안한 것.
57 不相愛(불상애): 서로 사랑하지 않는 것.
58 皆緣(개연): 모두가 …연고이다, 모두 …하는 까닭이다, 모두 …하지 않는 것으로 말미암는다.
59 故(고): 연고, 까닭, …때문.
60 若有(약유): 만약 …이 있다면.
61 豈可(기가): 어찌 …할 수 있겠는가? 어찌 …이 가능하겠는가?
62 不善之行(불선지행): 착하지 않은 행동, 옳지 않은 행실, 좋지 않은 행동.
63 積誠(적성): 성의를 쌓다, 정성을 다하다.
64 忠諫(충간): 충실히 올바른 길을 일러주는 것, 성실히 잘못을 알려주는 것.
65 漸喩(점유): 점차 깨닫다, 조금씩 깨닫게 되는 것.
66 以理(이리): 이치로써, 이치에 관해.
67 期於(기어): …을 기약하다, …을 목표로 하다, …이 되도록 노력하다.
68 感悟(감오): 느끼고 깨닫는 것.
69 遽加(거가): 갑자기 …을 가하다, 갑자기 …을 하다.
70 厲色(여색): 사나운 얼굴빛을 띠는 것, 사나운 얼굴빛.
71 拂言(불언): 거슬리는 말, 언짢은 말, 꾸짖는 말.
72 以失(이실): …함으로써 잃다, …하여 망치다.
73 其和(기화): 그들 사이의 화목, 그들의 화목함.

> **해설** 이 대목에서는 특히 형제들 사이의 우애를 잘 지킬 것을 강조하고 있다. 형제는 한 몸이나 같다는 가르침이 특히 마음에 새겨둘 만한 것이라 여겨진다.

4

지금의 학자들은 겉으로는 비록 점잖은 것 같지만 속까지 착실한 사람은 드물다. 부부 사이에 잠자리에서는 많은 이들이 멋대로 정욕을 따라서 올바른 위엄 있는 몸가짐을 잃고 있다. 그러므로 부부가 서로 버릇없이 친하게 굴지 않고 제대로 서로 존경하는 이들이 매우 적다. 이렇게 행동하면서 자기 몸을 닦고 집안을 바로잡으려 한다면 매우 어려운 일이 되지 않겠는가? 반드시 남편은 부드러우면서도 의롭게 대해 주고, 아내는 유순하면서도 올바르게 받들어야 한다. 부부 사이에 예의와 존경을 잃지 않아야만 집안일을 잘 다스릴 수가 있는 것이다.

만약 그진에는 시로 버릇없이 친하게 지내다가 히루이침에 갑자기 서로 존경을 하려고 한다면 제대로 실행하기 어려운 형편이 될 것이다. 반드시 아내와 함께 서로 경계를 하며 반드시 이전의 버릇을 없애겠다고 하면서 점차 예법을 따르는 방향으로 들어가야만 될 것이다. 아내가 만약 나의 하는 말과 몸가짐이 한결같이 올바르게 나온다는 것을 발견하게 된다면 곧 반드시 점차 믿고서 얌전히 따르게 될 것이다.

今之學者는, 外雖矜持[74]나, 而內鮮[75]篤實[76]이라. 夫婦之間에, 衽席[77]之上엔, 多縱[78]情慾[79]하여, 失其威儀[80]니라. 故로 夫婦不相昵狎[81]하고, 而能相敬[82]者이, 甚少[83]하니라. 如是[84]而欲[85]修身[86]正家[87]면, 不亦[88]難[89]乎아? 必須[90]夫和[91]而制以義[92]하고, 妻順[93]而承以正[94]이니라. 夫婦之間[95]에, 不失禮敬[96]하고, 然後[97]家事[98]可治[99]也니라.

---

74 矜持(긍지): 자신의 능력이나 재능 따위를 믿고 자랑스럽게 생각하는 것, 점잖게 행동하는 것.
75 鮮(선): 드물다.
76 篤實(독실): 착실한 것, 충실한 것.
77 衽席(임석): 요와 자리, 잠자리, 침석.
78 縱(종): 멋대로 발휘하는 것, 함부로 하는 것.
79 情慾(정욕): 성에 대한 욕망, 이성에 대한 욕망.
80 威儀(위의): 위엄 있는 몸가짐, 예의에 맞는 품격.
81 昵狎(일압): 버릇없이 친하게 지내는 것, 함부로 친하게 구는 것.
82 相敬(상경): 서로 존경하는 것.
83 甚少(심소): 매우 적은 것.
84 如是(여시): 이와 같다, 이와 같이 하다.
85 欲(욕): …을 하고자 하는 것.
86 修身(수신): 몸을 잘 닦는 것, 자기 몸을 올바로 지니는 것.
87 正家(정가): 집안을 바로잡다, 집안을 올바르게 다스리다. 『대학』에서 "자기 몸을 잘 닦은 뒤에야 집안을 가지런히 잘 다스릴 수 있고, 집안을 가지런히 잘 다스린 뒤에야 나라를 올바로 다스릴 수 있다(身修而后家齊, 家齊而后國治)."고 한 말을 바탕으로 말한 것이다.
88 不亦(불역): 또한 …않겠는가? 매우 …하지 않겠는가?
89 難(난): 어려운 것.
90 必須(필수): 반드시
91 夫和(부화): 남편은 부드럽다, 남편은 온화하다.
92 制以義(제이의): 의로움으로 제어하다, 의로움을 따라 상대하다, 의로움으로 대해 주다.
93 妻順(처순): 아내는 유순하다, 아내는 공순하다.
94 承以正(승이정): 올바름으로 받드는 것, 올바른 방법으로 받들다.

若從前¹⁰⁰相狎¹⁰¹이라가, 而一朝¹⁰²遽欲¹⁰³相敬이면, 其勢¹⁰⁴難行¹⁰⁵이니라. 須是¹⁰⁶與妻¹⁰⁷相戒¹⁰⁸하여, 必去前習¹⁰⁹하고, 漸入¹¹⁰於禮라야, 可也¹¹¹니라. 妻若見¹¹²我發言¹¹³持身¹¹⁴이, 一出於正¹¹⁵하면, 則必漸相信¹¹⁶而順從¹¹⁷矣리라.

 이 대목에서는 부부관계를 설명하고 있다. 옛날 사람들은

---

95 夫婦之間(부부지간): 남편과 아내 사이.
96 禮敬(예경): 예의와 존경, 예절과 공경.
97 然後(연후): 그러한 뒤, 그렇게 한 다음에야.
98 家事(가사): 집안일.
99 可治(가치): 다스릴 수 있다, 잘 다스려진다.
100 從前(종전): 그전과 같이, 전처럼.
101 狎(압): 일압(昵狎), 버릇없이 친하게 지내는 것.
102 一朝(일조): 하루아침, 일시에.
103 遽欲(거욕): 갑자기 …하려 하다.
104 其勢(기세): 그 형세, 그 형편.
105 難行(난행): 행하기 어렵다, 실행하기 어렵다.
106 須是(수시): 반드시 …해야 한다.
107 與妻(여처): 아내와 더불어, 아내와 함께.
108 相戒(상계): 서로 경계하나, 함께 경세하나.
109 去前習(거전습): 이전의 습성을 버리다, 이전의 버릇을 없애다.
110 漸入(점입): 점차 들어가다, 조금씩 들어가다.
111 可也(가야): 가하다, …해야만 된다.
112 見(견): 보다, 발견하다, 알다.
113 發言(발언): 말을 하는 것.
114 持身(지신): 몸을 간수하는 것, 몸가짐.
115 一出於正(일출어정): 한결같이 올바름에서 나오다, 모두가 올바르게 나오다.
116 漸相信(점상신): 점점 믿게 되는 것, 조금씩 믿게 되는 것.
117 順從(순종): 얌전히 따르는 것, 잘 따르는 것.

부부도 남자와 여자 사이의 사랑을 근거로 하는 것이 아니라 윗분들이 예법에 따라 맺어 준 사이이기 때문에 이런 말을 하고 있는 것이다. 옛날 사람들은 진정한 '사랑'을 알지 못하였다. '애(愛)'자도 '사랑'이란 뜻보다는 '아낀다'는 뜻으로 더 많이 쓰였다. 아마도 서양 문화를 접한 다음 특히 기독교가 들어온 다음에 옛날 사람들은 '사랑'이란 말을 이해하게 되었던 것 같다. 옛 분들은 부부 사이도 '사랑'보다도 '예'가 더 소중한 윤리였던 것이다.

5

자식을 낳으면 약간 아는 것이 있게 될 때부터 마땅히 착한 길로 이끌어 주어야 한다. 만약 어릴 때 가르치지 않고 성장하게 된다면 곧 버릇이 잘못되고 마음이 흩어져 버려 그를 가르치기가 매우 어렵게 된다. 자식을 가르치는 방법은 마땅히 『소학』을 따라야 한다.

대체로 한 집안 안에 예의와 법도가 잘 행해지고 책과 붓과 먹 이외에 다른 잡된 놀이에 관련된 것들이 없다면 곧 자제들도 밖으로 뛰쳐나가 공부를 내동댕이치게 될 걱정이 없게 될 것이다.

형제의 자식은 내 자식이나 같은 것이다. 그들을 사랑하고 그들을 가르치는 일을 모두 똑같이 하여, 가볍고 무겁거나 두텁고 엷은 차별을 두어서는 안 되는 것이다.

生子하여는, 自[118]稍[119]有知識[120]時에, 當導[121]之以善이니라. 若幼[122]而不敎면, 至[123]於旣長[124]하여, 則習非[125]放心[126]하여, 敎之[127]甚難[128]이니라. 敎之之序[129]는, 當依[130]小學[131]이니라.

大抵[132]一家之內에, 禮法[133]興行[134]하고, 簡編[135]筆墨[136]之外에, 無他雜技[137]면, 則子弟亦無外馳[138]畔學[139]之患[140]矣니라.

---

118 自(자): …으로부터.
119 稍(초): 조금, 약간, 적은 것.
120 知識(지식): 물건이나 일에 대해 아는 것.
121 導(도): 이끌다, 인도하다.
122 幼(유): 어린 것, 어릴 적.
123 至(지): 이르다, …이 되어.
124 旣長(기장): 이미 자라다, 자란 뒤, 장성한 다음.
125 習非(습비): 버릇이 잘못되다, 습성이 그릇되다.
126 放心(방심): 마음을 놓아버리다, 마음이 흩어져 버리다.
127 敎之(교지): 그를 가리키다, 자식을 가리키는 것.
128 甚難(심난): 매우 어렵다, 심히 어렵다.
129 序(서): 차례, 법도, 방법.
130 依(의): 따르다, 의지하다.
131 小學(소학): 남송(南宋)의 대학자 주희(朱熹, 1130-1200)가 공부를 시작하는 어린이들을 위해 지은 책. 옛날에는 공부를 시작하는 사람들에게 사서에 앞서 널리 읽힌 책이다. 본시 유청지(劉淸之)가 초고를 쓴 것인데 뒤에 주희가 다시 고쳐 써서 지금의 모습으로 완성시킨 책이다. 모두 내편(內篇)과 외편(外篇) 6권으로 이루어져 있다.
132 大抵(대저): 대체적으로, 대개.
133 禮法(예법): 예의와 법도.
134 興行(홍행): 잘 행해지는 것, 매우 실천이 잘 되고 있는 것.
135 簡編(간편): 책. '간'은 대쪽, '편'은 엮은 것, 옛날 종이가 없던 시절에는 흔히 대쪽이나 나무쪽에 글을 써서 그것을 엮어 책을 만들었다. 그래서 책을 '간편'이라 한다.
136 筆墨(필묵): 붓과 먹. 글씨를 쓰는 도구.
137 他雜技(타잡기): 다른 잡된 놀이와 관련이 있는 것들.
138 外馳(외치): 밖으로 달려 나가다, 밖으로 뛰쳐나가다.
139 畔學(반학): 학문을 배반하다, 공부를 내동댕이치는 것.
140 患(환): 걱정, 환난.

兄弟之子는, 猶[141]我子也니라. 其愛之와, 其敎之에, 當均一[142]하여, 不可有輕重[143]厚薄[144]也니라.

해설 여기서는 낳은 자식들을 올바로 가르치는 법에 대해 설명하고 있다. 자식들은 어려서부터 『소학』을 바탕으로 하여 잘 가르쳐야 함을 강조하고 있다.

그리고 자식들의 교육을 위해 집안에 교육에 도움이 되는 물건들만 두어야지 잡된 놀이와 관련된 물건들은 두지 말라는 것이다.

끝으로 자기 자식뿐만이 아니라 그들 사촌 형제들까지도 자기 자식과 똑같이 여기고 가르쳐야 한다고 가르치고 있다. 현대 사람들이 보기에는 지나치게 엄격한 것 같은 느낌을 부인할 수가 없다.

6

하녀와 하인들은 나의 수고로움을 대신해 주고 있다. 마땅히 먼

---

141 猶(유): …이나 같다.
142 均一(균일): 다 고루 같은 것, 모두가 똑같은 것.
143 輕重(경중): 가볍고 무거운 것, 가벼운 것과 무거운 것.
144 厚薄(후박): 두텁고 엷은 것, 후하게 대하는 것과 박하게 대하는 것.

저 은혜를 베풀고 나서 위엄을 보여야만 그들의 마음을 잡을 수가 있다. 임금이 백성들을 대하는 것이나 주인이 하인을 대하는 것이나 그 이치는 같은 것이다. 임금이 백성들을 돌보아 주지 않으면 백성들은 흩어지게 되고, 백성들이 흩어지면 나라가 망하며, 주인이 하인들을 돌보아 주지 않으면 하인들은 흩어지고, 하인들이 흩어지면 집안이 망한다는 것은 결국은 반드시 그렇게 될 수밖에 없는 일이다.

하녀와 하인들에 대해 반드시 배고프고 추운 것을 걱정하여 입을 것과 먹을 것을 대어 주고 그들이 지낼 곳이 있도록 해주어야 한다. 그리고도 잘못하는 일이나 나쁜 짓이 있다면 먼저 성의껏 가르쳐서 그들을 고쳐 주도록 해야 한다. 그들을 가르쳐 주어도 고쳐지지 않는다면 그제야 회초리로 종아리를 쳐서, 그들이 마음속으로 자기 주인이 회초리로 종아리를 치는 것이 가르쳐 주기 위해 나온 것이지 미워하기 때문이 아니라는 것을 알도록 해야 한다. 그래야만 마음도 고치고 행동도 바꾸게 할 수 있을 것이다.

婢僕[145]은, 代[146]我之勞[147]니라. 當先恩[148]而後威[149]라야, 乃得其心[150]
비복   대 아지로   당선은 이후위   내득기심

---

145 婢僕(비복): 하녀와 하인.
146 代(대): 대신하다, 대신해 주다.
147 勞(로): 수고로움, 힘든 일.
148 先恩(선은): 먼저 은혜를 베풀다, 먼저 은덕을 베풀다.
149 後威(후위): 뒤에 위엄을 보이다, 뒤에 위엄으로 누르다.
150 得其心(득기심): 그들의 마음을 얻다, 그들의 환심을 사다.

이니라. 君¹⁵¹之於民¹⁵²과, 主之於僕¹⁵³이, 其理一¹⁵⁴也니라. 君不恤民則民散이요, 民散則國亡하며, 主不恤¹⁵⁵僕則僕散¹⁵⁶이요, 僕散則家敗¹⁵⁷니, 勢所必至¹⁵⁸니라.

其於¹⁵⁹婢僕엔, 必須軫念¹⁶⁰其飢寒¹⁶¹하여, 資給¹⁶²衣食¹⁶³하고, 使得¹⁶⁴ 其所¹⁶⁵니라. 而有過惡¹⁶⁶이면, 則先須勤勤¹⁶⁷敎誨¹⁶⁸하여, 使之¹⁶⁹改革¹⁷⁰ 이니라. 敎之¹⁷¹不改면, 然後乃施¹⁷²楚撻¹⁷³하되, 使其心知¹⁷⁴厥主¹⁷⁵之

---

151 君(군): 임금.
152 於民(어민): 백성을 대하는 것, 백성을 거느리는 것.
153 於僕(어복): 하인을 대하는 것, 하인을 거느리는 것.
154 其理一(기리일): 그 이치는 하나같은 것이다, 그 이치는 똑같은 것이다.
155 恤(휼): 돌보아 주는 것, 걱정해 주는 것.
156 散(산): 흩어지다, 다른 나라로 가버리는 것을 뜻한다. 임금을 섬기거나 나라를 위하는 마음이 흐트러지는 것으로 볼 수도 있다.
157 敗(패): 패망, 망하는 것.
158 勢所必至(세소필지): 형세가 반드시 이르게 되는 바이다, 형세가 반드시 그렇게 되도록 되어 있는 것이다, 결국은 반드시 그렇게 되도록 되어 있는 일이다.
159 其於(기어): …에 대해서는, …에 있어서는.
160 軫念(진념): 동정하고 생각해 주는 것, 걱정해 주는 것.
161 飢寒(기한): 배고프고 추운 것, 헐벗고 굶주리는 것.
162 資給(자급): 물자를 대어 주는 것, 공급하는 것.
163 衣食(의식): 옷과 음식, 입을 것과 먹을 것.
164 使得(사득): 얻게 하다, 있도록 하다.
165 其所(기소): 그들의 장소, 그들이 지낼 곳.
166 過惡(과악): 잘못 하는 것과 나쁜 짓, 잘못과 악함.
167 勤勤(근근): 부지런한 모양, 열심히 하는 모양, 성실히 하는 모양.
168 敎誨(교회): 가르치고 깨우치다, 가르쳐 주고 깨우쳐 주다.
169 使之(사지): 그들로 하여금, 하인들을 …하게 하도록 하는 것.
170 改革(개혁): 고치고 바꾸다, 지난날의 잘못과 나쁜 짓을 고쳐서 하지 않도록 하는 것.
171 敎之(교지): 그들을 가르치다, 하인들을 가르치다.

격몽요결

楚撻은, 出於敎誨요, 而非所以[176]憎嫉[177]이니라. 然後可使[178]改心[179]革面[180]矣니라.

> **해설** 여기서는 하녀와 하인을 다루는 법을 가르치고 있다. 옛날 양반 사회의 일이어서 현대의 우리와는 직접 관계가 없는 일이다. 그러나 아래 사람을 다루는 기본 원리만은 시대의 변화에도 관계 없이 지금까지도 적용되는 가르침으로 받아들일 수가 있다.

7

집안을 다스림에 있어서는 마땅히 예법을 바탕으로 안팎을 구별해야만 한다. 비록 하녀나 하인이라 하더라도 남자와 여자는 함께 섞여 지내도록 두어서는 안 된다. 남자 하인들은 지시를 받은 일이

---

172 乃施(내시): 그제서야 베풀다, 그리고 …을 행하다.
173 楚撻(초달): 회초리로 종아리를 치는 것, 종아리를 치는 것.
174 使其心知(사기심지): 그의 마음으로 하여금 알게 하다, 그의 마음으로 알게 해주다.
175 厥主(궐주): 그의 주인. '궐'은 기(其)와 비슷한 뜻의 글자임.
176 所以(소이): …까닭, …때문.
177 憎嫉(증질): 미워하는 것, 미워하고 싫어하는 것.
178 可使(가사): …하도록 해주다, …하게 하다.
179 改心(개심): 마음을 고치다.
180 革面(혁면): 얼굴을 바꾸다, 행동을 바꾸다. '면'은 겉으로 드러나는 사람의 몸가짐 또는 행동을 뜻함.

없다면 언제든 안으로 들어와서는 안 된다. 여자 하인들에게는 모두 정해진 남편이 있도록 해주어 음란한 짓을 하도록 버려두어서는 안 된다. 만약 계속 음란한 짓을 하는 자가 있다면 쫓아내어 다른 곳에서 지내도록 하여 집안의 기풍을 더럽히지 않도록 해야 한다. 하녀와 하인들은 화목하게 지내도록 해야 한다. 만약 싸우면서 소란을 피우는 자가 있다면 마땅히 그런 짓을 못하도록 제재를 철저히 가해야 한다.

治家當以禮法으로, 辨別[181] 內外[182]니라. 雖婢僕이라도, 男女不可混處[183]니라. 男僕[184]은, 非有所使令[185]이면, 則不可輒[186] 入內[187]니라. 女僕은, 皆當使有定夫[188]하여, 不可使淫亂이니라. 若淫亂[189] 不止者[190]는, 則當黜[191] 使別居[192]하여, 毋令[193] 汚穢[194] 家風[195]이니라. 婢僕當令[196] 和睦[197]

---

181 辨別(변별): 분별하다, 구별하다.
182 內外(내외): 안팎, 남자와 여자.
183 混處(혼처): 섞여 지내는 것, 뒤섞여 함께 지내는 것.
184 男僕(남복): 남자 하인.
185 有所使令(유소사령): 어떤 일을 하라고 명령을 내린 일이 있는 것, 어떤 일에 대해 지시를 내린 일이 있는 것.
186 輒(첩): 문득, 번번히, 언제나.
187 入內(입내): 안으로 들어가다. 여기의 '내'는 집 안이 아니라 내실(內室), 곧 안방 가까이를 말할 것이다.
188 使有定夫(사유정부): 정해진 남편이 있게 해준다, 정해진 남편을 갖도록 해준다.
189 淫亂(음란): 음탕하고 난잡함, 남녀 간에 어지럽게 음탕한 짓을 하는 것.
190 不止者(부지자): 멈추지 않는 자, 계속 …한 짓을 하는 자.
191 黜(출): 쫓아내는 것.
192 別居(별거): 다른 곳에 떨어져 살게 하는 것, 다른 곳에서 지내도록 하는 것.

이니라. 若有鬪鬩[198]喧噪[199]者면, 則當痛加[200]禁制[201]니라.

> **해설** 옛날에는 남자와 여자는 일곱 살만 되면 자리를 함께하지 말라고 하였다. 여기서는 특히 하녀와 하인, 곧 남자 하인과 여자 하인이 난잡한 짓을 못하도록 집안에서 잘 건사할 것을 강조하고 있다. 역시 현대 생활과는 거리가 있는 얘기이다.

8

군자는 올바른 도에 관해서는 걱정을 해도 가난함에 대해서는 걱정하지는 않는 법이다. 다만 집이 가난하여 살아갈 거리가 없다면 비록 궁한 처지에서 벗어날 대책을 생각해야만 할 것이나, 그래도 굶주림과 헐벗음만을 면하려고 할 따름이어야지 물자를 쌓아 두고 풍족하게 살 생각을 지녀서는 안 된다. 또한 세상의 지저분한 일을

---

193 毋令(무령): …을 하게 두지 마라, …을 못하게 하라.
194 汚穢(오예): 더럽히다.
195 家風(가풍): 집안의 기풍, 집안의 풍조.
196 當令(당령): 마땅히 …하게 함, …하도록 함.
197 和睦(화목): 뜻이 맞고 정다운 것.
198 鬪鬩(투혁): 다투고 싸우는 것, 싸우는 것.
199 喧噪(훤조): 시끄럽게 떠드는 것, 시끄러운 것.
200 痛加(통가): 통렬히 가하다, 철저히 가하다, 엄격히 가하다.
201 禁制(금제): 금하는 제재, 못하도록 제재하다, 못하도록 조치를 취하는 것.

가슴속에 묻어두어서도 안 된다.

  옛날에 숨어 지내던 사람 중에는 짚신을 삼아서 먹고 산 사람도 있고, 땔나무를 하거나 고기잡이를 하여 살아간 사람도 있고, 지팡이를 꽂아 놓고 김을 매었던 사람도 있다. 이러한 사람들은 부자가 되고 출세하는 일이 그들의 마음을 움직일 수 없었기 때문에 그런 일을 하면서도 편안히 지낼 수가 있었던 것이다. 만약 이로운 것과 해로운 것을 견주어 보고 풍부한 것과 궁핍한 것을 헤아리는 생각을 갖고 있다면 어찌 마음을 다스리는 데 해가 되지 않겠는가? 공부를 하는 사람은 반드시 부자가 되고 출세하는 일을 가볍게 보고 가난하고 천한 처지를 지킬 마음을 지녀야만 하는 것이다.

  君子憂道[202]로되, 不當憂貧[203]이니라. 但[204]家貧하여, 無以[205]資生[206]이면, 則雖當思[207]救窮之策[208]이나, 亦只[209]可免[210]飢寒[211]而已[212]요, 不

---

202 憂道(우도): 도를 걱정하다, 어떻게 하면 올바른 도를 잘 지킬 수 있을까 걱정하는 것.
203 憂貧(우빈): 가난함을 걱정하는 것. 이 말은 『논어』 위령공(衛靈公)편에서 "군자는 도나 걱정하지, 가난을 걱정하지 않는다(君子憂道, 不憂貧.)"고 한 공자의 말을 응용한 것이다.
204 但(단): 다만, 그러나.
205 無以(무이): …할 것이 없는 것.
206 資生(자생): 살아가는 데 쓰이는 물건들, 살아갈 거리, 살아갈 자원.
207 當思(당사): 마땅히 생각해야 한다.
208 救窮之策(구궁지책): 궁함을 구해 줄 계책, 궁함을 면하게 할 방책.
209 亦只(역지): 역시 다만, 그래도 오직.
210 可免(가면): 면하면 된다, 면하기만 하면 된다. 여기의 '가'자가 수초본에서는 '가(家)'로 되어 있으나 잘못 베낀 것일 것이다.
211 飢寒(기한): 배고픔과 추운 것, 굶주림과 헐벗음.
212 而已(이이): …하면 그뿐이다, …하기만 하면 된다.

可存²¹³居積²¹⁴豐足²¹⁵之念이니라. 且²¹⁶ 不可以世間²¹⁷鄙事²¹⁸를, 留滯²¹⁹ 于心胸之間²²⁰이니라.

古之隱者²²¹엔, 有織屨而食者²²²하고, 樵漁而活者²²³하고, 植杖而耘者²²⁴하니라. 此等人²²⁵은, 富貴²²⁶不能動其心²²⁷하니, 故로 能安²²⁸於

---

213 存…之念(존…지념): …하는 생각을 지니다, …의 생각을 갖다.
214 居積(거적): 물자를 쌓아 두는 것, 많은 것을 쌓아 두는 것.
215 豐足(풍족): 풍부하고 충분한 것, 풍족한 것.
216 且(차): 또, 또한.
217 世間(세간): 세상, 사람들 사회.
218 鄙事(비사): 비루한 일, 지저분한 일.
219 留滯(유체): 남겨두는 것, 잡아두어 남아 있게 하는 것.
220 心胸之間(심흉지간): 가슴속, 마음속.
221 隱者(은자): 숨어 지내는 사람, 사회에서 활동하지 않고 외진 곳에서 홀로 지내는 사람.
222 織屨而食者(직구이식자): 짚신을 짜 가지고 그것을 팔아서 먹고 사는 사람. 『맹자(孟子)』 등문공(滕文公) 하편에 옛날 주(周)나라 무왕(武王) 때에 두 임금을 섬기지 않겠다고 아우 숙제(叔齊)와 함께 세상으로부터 숨어 살던 백이(伯夷)가 "짚신을 짜서(織屨)" 그것을 팔아먹고 살았다는 기록이 보인다.
223 漁樵而活者(어초이활자): 고기잡이와 땔나무를 하면서 살아가는 것, 옛날 숨어 살던 사람들의 일반적인 생활 방법이었다. 굴원(屈原)의 『초사(楚辭)』에는 숨어 사는 어부를 주인공으로 한 「어부사(漁父辭)」가 있으며, '어초(漁樵)'라는 말은 왕유(王維)의 「도원행(桃源行)」시, 두보(杜甫)의 「각야시(閣夜詩)」, 소식(蘇軾)의 「적벽부(赤壁賦)」 등 여러 곳에 숨어 사는 사람들의 생활을 묘사히는 말로 쓰이고 있다.
224 植杖而耘者(식장이운자): 지팡이를 밭에 꽂아 놓고 김을 매는 사람. 『논어』 미자(微子)편에 공자가 "그의 지팡이를 꽂아 놓고 김을 매는(植其杖而耘)" 숨어 사는 영감을 만나는 얘기가 보인다. 다만 주희(朱熹)의 『논어집주(論語集註)』의 이 대목을 보면 '식(植)'은 음이 '치(値)'라고 밝히고 있어 많은 사람들이 '치'로 읽고 있으나 이는 잘못이다. 중국 음으로는 '직(直)' '치(値)' '식(植)'이 모두 성조까지 같은 'Zhi'라는 음이다.
225 此等人(차등인): 이러한 사람들, 이런 종류의 사람들.
226 富貴(부귀): 부자와 출세한 사람, 부자가 되는 것과 출세하는 것.
227 動其心(동기심): 그의 마음이 움직이다, 그의 마음을 움직이게 하다.
228 能安(능안): 편안할 수가 있다, 편안하게 지낼 수가 있다.

此[229]니라. 若有[230] 較利害[231]하고, 計豐約[232]之念이면, 則豈不爲[233] 心術
之害[234]哉아? 學者는, 要須[235] 以[236] 輕富貴[237] 守貧賤[238] 爲心이니라.

해설

공부를 하는 사람은 올바른 도리의 추구에만 마음을 두고 공부에 힘써야지, 돈 많이 벌어 부자가 되고 출세하여 권세를 부리면서 살려는 마음을 지녀서는 안 된다는 것이다. 깨끗하고 가난한 '청빈(淸貧)'은 옛 선비들의 미덕이었다. 옛날부터도 돈과 권력을 가까이 하면 어떤 사람이든 간에 사람답지 않게 되기 일쑤였기 때문이다.

간단히 말하면 많은 돈과 큰 권력을 놓고는 옛날부터도 사람들이 부모 자식이나 형제 관계도 잊고 자기 자신만을 위해 싸우는 사람들이 많았다. 그것은 현대에 이르기까지도 이어지고 있는 사람들의 심성이다. 지금 사람들도 이 대목의 가르침은 마음에 잘 새겨두기 바란다.

---

229 於此(어차): 여기에, 이러한 상황에서, 이렇게 살면서도.
230 若有…之念(약유…지념): 만약 …하는(할) 생각이 있다면.
231 較利害(교이해): 이롭고 해로운 것을 견주어 보다, 이익이 되고 해가 되는 것을 견주어 보다.
232 計豐約(계풍약): 풍부한 것과 궁핍한 것을 헤아려 보는 것, 풍성한지 모자라는지를 계산해 보는 것.
233 豈不爲(기불위): 어찌 …이 되지 않겠는가?
234 心術之害(심술지해): 마음을 다스리는 술법의 해가 됨, 마음을 다스리는 데 해가 됨.
235 要須(요수): 반드시 …해야만 한다, 꼭 …하도록 해야 한다.
236 以…爲心(이…위심): …을 가지고 마음을 삼다, …하는 마음을 지니다.
237 輕富貴(경부귀): 부해지고 출세하는 것을 가볍게 여기다, 부귀를 가볍게 여기다.
238 守貧賤(수빈천): 가난하고 천한 처지를 지키다, 가난함과 천함을 지키다.

9

집안 살림살이가 가난하고 구차하면 곧 반드시 가난하고 구차함 때문에 어려움을 당해 그가 지켜야 할 절조를 잃게 되는 사람이 많다. 공부를 하는 사람들은 바로 이 점에 대해 주의를 기울여야 한다. 옛날 사람이 말하기를 "어려운 처지의 사람은 그가 하지 않는 일에 대해 살펴보고, 가난한 사람은 그가 갖지 않는 것에 대해 살펴보면 된다"고 하였다. 공자께서 말씀하시기를 "소인들은 어려워지면 곧 함부로 행동한다"고 하셨다. 만약 가난하고 구차함에 밀려서 의로움을 행할 수가 없다면 공부하는 것을 무엇에 쓰겠는가?

무엇이건 거절하고 받아들이고 받고 주고 할 때는 반드시 그것이 의로운 것인가 의롭지 않은 것인가를 골똘히 생각하여, 의로운 것이라면 받되 의롭지 않은 것이라면 받지 말아야 한다. 털끝만큼도 소홀히 해서는 안 되는 것이다.

만약 친구라면 재물을 융통해 쓰는 의리가 있기 때문에 주는 물건을 다 받아야 할 것이나 내가 궁핍하지 않은데도 쌀이나 옷감을 보내온다면 받아서는 안 되는 것이다. 그 밖에 서로 알고 지내는 사람이라면 오직 명분이 있는 선물만을 받아야지 명분이 없는 것들은 받아서는 안 되는 것이다. 이른바 명분이 있다는 것은 장례를 치를 때의 부의(賻儀)와 여행을 떠날 때의 노자와 결혼할 때의 부조와 굶주리고 궁핍한 것을 도와주는 것 같은 종류의 것이다.

만약에 대단히 악한 사람이어서 마음으로 천히 여기고 미워하는 자라면 그의 선물이 비록 명분이 있는 것이라 하더라도 그것을 받고 나서 마음이 편치 않을 것이다. 마음이 편치 않다면 억지로 그것을 받아서는 안 된다. 맹자가 말하였다. "하지 않아야 한다고 여겨지는 일은 하지 말고, 바라지 않아야 한다고 여겨지는 일은 바라지 말아야 한다." 이것이 의로움을 행하는 방법인 것이다.

居家[239]貧窶[240]면, 則必爲[241]貧窶所困[242]하여, 失[243]其所守[244]者이, 多矣니라. 學者는, 正[245]當於此處[246]에, 用功[247]이니라. 古人曰[248]; 窮[249]視[250]其所不爲[251]하고, 貧[252]視其所不取[253]하라 하니라. 孔子曰[254]; 小人窮斯[255]濫[256]矣라 하시니라. 若動於貧窶[257]하여, 而不能行義[258]면,

---

239 居家(거가): 집에서 지내는 것, 집안 살림살이.
240 貧窶(빈구): 가난하고 구차한 것, 가난한 것.
241 必爲(필위): 반드시 … 때문에.
242 所困(소곤): 곤경에 놓이다, 어려움을 당하다.
243 失(실): 잃다.
244 所守(소수): 지키고 있는 것, 지키려는 것, 지키는 절조.
245 正(정): 바로.
246 當於此處(당어차처): 이곳에 대해, 여기에 대해, 이 문제에 대해.
247 用功(용공): 힘쓰다, 노력하다, 공부하다.
248 古人曰(고인왈): 옛날 사람이 말하였다. 이 말은 사마천(司馬遷)의 『사기(史記)』위세가(魏世家)에 보이는 이극(李克)이 위문후(魏文侯)와의 대화에서 한 말이다.
249 窮(궁): 궁할 때, 궁한 사람, 어려운 처지의 사람.
250 視(시): 보다, 보면 그에 대해 알 수가 있다는 뜻으로 쓰이고 있음.
251 其所不爲(기소불위): 그가 하지 않는 일.
252 貧(빈): 가난함, 가난한 사람.
253 其所不取(기소불취): 그가 갖지 않는 것, 그가 받지 않는 것.
254 孔子曰(공자왈): 공자께서 말씀하셨다. 『논어』위령공(衛靈公)편에 보이는 말임.
255 斯(사): 이에, 곧.
256 濫(람): 함부로 행동하다, 어지러워지다.

則焉用²⁵⁹學問爲²⁶⁰哉리오?

凡²⁶¹辭受²⁶²取與²⁶³之際²⁶⁴엔, 必精思²⁶⁵義與非義²⁶⁶하여, 義則取之하고, 不義則不取니라. 不可毫髮²⁶⁷放過²⁶⁸니라.

若朋友²⁶⁹면, 則有通財之義²⁷⁰니, 所遺²⁷¹皆當受²⁷²니라. 但²⁷³我非乏²⁷⁴이로되, 而遺以米布²⁷⁵면, 則不可受也니라. 其他²⁷⁶相識者²⁷⁷는, 則只受²⁷⁸其有名之饋²⁷⁹하되, 無名²⁸⁰則不可受也니라. 所謂有名者²⁸¹는,

---

257 動於貧窶(동어빈구): 가난함과 구차함에 움직이다, 가난하고 구차한 처지에 밀리다.
258 行義(행의): 의로움을 행하다, 정의를 실천하다.
259 焉用(언용): 어디에 쓰겠는가? 무엇에 쓰겠는가?
260 學問爲(학문위): 학문을 하는 것, 공부를 하는 것.
261 凡(범): 모든, 여러 가지, 무릇.
262 辭受(사수): 사양하는 것과 받아들이는 것, 사절하는 것과 받는 것.
263 取與(취여): 받는 것과 주는 것, 남이 주는 것을 받는 것과 남에게 주는 것.
264 際(제): …할 때, …할 경우.
265 精思(정사): 자세히 생각하다, 골똘히 생각하다.
266 非義(비의): 의로움이 아닌 것, 정의가 아닌 것.
267 毫髮(호발): 가는 터럭과 머리카락, 극히 작은 것을 가리킴.
268 放過(방과): 놓치고 지나쳐 버리는 것, 소홀히 하는 것, 가벼이 다루는 것.
269 朋友(붕우): 친구, 동료들.
270 通財之義(통재지의): 재물을 서로 융통하는 의리, 재물을 서로 융통해 주어야 할 의리.
271 所遺(소유): 보내오는 것, 보내 주는 물건.
272 當受(당수): 마땅히 받아야 한다.
273 但(단): 다만, 그러나.
274 非乏(비핍): 궁핍하지 않은 것, 경제적으로 어렵지 않은 것.
275 米布(미포): 쌀과 천, 곡식과 옷감, 먹거리와 입을 거리.
276 其他(기타): 그 밖의.
277 相識者(상식자): 서로 알고 지내는 사람.
278 只受(지수): 오직 …을 받다, 다만 …은 받다.
279 饋(궤): 보내 주는 음식, 선물.

賻喪²⁸²과, 贐行²⁸³과, 助婚禮²⁸⁴와, 周飢乏²⁸⁵之類²⁸⁶是也니라.

若是大段²⁸⁷惡人으로, 心所鄙惡者²⁸⁸면, 則其饋雖有名이라도, 受之²⁸⁹ 心必不安²⁹⁰이니라. 心不安이면, 則不可抑²⁹¹而受之也니라. 孟子曰²⁹²; 無爲²⁹³其所不爲²⁹⁴하고, 無欲²⁹⁵其所不欲²⁹⁶하라 하니라. 此是²⁹⁷行義之 法²⁹⁸也니라.

---

280 無名(무명): 명분이 없는 것, 선물을 받아도 좋은 연고가 없는 것.
281 有名者…是也(유명자…시야): 명분이 있다는 것이란 …같은 것이다, 명분이 있는 것은 … 이다.
282 賻喪(부상): 상사(喪事)에 부의(賻儀)를 내는 것, 장례를 지내는 이에게 도움이 될 물건이나 돈을 보내 주는 것.
283 贐行(신행): 멀리 여행을 떠나는 이에게 잘 다녀오라는 뜻에서 노자를 보태 주는 것.
284 조혼례(助婚禮): 결혼을 돕는 것, 결혼식을 올리는 이에게 도움이 될 선물이나 돈을 보내 주는 것.
285 周飢乏(주기핍): 굶주리고 궁핍한 것을 돌보아 주는 것, 굶주리는 가난한 사람들을 도와주는 것.
286 類(류): 종류, … 같은 일들, … 같은 종류의 것.
287 大段(대단): 대단한, 무척 큰.
288 心所鄙惡者(심소비오자): 마음으로 형편없다고 미워하고 있는 자, 마음으로 천하게 여기고 미워하고 있는 자.
289 受之(수지): 그것을 받으면, 그것을 받고서.
290 心必不安(심필불안): 마음이 반드시 편치 않다, 마음이 반드시 불안하다.
291 抑(억): 억누르고, 억지로.
292 孟子曰(맹자왈):『맹자』진심(盡心) 상(上)편에 보이는 말임.
293 無爲(무위): …을 하지 마라.
294 其所不爲(기소불위): 그가 하지 말아야 한다고 생각하던 일, 본시 그가 하지 않으려던 일. 자신이 옳지 않다고 여겨지는 일을 말한다.
295 無欲(무욕): 바라지 마라, 욕심내지 마라.
296 其所不欲(기소불욕): 그가 바라지 말아야 한다고 생각하던 일, 본시 그가 바라지 않던 일.
297 此是(차시): 이것이 …이다.
298 行義之法(행의지법): 의로움을 행하는 방법, 의로운 일을 실천하는 방법.

해설 여기서는 공부하는 사람이 물자나 돈을 대하는 방법에 대해 설명하고 있다. 공부를 하고 올바로 살아가려는 사람은 가난함과 부유함에 대한 생각에서 벗어나야 한다. 언제나 의로운 길을 따라 살아야 한다. 의롭지 않은 돈이나 물건이라면 손도 대지 말아야 한다. 끝머리에서 맹자의 "하지 않아야 한다고 여겨지는 일은 하지 말고, 바라지 않아야 한다고 여겨지는 일은 바라지 말아야 한다"는 말을 인용하고 있는데, 맹자가 말한 "하지 않아야 한다고 여겨지는 일"과 "바라지 않아야 한다고 여겨지는 일"이란 바로 맹자가 언제나 강조하고 있는 '어질지 않은 일'과 '의롭지 않은 일'을 두고 말한 것이다.

10

중국에서는 여러 고을의 수령들이라면 개인적으로 쓸 수 있는 예산이 있다. 그러므로 그 중 남는 것을 모아 두었다가 사람들이 다급해졌을 때 돌보아 줄 수가 있다. 우리나라는 수령이라 하더라도 개인적으로 쓸 수 있는 예산이 달리 없어서 오직 나라의 곡식으로 일상적인 쓰임에도 충당해야 한다. 그러나 만약 사사로이 다른 사람들에게 그것을 주었다면 많고 적은 것을 따지지 않고 모두 죄를 저지른 게 되어 징계를 받으며, 심지어는 공물 횡령죄를 범하게 된다. 그것을 받은 사람도 역시 그런 벌을 받게 된다.

선비로서 수령의 선물을 받았다면 바로 그것은 금하는 법을 어긴 것이 된다. 옛날에는 어느 나라에 들어가면 금하는 법에 대해 알아보았다. 그렇게 한다면 그 나라에 사는 사람들이 어찌 금하는 법을 어기게 되겠는가? 수령의 선물은 술과 고기와 음식 이외의 쌀이나 콩 같은 종류의 것은 그 사람과 친하고 친하지 않은 것이나 명분이 있고 없는 것, 또는 물건이 많고 적은 것을 따지지 말고 모두 받아서는 안 되는 것이다.[만약 교분이 두터운 고을의 수령이 관청 안의 개인적으로 쓸 수 있는 재물로 다급한 사정을 도와주는 것이라면 받아도 될지 모른다.]

　　中朝[299]則列邑[300]之宰[301]이, 有私俸[302]이니, 故로 推其餘[303]하여, 可以 周人之急[304]矣니라. 我國則守令[305]이. 別無[306]私俸하여, 只以公穀[307]으로, 應[308]日用[309]之需하니라. 而若私與[310]他人[311]이면, 則不論[312]多少하

299　中朝(중조): 중국.
300　列邑(열읍): 여러 고을.
301　宰(재): 책임지고 다스리는 사람, 수령.
302　私俸(사봉): 개인적으로 쓸 수 있는 예산. 직역하면 '사사로운 봉급', 곧 '개인이 받는 봉급'의 뜻이나, 관리들의 봉급은 모두 개인적으로 받아 쓰는 것이기 때문에 그렇게 번역하면 뜻이 통하지 않는다. 우리나라 고을 수령들도 봉급은 개인적으로 받아 자기 생활비로 썼을 것이기 때문이다.
303　推其餘(추기여): 그 나머지를 미루어 놓는 것, 쓰고 남는 것을 저축해 두는 것.
304　周人之急(주인지급): 사람들이 위급할 때 돌보아 주다, 사람들이 다급한 것을 도와주다.
305　守令(수령): 고을을 책임지고 다스리는 사람, 고을을 다스리는 관청의 우두머리.
306　別無(별무): 달리 …이 없다, 따로 …이 없다.
307　公穀(공곡): 공용의 곡식, 나라의 곡물.
308　應…之需(응…지수): …의 수요에 응하다, …의 쓰임에 충당하다.

고, 皆有罪譴³¹³이요, 甚則³¹⁴至於犯贓³¹⁵이니라. 受者亦然³¹⁶이니라.

爲士³¹⁷而受守令之饋면, 則是乃³¹⁸犯禁³¹⁹也니라. 古者엔, 入國而問禁³²⁰이니라. 則居國者이, 豈可³²¹犯禁乎아? 守令之饋는, 除³²²酒肉³²³飮食外에, 若米菽³²⁴之類는, 則不論人之親疏³²⁵와, 名之有無와, 物之多寡³²⁶하고, 皆不可受也니라. [若分厚³²⁷邑宰이, 以衙³²⁸中私財³²⁹周急³³⁰이

309 日用(일용): 일상적으로 쓰이는, 늘 쓰이는.
310 私與(사여): 사사로이 주다, 개인적으로 주다.
311 他人(타인): 다른 사람들.
312 不論(불론): …을 논하지 않다, …을 따지지 않다.
313 罪譴(죄견): 죄를 지은 데 대한 견책, 범죄에 대한 징계.
314 甚則(심즉): 심할 때는, 심지어는.
315 犯贓(범장): 장물죄를 짓다, 공물 횡령죄를 짓다.
316 亦然(역연): 역시 그러하다. 역시 공물 횡령죄를 지은 사람과 같은 벌을 받게 된다는 뜻.
317 爲士(위사): 선비가 되어, 선비로서.
318 則是乃…也(즉시내…야): 곧 그것은 바로 …이 된다.
319 犯禁(범금): 금하는 것을 범하다, 금하는 법을 어기다.
320 問禁(문금): 금하는 것을 묻다, 금하는 법에 대해 알아보다.
321 豈可…乎(기가…호): 어찌 가히 …하겠는가? 어찌 …할 수 있겠는가?
322 除…外(제…외): …을 빼고 나서, …을 제외하고.
323 酒肉(주육). 술과 짐승 고기. 옛날에 임금이나 수령들은 큰 제사를 지내고 나서는 제사에 썼던 많은 술과 고기와 음식 같은 것을 밑의 사람들에게 나누어 주도록 되어 있었다. 이 때문에 수령이 주는 술과 고기와 음식 같은 것은 받아도 문제가 되지 않았을 것이다.
324 米菽(미숙): 쌀과 콩.
325 親疏(친소): 관계가 친밀한 사람과 소원한 사람, 친한 사람과 친하지 않은 사람.
326 多寡(다과): 많은 것과 적은 것.
327 分厚(분후): 친분(親分)이 두터운 것, 친한 관계가 무척 두터운 것.
328 衙(아): 관아(官衙), 관청.
329 私財(사재): 사사로이 쓸 수 있는 재물, 개인적으로 쓸 수 있는 재물.
330 周急(주급): 다급한 것을 돌보아 주다, 위급한 것을 도와주다.

면, 則或可受³³¹也니라.]
즉 혹 가 수   야

> **해설**
> 한 고을의 수령이 재물로 남을 도와주는 방법을 논하면서, 공부하는 선비가 수령들의 선물을 가려 받아야 함을 설명하고 있다. 현대 생활과는 무관한 대목이다. 이 제8장 「집안에서 생활하는 법(居家)」 중에서도 실지로 공부를 시작하는 젊은 사람에게 도움이 될 말은 제3절의 형제 관계를 얘기한 대목 정도이고, 나머지는 모두 공부한 성인들이 지켜야만 할 몸가짐이다.

---

331 或可受(혹가수): 혹은 받을 수 있다, 혹 받아도 괜찮을 것이다. 단정적인 표현이 아님.

제9장

사람들과 사귀는 법

接人

1

대체로 사람들과 사귈 때는 마땅히 부드럽고 공경스럽도록 힘써야 한다. 나이가 갑절이나 많다면 곧 아버지처럼 그 분을 섬겨야 한다. 나이가 10년이 위라면 곧 그 분을 형님처럼 섬겨야 한다. 나이가 5년이 위라고 해도 역시 어느 정도 공경스런 태도를 취해야 한다. 가장 해서는 안 될 짓은 자기 학문을 믿고 스스로 잘난 체하고 기운을 자랑하며 남을 업신여기는 것이다.

接人
접인

凡接人¹엔, 當務²和敬³이니라. 年長⁴以倍⁵면, 則父事之⁶니라. 十年
범접인   당무 화경   연장 이배   즉부사지   십년

以長[7]이면, 則兄事之니라. 五年以長이라도, 亦稍[8]加敬[9]이니라. 最不可[10]
는, 恃學[11]自高[12]하고, 尙氣[13]凌人[14]이니라.

> **해설**
> 사람들을 대하는 법, 특히 자기보다 나이가 많은 사람들을 대하는 법에 대해 쓰고 있다. 그리고 끝머리에서 남을 대할 때 남들 앞에서 잘난 체하거나 남을 업신여기는 태도를 가져서는 안 된다는 것은 지금 사람들도 귀담아 들어야 할 대목이다.

2

벗을 사귀는 데 있어서는 반드시 공부를 좋아하고 착한 것을 좋아

---

1 接人(접인): 사람들을 대하는 것, 사람들과 사귀는 것.
2 當務(당무): 마땅히 …에 힘써야 한다.
3 和敬(화경): 온화함과 공경스러움, 부드럽고 공경스러운 것.
4 年長(연장): 나이가 어른인 것, 나이가 많은 것.
5 以倍(이배): 배가 되다, 두 배.
6 父事之(부사지): 아버지처럼 그를 섬기다, 자기 아버지를 섬기듯이 그를 섬기다.
7 以長(이장): 나이가 많다, 어른 벌이 되다.
8 亦稍(역초): 역시 약간, 역시 어느 정도.
9 加敬(가경): 공경을 가하다, 존경을 하다. 가장 불가한 것은.
10 最不可(최불가): 가장 그렇게 해서는 안 되는 것은, 가장 불가한 것은.
11 恃學(시학): 학문을 믿다, 배운 것을 믿다.
12 自高(자고): 스스로 높은 체하다, 스스로가 잘난 체하다.
13 尙氣(상기): 기운을 내세우다, 기운을 자랑하다.
14 凌人(능인): 사람을 능멸하다, 남을 업신여기다.

하며 바르고 엄격하고 곧고 성실한 사람을 가려야 한다. 그들과 함께 지내면서 그들의 법도와 삼가는 일을 겸허하게 받아들여 나의 모자라는 점을 없애야 한다. 만약 게으름이나 피우고 놀기 좋아하며 줏대 없이 아양이나 떠는 곧지 않은 자들이라면 사귀어서는 안 된다.

擇友[15]엔, 必取[16] 好學好善하고, 方嚴[17] 直諒[18] 之人이니라. 與之[19] 同處[20]하여, 虛受[21] 規戒[22]하여, 以攻[23] 吾闕[24]이니라. 若[25] 其怠惰[26] 好嬉[27]하고, 柔佞[28] 不直者[29]는, 則不可交[30]也니라.

벗을 사귀는 방법을 가르치고 있다. 바르고 훌륭한 벗을 사

---

15 擇友(택우): 친구를 가리다, 벗을 가려 사귀다.
16 必取(필취): 반드시 취하다, 반드시 가려내다.
17 方嚴(방엄): 바르고 엄격하다, 올바르고 엄정하다.
18 直諒(직량): 곧고 성실하다, 곧고 신의가 있다.
19 與之(여지): 그들과 더불어.
20 同處(동처): 함께 지내다, 함께 생활하다.
21 虛受(허수): 겸허한 마음으로 받아들이다, 겸히히게 받다.
22 規戒(규계): 계율(戒律), 법도와 삼가는 일.
23 以攻(이공): …으로써 공격하다, …으로 없애다, …으로 바로잡다.
24 吾闕(오궐): 나의 모자라는 점, 나의 결점, 나의 잘못.
25 若(약): 만약, …같은 것은.
26 怠惰(태타): 게으른 것, 게으름 피우는 것.
27 好嬉(호희): 노는 것을 좋아하다, 장난치고 놀기를 좋아하다.
28 柔佞(유녕): 부드럽게 아첨하다, 줏대 없이 아양 떨다.
29 不直者(부직자): 곧지 않은 자, 정직하지 않은 자.
30 交(교): 사귀다, 교제하다.

귀어야 자기도 벗을 본받아 바르고 훌륭한 사람이 된다는 것이다.

3

한 고장 사람 중에 훌륭한 사람은 반드시 친하고 가깝게 지내면서 정을 서로 통해야 하지만, 한 고장 사람 중에 나쁜 자라 하더라도 역시 나쁜 말을 하며 그의 좋지 못한 행동을 드러내서는 안 된다. 다만 그런 자들은 아무 일도 없는 듯이 대하며 서로 왕래하지 말아야 한다. 만약 그전부터 서로 알고 지내는 자라면 만났을 때 오직 인사만 하고 다른 말은 주고받지 않는다면 자연히 점차 관계가 멀어질 것이고, 또 원망이나 노여움을 사게 되지 않을 것이다.

鄕人[31]之善者는, 則必須親近[32]通情[33]하되, 而鄕人之不善[34]者는, 亦不可惡言[35]揚[36]其陋行[37]이니라. 但[38]待之[39]泛然[40]하고, 不相往來니라. 若前日相知者[41]면, 則相見[42]只敍寒暄[43]하고, 不交他語[44]면, 則自當[45]

---

31 鄕人(향인): 고을 사람, 한 고장에 사는 사람.
32 親近(친근): 친하고 가까운 것, 친하고 가깝게 지내는 것.
33 通情(통정): 정을 통하다, 정을 나누다.
34 不善(불선): 착하지 않은 것, 훌륭하지 않은 것, 곧 나쁜 것.
35 惡言(악언): 악한 말을 하다, 나쁘게 말하다.
36 揚(양): 드날리다, 드러내다.
37 陋行(루행): 비루한 행동, 나쁜 행실.
38 但(단): 다만.
39 待之(대지): 그들을 상대하다, 그들을 대하다.
40 泛然(범연): 아무 일도 없는 것 같은 모양, 별 일이 아닌 것 같은 모양.

漸疎⁴⁶로되, 亦不至⁴⁷於怨怒⁴⁸矣⁴⁹니라.

> **해설** 같은 고장에 사는 사람들을 대하는 방법을 가르치고 있다. 특히 그 고장 사람 중에서도 나쁘다고 생각되는 사람을 대하는 방법을 힘주어 설명하고 있다.

4

 같은 소리는 서로 호응하고, 같은 기운은 서로 찾아간다. 만약 내가 공부하는 데 뜻을 두었다면 곧 나는 반드시 공부하는 선비를 찾을 것이고, 공부하는 선비들도 반드시 나를 찾게 될 것이다. 말로는 공부를 한다고 하면서도 그의 집안에 잡된 사람들이 많이 모여 시끄럽게 나날을 보내는 사람이라면 반드시 그가 즐기는 일이 공부하는 데 있지 않기 때문일 것이다.

---

41 相知者(상지자): 서로 알았던 사람, 서로 알고 지내던 사람.
42 相見(상견): 서로 보다, 서로 만나다.
43 敍寒暄(서한훤): 날씨가 춥고 더운 것을 말하며 인사를 하다, 인사를 하다.
44 交他語(교타어): 다른 말을 주고받다.
45 自當(자당): 자연히 …하게 될 것이다, 스스로 마땅히.
46 漸疎(점소): 점차 관계가 멀어지다, 점점 소원해지다.
47 不至(부지): …에 이르지 않다, …하게 되지 않다.
48 怨怒(원노): 원망과 노여움.
49 矣(의): 조사로, 글귀 끝머리에 붙어 그 말의 단정적인 성격을 나타낸다.

同聲相應[50]하고 同氣相求[51]라 하니라. 若我志於學問[52]이면, 則我必
동성상응   동기상구   약아지어학문   즉아필

求[53]學問之士하고, 學問之士亦必求我矣니라. 彼[54]名爲[55]學問이로되,
구 학문지사   학문지사역필구아의   피 명위 학문

而門庭[56]多雜客[57]하여, 喧囂[58]度日[59]者라면, 必[60]其所樂[61]이, 不在學問
이문정 다잡객   훤효 도일 자   필 기소락   부재학문

故也니라.
고 야

> **해설**
> 다시 공부에 뜻을 둔 사람이 벗을 사귀는 법을 가르치고 있다. 진심으로 공부에 뜻을 둔 사람은 자연스럽게 공부에 뜻을 둔 사람들과 사귀게 됨을 강조하고 있다.

---

50 同聲相應(동성상응): 같은 소리는 서로 호응한다. 새벽에 한 마리의 닭이 울면 다른 닭도 따라서 우는 것 같은 것을 말한다.
51 同氣相求(동기상구): 같은 기운은 서로 찾아간다. 바닷물이 밀물로 찼다가 썰물로 빠졌다 하는 것이 하늘의 달이 차고 기우는 기운을 따라 그렇게 되는 것 같은 일을 말한다. 이 두 구절은 『역경(易經)』 건괘(乾卦)의 문언전(文言傳)에 보이는 말을 인용한 것이다.
52 志於學問(지어학문): 학문에 뜻을 두다, 공부하는 데 뜻을 두다.
53 必求(필구): 반드시 구하다, 반드시 찾다.
54 彼(피): 저 사람, 말로만 공부한다고 하는 사람을 가리킨다.
55 名爲(명위): 이름을 삼다, 명분을 삼다, 말로만 하다.
56 門庭(문정): 문 안의 뜰, 집안.
57 雜客(잡객): 잡된 나그네, 잡된 사람들.
58 喧囂(훤효): 시끄러운 것, 떠들썩한 것.
59 度日(도일): 날을 보내다, 나날을 보내다.
60 必…故也(필…고야): 반드시 …하는 까닭이다.
61 所樂(소락): 즐기는 것, 즐기는 일.

5

　대체로 절하고 인사하는 예법은 미리 정해져 있다고 할 수가 없다. 대체로 아버지의 가까운 벗이라면 마땅히 절을 해야 한다. 동네의 나이가 열다섯 살 이상 위의 사람이라면 마땅히 절을 해야 한다. 벼슬하는 지위가 당상(堂上)이고 나보다 10년 이상 나이가 위의 사람에게도 마땅히 절을 해야 한다. 한 고을 사람으로 나이가 20년 이상 나이가 많은 사람이면 마땅히 절을 해야 한다. 그러나 그들과의 사이의 높고 낮은 관계와 여러 가지 사정은 때에 따라 알맞게 조절해야지 반드시 이러한 예법에 얽매일 필요는 없는 것이다. 다만 언제나 자기는 낮추고 남은 존중해 주려는 마음을 가슴속에 지니고 있어야만 한다. 『시경(詩經)』에 이렇게 읊고 있다. "부드럽고 따스하고 남에게 공손하니, 바로 덕의 터전이 되네."

　凡拜揖[62]之禮는, 不可預定[63]이라. 大抵[64]父之執友[65]면, 則當拜[66]니라. 洞內[67]年長[68]十五歲以上者면, 當拜니라. 爵階[69]堂上[70]이요, 而長

---
62 拜揖(배읍): '배'는 절을 하는 것, '읍'은 두 손을 마주잡고 허리를 굽혀 인사하는 것.
63 預定(예정): 미리 정해 놓다.
64 大抵(대저): 대체로.
65 執友(집우): 가까운 벗, 뜻이 맞는 친구.
66 當拜(당배): 마땅히 절을 해야 한다.
67 洞內(동내): 마을 안의, 동네의.
68 年長(연장): 나이가 많은 것, 나이가 위인 것.
69 爵階(작계): 벼슬의 높이, 벼슬하는 지위.
70 堂上(당상): 당상관(堂上官). 문관은 통정대부(通政大夫), 무관은 절충장군(折衝將軍)인 정삼품(正三品) 이상 벼슬의 사람들.

於我十年以上者면, 當拜니라. 鄉人[71]年長二十歲以上者면, 當拜니라.

而[72]其間[73]高下曲折[74]은, 在隨時[75]節中[76]이니, 亦不必拘[77]於此例[78]니라.

但[79]常以自卑[80]尊人[81]底[82]意思[83]를, 存諸胸中[84]可也니라. 詩曰[85]: 溫溫[86]

恭人[87]하니, 惟[88]德之基[89]로다.

> **해설** 여기서는 남을 대하는 예법을 설명하고 있다. 가장 중요한 것은 맨 끝머리에 "언제나 자기는 낮추고 남은 존중해 주려

---

71 鄉人(향인): 고을 사람, 한 고을 사람.
72 而(이): 그러나.
73 其間(기간): 그들 사이, 자기와 그들 사이의 관계.
74 曲折(곡절): 여러 가지 사정, 복잡한 관계.
75 在隨時(재수시): 그때그때에 따라, 그때의 사정에 따라서.
76 절중(節中): 알맞게 조절하다.
77 拘(구): 얽매이다, 구애를 받다.
78 此例(차례): 이러한 제도, 이러한 예절.
79 但(단): 다만, 그러나.
80 自卑(자비): 자기를 낮추다, 자신을 낮게 여기다.
81 尊人(존인): 다른 사람을 높이다, 남을 존경하다.
82 底(저): …하는. 지(之)와 비슷한 조사.
83 意思(의사): 생각, 뜻.
84 存諸胸中(존저흉중): 가슴속에 두다, 가슴속에 간직하다. '저(諸)'는 조사 '지어(之於)'를 합쳐 놓은 것과 같은 뜻과 음을 지닌다, 곧 '…을 …에'의 뜻을 나타낸다.
85 詩曰(시왈): 『시경』에 말하였다, 『시경』에 읊었다. 이 구절은 『시경』 대아(大雅) 억(抑) 시에 보임.
86 溫溫(온온): 부드럽고 따스한 모양.
87 恭人(공인): 남에게 공손한 것.
88 惟(유): 조사로 강조하는 역할을 함.
89 基(기): 터전, 기초.

는 마음을 가슴속에 지니고 있어야만 한다"는 가르침이다.

6

　나를 헐뜯고 비난하는 사람이 있다면 반드시 돌이켜 스스로 반성해야 한다. 만약 내게 실지로 욕먹을 만한 행위가 있었다면 곧 스스로를 책망하고 마음속으로 자기를 꾸짖어 잘못을 바로잡는 일을 서슴지 말아야 한다. 만약에 나의 잘못이 매우 적다고 하더라도 그대로 늘려지고 보태질 수가 있는 것이니, 곧 그의 말이 비록 지나쳤다 하더라도 내게 진실로 비난을 받을 근거가 있는 것임으로 마땅히 이전의 잘못을 깨끗이 없애 버려 터럭 끝만큼도 남겨두지 않아야 한다. 만약 내게는 근본적으로 잘못이 없고 그가 거짓말을 만들어 낸 것이라면 곧 그자는 망령된 자에 불과할 따름인 것이다. 망령된 자와 어찌 거짓이냐 진실이냐를 따질 수가 있겠는가?
　또한 그자의 거짓된 비난은 바람이 귀를 스쳐가는 것과도 같고 구름이 공중에 지나가는 것이나 같은 것이니 나와 무슨 상관이 있겠는가? 대체로 이와 같이 헐뜯고 비난하는 말을 듣게 되더라도 비난 받을 일이 있을 때는 그것을 고치고, 비난 받을 일이 없을 때는 더욱 바르게 힘쓴다면 나에게 이롭게 되지 않는 일이 없을 것이다. 만약 자기가 잘못했다는 말을 듣고 스스로 그것을 변명하고 두려워하면서 잘 대처하지 못하고 반드시 자기 자신을 잘못이 없는 처지에 돌려놓으려 한다면 그의 잘못은 더 심해지고 비난도 받는 것이 더욱 무거워질 것이다.

옛날에 어떤 이가 비난을 받지 않는 방법을 묻자, 문중자는 "자신을 닦는 것만 한 것이 없다"고 대답하였다. 좀 더 가르쳐 달라고 요청하자 "자기를 변명하지 않아야 한다"고 말했다 한다. 이 말이야말로 공부하는 사람의 법도가 될 수 있는 것이다.

人有毁谤[90]我者면, 則必反[91]而自省[92]이니라. 若[93]我實[94]有可毁[95]之行이면, 則自責[96]內訟[97]하여, 不憚[98]改過[99]니라. 若我過[100]甚微[101]라도, 而增衍[102]附益[103]이리니, 則彼言[104]雖過[105]로되, 我實有[106]受謗之苗脈[107]이

---

90 毁谤(훼방): 헐뜯고 비난하다, 욕하다, 비난하다.
91 反(반): 돌이켜, 되돌려.
92 自省(자성): 스스로 반성하다, 자신에 대해 반성하다.
93 若(약): 만약. …일 것 같으면.
94 實(실): 사실, 실지로, 정말로.
95 可毁(가훼): 욕먹을 만한, 비난 받을 만한.
96 自責(자책): 스스로를 책망하다, 자기 자신의 책임으로 돌리다.
97 內訟(내송): 마음속으로 자기 자신을 꾸짖는 것.
98 不憚(불탄): 꺼리지 않다, 서슴지 않는 것.
99 改過(개과): 잘못을 고치다, 잘못을 바로잡다.
100 我過(아과): 나의 잘못, 나의 과실.
101 甚微(심미): 매우 적다, 매우 미세하다.
102 增衍(증연): 늘리다, 늘려 많아지게 하다.
103 附益(부익): 보태다, 보태어 더 많아지게 하다.
104 彼言(피언): 그의 말, 자기를 비난하는 말을 가리킴.
105 雖過(수과): 비록 지나치다 하더라도.
106 實有(실유): 실지로 있다, 실지로 갖고 있다.
107 受謗之苗脈(수방지묘맥): 비난을 받을 근거, 비난을 받게 될 싹. '묘맥'은 식물의 싹, 또는 일의 실마리.

니, 亦當剗鋤[108]前愆[109]하여, 不留[110]毫末[111]이니라. 若我本無過[112]로되,

而捏造[113]虛言[114]이면, 則此不過[115]妄人[116]而已[117]이니라. 與妄人으로,

何足[118]計較[119]虛實[120]哉아?

且彼之虛謗[121]은, 與風之過耳[122]요, 雲之過空[123]이니, 於我[124]何與[125]

哉아? 夫如是[126]則毁謗之來라도, 有則改之[127]하고, 無則加勉[128]하면,

莫非[129]有益於我[130]也니라. 若聞過[131]하고, 自辨[132]嘵嘵然[133]하여, 不

---

108 剗鋤(잔서): 잘라내고 뽑아 버리는 것, 없애 버리는 것.
109 前愆(전건): 이전의 잘못.
110 不留(불류): 남겨두지 않다.
111 毫末(호말): 터럭 끝, 지극히 작은 것을 형용하는 말.
112 本無過(본무과): 본시 잘못이 없다, 근본적으로 잘못한 것이 없다.
113 捏造(날조): 거짓으로 만들다, 근거 없이 만들어 내다.
114 虛言(허언): 헛된 말, 거짓말.
115 不過(불과): …에 지나지 않는다, …일 따름이다.
116 妄人(망인): 망령된 사람, 사리를 전혀 분간 못 하는 사람.
117 而已(이이): …일 따름이다, …일 뿐이다.
118 何足(하족): 어찌 충분하겠는가? 어찌 할 만하겠는가? 어찌해야 되겠는가?
119 計較(계교): 따지고 견주어 보다, 따지다.
120 虛實(허실): 거짓과 진실, 거짓인가 진실인가.
121 虛謗(허방): 거짓된 비난, 근거도 없는 욕.
122 風之過耳(풍지과이): 바람이 귀를 스쳐가는 것, 바람이 귀를 지나가는 것.
123 雲之過空(운지과공): 구름이 허공을 지나가는 것, 구름이 하늘을 떠가는 것.
124 於我(어아): 나에게, 나에 대해.
125 何與(하여): 무슨 상관이 있는가? 무슨 관련이 있는가?
126 夫如是(부여시): 대체로 이와 같이, 대체로 이와 같이 함으로써.
127 有則改之(유즉개지): 있으면 곧 그것을 고치다, 비난 받을 일이 있다면 바로 그것을 바로잡다.
128 無則加勉(무즉가면): 없어도 곧 더욱 힘쓰다, 비난받을 일이 없다 해도 바로 더욱 할 일에 힘쓰다.
129 莫非(막비): …아닌 경우가 없다, 언제나 …하다, 반드시 …하게 된다.

置¹³⁴하고, 必欲置身¹³⁵於無過之地¹³⁶면, 則其過愈甚¹³⁷하여, 而取謗¹³⁸益重¹³⁹矣니라.

昔者¹⁴⁰에, 或問止謗之道¹⁴¹하니, 文中子¹⁴²曰, 莫如¹⁴³自修¹⁴⁴라 하니라. 請益¹⁴⁵하니, 曰, 無辨¹⁴⁶이라 하니라. 此言可爲¹⁴⁷學者之法이니라.

 다른 사람들이 자신을 비판하거나 욕했을 때 대처하는 방

---

130 有益於我(유익어아): 나에게 이롭다, 나에게 유익하다.
131 聞過(문과): 잘못을 듣다, 잘못했다는 말을 듣다.
132 自辨(자변): 스스로 변명하다, 자신을 변명하다.
133 嚆嚆然(효효연): 두려워하는 모양.
134 不置(불치): 그대로 두지 않다, 놓아두지 않다.
135 置身(치신): 몸을 두다, 자신을 자리 잡게 하다.
136 無過之地(무과지지): 잘못이 없는 처지, 허물이 없는 위치.
137 其過愈甚(기과유심): 그 잘못이 더욱 심해지다.
138 取謗(취방): 비난을 받는 것, 욕을 먹는 것.
139 益重(익중): 더욱 무거워지다, 가중되다.
140 昔者(석자): 옛날.
141 止謗之道(지방지도): 비난을 중지시키는 도리, 비난을 받지 않는 방법, 욕을 먹지 않는 법. 『위지(魏志)』 권 27 왕창전(王昶傳)에 이 말이 보이며, 사람들의 비난, 곧 훼방(毀謗)에 관한 논의가 실려 있다.
142 文中子(문중자): 수(隋)나라 때 왕통(王通, 584-618)의 죽은 뒤에 붙여진 시호(諡號). 용문(龍門) 사람, 자는 중엄(仲淹). 어려서부터 공부를 많이 했으나 물러나 제자들을 가르치는 데 힘써 많은 훌륭한 제자들을 길러 내었다. 저서로 『문중자중설(文中子中說)』이 전해지고 있다.
143 莫如(막여): …만한 것이 없다, …이 가장 좋다.
144 自修(자수): 스스로를 닦다, 스스로 수양하다.
145 請益(청익): 더 유익한 말을 해주기를 요청하다.
146 無辨(무변): 변명하지 마라, 변명이 없어야 한다.
147 可爲(가위): …이 될 수 있다, …으로 삼을 만하다.

법을 가르치고 있다. 남의 비난이나 비판에는 조금이라도 근거가 있는 것이 있고 전혀 근거도 없는 비난일 경우가 있다. 언제나 스스로를 잘 반성하고 자신을 닦는 일에 힘쓰라는 것이다.

7

일반적으로 선생님과 어른을 모실 기회가 있을 때는 이해하기 어려운 일의 뜻을 질문하여 자기가 공부하는 것을 밝혀야 한다. 자기 마을의 어른들을 모실 때는 조심하고 공손해야 하며, 함부로 말하지 말고, 묻는 말이 있으면 사실대로 공경히 대답해야 한다.

친구들과 어울릴 때는 마땅히 올바른 도리를 따라 얘기하고 토론하되 오직 글의 올바른 뜻에 대해서만 얘기해야 한다. 세상의 저속한 지저분한 얘기와 정치를 잘하고 못하는 일과 고을 수령이 잘한다 잘못한다는 말과 다른 사람이 잘못이 있다거나 악하다는 말은 일체 입에 담아서는 안 되는 것이다.

고을 사람들과 어울릴 때는 비록 묻는 데 따라 대답한다 하더라도 끝까지 지저분한 말이 나와서는 안 된다. 비록 점잖고 엄격하게 자기 몸 산수를 하되 절대로 잘난 체하는 기색이 있어서는 안 되며, 오직 좋은 말로 이끌고 도와주어 반드시 그를 공부하는 방향으로 이끌도록 해야 한다.

어린 사람들과 함께 할 때는 간곡히 부모에게는 효도를 하고 형제는 우애가 있어야 하고 남들에게는 성실하고 신의가 있어야 함을 일러주어 착한 마음이 발전하도록 해주어야 한다.

이렇게 끊임없이 하면 고을 풍속이 점점 변화할 것이다.

凡侍[148]先生長者[149]엔, 當質問[150]義理[151]難曉處[152]하여, 以明其學[153]이니라. 侍鄉長老[154]엔, 當小心[155]恭謹[156]하고, 不放言語[157]하며, 有問[158]則敬對[159]以實[160]이니라.

與朋友[161]處[162]엔, 當以道義[163]講磨[164]하되, 只談[165]文字[166]義理而已[167]니라. 世俗[168]鄙俚之說[169]과, 及時政[170]得失[171]과, 守令[172]賢否[173]와, 他

---

148 侍(시): 모시다, 시중하다.
149 長者(장자): 어른, 나이 많은 분.
150 質問(질문): 모르는 문제를 묻는 것.
151 義理(의리): 뜻과 이치.
152 難曉處(난효처): 이해하기 어려운 곳, 알기 어려운 곳. 여기의 '난'자가 율곡 선생이 직접 쓴 책에는 '수(雖)'로 되어 있으나 잘못 쓴 것이다.
153 其學(기학): 그의 공부, 그의 학문.
154 鄉長老(향장로): 마을의 어른. '장로'는 특히 나이도 많고 덕망도 있어서 존경받는 어른을 가리킨다.
155 小心(소심): 조심하는 것.
156 恭謹(공근): 공손하고 조심하는 것.
157 不放言語(불방언어): 말을 함부로 하지 않는 것, 말을 아무렇게나 하지 않는 것.
158 有問(유문): 묻는 것이 있으면, 질문이 있으면.
159 敬對(경대): 공경히 대답하다, 공손히 대답하다.
160 以實(이실): 사실을 가지고, 진실로써.
161 與朋友(여붕우): 친구들과 함께, 벗과 함께.
162 處(처): 어울리다, 자리를 함께 하다.
163 道義(도의): 올바른 도와 의리, 올바른 도리.
164 講磨(강마): 얘기하고 토론하다, 강론하고 연마하다.
165 只談(지담): 오직 …만을 얘기하다.
166 文字(문자): 글, 글과 글자.

人¹⁷⁴過惡¹⁷⁵은, 一切¹⁷⁶不可掛口¹⁷⁷니라.

與鄕人¹⁷⁸處엔, 雖隨問應答¹⁷⁹이로되, 而終¹⁸⁰不可發¹⁸¹鄙褻¹⁸²之言이니라. 雖莊栗¹⁸³自持¹⁸⁴로되, 而切¹⁸⁵不可存¹⁸⁶矜高之色¹⁸⁷이요, 惟當以善言¹⁸⁸誘掖¹⁸⁹하여, 必欲¹⁹⁰引而向學¹⁹¹이니라.

與幼¹⁹²者處엔, 當諄諄¹⁹³言孝悌忠信¹⁹⁴하여, 使發¹⁹⁵善心¹⁹⁶이니라.

---

167 而已(이이): …할 따름, …만을 하다.
168 世俗(세속): 세상의 저속한, 세상의 풍속.
169 鄙俚之說(비리지설): 천하고 속된 얘기, 지저분한 얘기.
170 時政(시정): 그때의 정치.
171 得失(득실): 잘하고 못한 것, 잘잘못.
172 守令(수령): 고을 다스리는 사람, 고을의 우두머리.
173 賢否(현부): 똑똑하고 똑똑하지 못한 것, 현명하게 잘하는 것과 잘못하는 것.
174 他人(타인): 다른 사람들.
175 過惡(과악): 잘못하는 것과 악한 것, 잘못과 악함.
176 一切(일체): 모든 것.
177 掛口(괘구): 입에 걸다, 입에 담다.
178 鄕人(향인): 자기가 사는 고장 사람.
179 隨問應答(수문응답): 묻는 데 따라서 대답하다, 묻는 대로 대답하다.
180 終(종): 끝내, 끝까지, 절대로.
181 發…言(발…언): …한 말을 하다.
182 鄙褻(비설): 속되고 음란한 것, 지저분한 것.
183 莊栗(장률): 점잖고 엄격한 것, 엄정한 것.
184 自持(자지): 자기 몸을 산수하다, 스스로를 유지하다.
185 切(절): 절대로.
186 不可存(불가존): 두고 있으면 안 된다, …이 있으면 안 된다.
187 矜高之色(긍고지색): 뽐내고 높이는 기색, 뽐내고 잘난 체하는 빛.
188 善言(선언): 좋은 말, 착한 말.
189 誘掖(유액): 돕고 이끌어 주는 것.
190 必欲(필욕): 반드시 …하려고 하다, 반드시 하고자 하다.
191 引而向學(인이향학): 이끌어 배움으로 향하게 하다, 공부하는 방향으로 이끌다.
192 幼者(유자): 어린 사람, 나이 적은 사람.

若此不已[197]면, 則鄕俗[198]漸可變[199]也니라.

> **해설** 이 대목에서는 선생님들과 어른들을 비롯해 친구들과 자기 마을 사람들 및 어린 사람들을 대하는 방법을 가르치고 있다. 어떤 사람과 어울리게 되든 바르고 성실하게 사람들을 대하라는 것이다.

8

언제나 온순하고 공손하며 사랑하고 아껴 주는 태도로 남에게 은혜를 베풀고, 일이나 물건을 잘 되게 해주려는 마음을 지녀야 한다. 남을 해치고 일이나 물건을 그르치는 것 같은 일은 터럭만큼도 마음 구석에 남겨 두어서는 안 된다. 보통 사람들은 자기를 이롭게 하려 하기 때문에 반드시 남과 일이나 물건을 해치게 된다. 그러므로 공부하는 사람은 먼저 이로움을 쫓는 마음을 끊어 버린 뒤에야 어

---

193 諄諄(순순): 간곡히, 차근차근.
194 孝悌忠信(효제충신): 부모에게 효도하는 것과 형제 사이에 우애가 있는 것과, 남들을 성실히(충실히) 대하는 것과, 남들에게 신의가 있는 것.
195 使發(사발): 펴게 하다, 발전케 하다, 발전시켜 주다.
196 善心(선심): 착한 마음, 훌륭한 마음.
197 若此不已(약차불이): 이렇게 하기를 그만두지 않다, 그치지 않고 이렇게 하다.
198 鄕俗(향속): 사는 고장의 풍속, 사는 고장의 습속.
199 漸可變(점가변): 점점 변할 수 있다, 점차 변하게 되다.

짊을 배울 수가 있게 되는 것이다.

常以溫恭[200]慈愛[201]하여, 惠人[202]濟物[203]로, 爲心[204]이니라. 若其侵人[205]害物[206]之事는, 則一毫[207]不可留[208]於心曲[209]이니라. 凡人[210]欲利於己[211]니, 必至[212]侵害人物[213]이니라. 故로 學者는, 先絶[214]利心[215]하면, 然後[216]可以學仁[217]矣니라.

---

200 溫恭(온공): 온순하고 공손한 것.
201 慈愛(자애): 사랑하고 아껴 주는 것.
202 惠人(혜인): 사람들에게 은혜를 끼치는 것, 남에게 혜택을 입히는 것.
203 濟物(제물): 물건과 일을 잘 되게 하는 것, 물건과 일을 도와주는 것. '물'은 사물(事物), 일과 물건을 모두 가리킴.
204 爲心(위심): 마음을 갖다, 마음을 지니다.
205 侵人(침인): 남을 해치다, 남에게 손해를 끼치다.
206 害物(해물): 물건과 일을 해치다, 일을 그르치다.
207 一毫(일호): 한 개의 가는 터럭.
208 留(류): 남기다.
209 心曲(심곡): 마음 한 구석, 마음속.
210 凡人(범인): 보통 사람들, 무릇 사람들은.
211 欲利於己(욕리어기): 자기에게 이익이 오도록 바라다, 자기가 이롭게 되기를 바라다.
212 必至(필지): 반드시 …하게 되다, 반드시 …에 이르다.
213 侵害人物(침해인물): 남과 물건이나 일을 해치다. '인물'은 사람들과 물건 및 일.
214 先絶(선절): 먼저 끊어 버리다.
215 利心(이심): 이로움을 좇는 마음, 이로움을 좋아하는 마음.
216 然後(연후): 그러한 뒤.
217 學仁(학인): 어짊에 대해 배우다, 어짊을 공부하다.

9

한 고장에 사는 사람은 공적인 일로 예를 따라 찾아뵐 일이 있거나 부득이한 일이 아니라면 관청을 들락거려서는 안 된다. 고을의 우두머리가 비록 지극히 친한 사이라 하더라도 자주 찾아가서 만나면 안 된다. 하물며 오랜 친구가 아닌 경우에야 되겠는가? 의롭지 않은 청탁 같은 것은 마땅히 절대로 하지 않아야 한다.

居鄕[218]之士는, 非公事[219]禮見[220]과, 及不得已[221]之故[222]면, 則不可出入官府[223]니라. 邑宰[224]이, 雖至親[225]이라도, 亦不可數數[226]往見[227]이니라. 況[228]非親舊[229]乎아? 若非義干請[230]은, 則當一切[231]勿爲[232]也니라.

---

218 居鄕(거향): 일정한 고장에 사는 것.
219 公事(공사): 공적인 일.
220 禮見(예현): 예를 따라 찾아뵙는 것, 의례상 찾아뵙는 것.
221 不得已(부득이): 어찌 달리 할 수가 없는 것.
222 故(고): 까닭, 일.
223 官府(관부): 관청.
224 邑宰(읍재): 고을의 우두머리, 고을을 다스리는 수령.
225 至親(지친): 지극히 친한 것, 매우 친한 사이.
226 數數(삭삭): 자주, 여러 번.
227 往見(왕현): 가서 찾아뵙다.
228 況(황): 하물며, 황차(況且).
229 親舊(친구): 오래 사귀어 친한 사람.
230 非義干請(비의간청): 의롭지 않은 청탁.
231 一切(일체): 모든 것을, 절대로.
232 勿爲(물위): 하지 마라.

> **해설** 여기서는 관청 출입, 특히 그 고을 관청의 우두머리와의 관계를 바르고 깨끗하게 할 것을 당부하고 있다. 옛날에도 관청과 관련된 부정이 많았기 때문일 것이다. 이 장의 제목을 "사람들과 사귀는 법"이라 하였지만 실제로는 사회생활을 하면서 여러 사람들을 대하는 법을 주로 가르치고 있다.

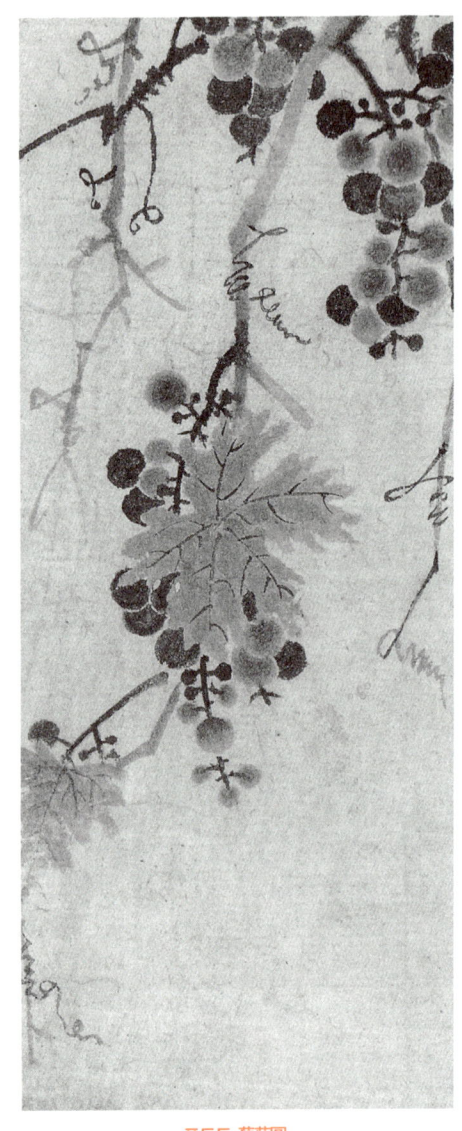

포도도 葡萄圖
전 신사임당, 조선/16세기, 지본채색, 44.2×25.7cm, 선문대학교박물관 소장

제10장
사회생활 하는 법

處世

1

옛날의 공부하는 사람들은 전혀 벼슬하려고 하는 일이 없었다. 학문이 이룩되면 바로 위에 있는 사람이 들어서 그를 썼던 것이다. 벼슬을 하는 것은 남을 위해서이지 자기를 위한 것이 아니었다.

지금 세상은 그렇지 않고 과거를 보아서 사람을 뽑아 쓴다. 비록 하늘의 이치를 꿰뚫는 학식이 있고 남들보다 매우 뛰어난 행실이 있다 하더라도 과거가 아니라면 올바른 도를 실행할 자리로 나아갈 길이 없다. 그러므로 아버지가 그의 아들을 가르치고 형이 그의 아우를 힘쓰도록 함에 있어서 과거를 빼놓고는 전혀 다른 재주가 없다. 선비들이 그런 것이 습성이 되어 구차하게 벼슬자리를 얻으려 하는 것도 이 때문이다.

그래서 지금의 선비들은 대부분이 부모의 바람과 집안을 위하려는 생각 때문에 과거 볼 준비를 하지 않을 수가 없게 되는데, 그렇다 하더라도 마땅히 그의 실력을 쌓고 때를 기다려야 한다. 잘 되고 못 되는 것은 운명에 맡겨야지 욕심내고 서두르며 그 일에 빠져서 자기 뜻을 잃어서는 안 되는 것이다.

處世
처세

古之學者는, 未嘗[1]求仕[2]니라. 學成[3]이면, 則爲上者[4]이, 擧[5]而用之[6]하니라. 蓋仕者[7]는, 爲人[8]이요, 非爲己[9]也니라.

今世[10]則不然[11]하여, 以科擧[12]取人[13]이라. 雖有通天之學[14]과, 絶人之行[15]이라도, 非科擧면, 無由進[16]於行道之位[17]니라. 故로, 父敎其子[18]하

---

1 未嘗(미상): 일찍이 …한 일이 없다, 전혀 …한 일이 없다.
2 求仕(구사): 벼슬을 하려 하다, 벼슬하기를 추구하다.
3 學成(학성): 학문이 이루어지다, 학업이 완성되다.
4 爲上者(위상자): 위에 있는 사람, 윗자리에 있는 사람.
5 擧(거): 들어내다, 찾아내다.
6 用之(용지): 그를 쓰다, 그를 벼슬자리에 앉히는 것.
7 仕者(사자): 벼슬하는 것, 벼슬하는 사람.
8 爲人(위인): 남을 위하는 것, 다른 사람들을 위해 일하는 것.
9 爲己(위기): 자기를 위하는 것, 자기를 위해 일하는 것.
10 今世(금세): 지금 세상.
11 不然(불연): 그렇지 않다.
12 科擧(과거): 옛날 벼슬아치를 뽑기 위해 보던 시험. 과시(科試).
13 取人(취인): 사람을 뽑아 쓰다, 사람을 고르다.
14 通天之學(통천지학): 하늘의 이치에 통달하는 학문, 하늘의 이치를 꿰뚫는 학식.
15 絶人之行(절인지행): 남들보다 매우 뛰어난 행실.

고, 兄勉其弟[19]할새, 科擧之外엔, 更無他術[20]이니라. 士習之[21]偸職[22]이, 此之由[23]니라.

第[24]今爲士者[25]는, 多爲[26]父母之望[27]과, 門戶之計[28]로, 不免[29]做科業[30]이로되, 亦當[31]利其器[32]하고, 俟其時[33]니라. 得失[34]은, 付之天命[35]이니, 不可貪躁[36]熱中[37]하여 以喪其志[38]也니라.

---

16 無由進(무유진): 나아갈 길이 없다. 나아갈 방법이 없다.
17 行道之位(행도지위): 도를 행할 자리, 올바른 도를 실천할 수 있는 지위.
18 父敎其子(부교기자): 아버지가 그의 아들을 가르치다, 아버지 된 사람이 자기 자식을 교육하다.
19 兄勉其弟(형면기제): 형이 그의 아우를 힘쓰도록 하는 것, 형이 자기 아우에게 올바른 일에 힘쓰도록 하는 것.
20 更無他術(갱무타술): 다른 술법이 다시없다, 다른 재주가 달리 없다.
21 習之(습지): 그것이 버릇이 되다, 그런 것들이 습성이 되다.
22 偸職(투직): 직책을 훔치다, 구차한 방법으로 벼슬을 하다, 치사한 방법으로 직위를 얻다.
23 此之由(차지유): 이것으로 말미암는 것이다, 이것이 원인이다, 이 까닭이다.
24 第(제): 그러나, 그래서, 다만.
25 爲士者(위사자): 선비가 된 사람들, 선비인 사람들.
26 多爲(다위): 대부분이 …을 위하여, 많은 이들이 … 때문에.
27 父母之望(부모지망): 어버이의 바람, 부모의 소망.
28 門戶之計(문호지계): 집안을 위하는 계책, 집안을 위하려는 생각.
29 不免(불면): …을 면하지 못함, …을 모두가 하게 됨.
30 做科業(주과업): 과거 보는 일을 하다, 과거 볼 준비를 하다.
31 亦當(역당): 그렇다 하더라도 마땅히, 그래도 역시 마땅히.
32 利其器(이기기): 연모를 날카롭게 하다, 실력과 능력을 기르는 것을 가리킴.
33 俟其時(사기시): 그때를 기다리다, 제대로 잘되는 때를 기다리다.
34 得失(득실): 잘되는 것과 잘못되는 것, 이익과 손실.
35 付之天命(부지천명): 하늘의 운명에 붙이다, 운명에 맡기다.
36 貪躁(탐조): 성급하게 욕심을 내다, 욕심내고 서두르다.
37 熱中(열중): 하는 일에 정신을 빼앗기는 것, 한 가지 일에 빠져 버리는 것.
38 喪其志(상기지): 그의 뜻을 잃다, 그 뜻을 망치다.

해설 공부하는 일과 세상에 나가 벼슬하고 출세하는 일에 대해 쓴 대목이다. 옛날에 공부한 사람들은 거의 모두 과거를 보아 과거에 급제함으로서 벼슬살이를 하였다. 실지로 과거를 보아 급제를 하여 벼슬을 하고 출세하기 위해 공부하는 것이나 다름이 없었다. 때문에 율곡 선생은 공부하는 진정한 목적은 과거에 급제하고 벼슬하는 데 있지 않으니 조심할 것을 부탁하고 있는 것이다. 어떻든 공부를 제대로 한 사람들이 사회에 나가 이 세상을 위해 일하지 않으면 안 되는 것이기 때문이다.

2

어떤 이는 과거를 보는 일이 방해가 되어 학문을 제대로 할 수가 없다고도 말한다. 그것 또한 핑계를 대는 말이지 참된 마음에서 우러나온 것이 아니다.

옛날 사람들은 어버이를 모시기 위해 몸소 밭을 가는 사람도 있었고 품팔이를 하는 사람도 있었고 쌀을 져 나르는 일을 하는 사람도 있었다. 몸소 밭을 갈고 품팔이를 하고 쌀을 져 나르자면 일하는 고생이 심할 것인데 책을 읽을 겨를이 어디 있었겠는가? 오직 그들은 어버이를 위해 수고를 다함으로써 자식으로서의 직책을 다한 다음 남는 힘으로 글공부를 하여 그래도 덕을 쌓을 수가 있었던 것이다.

오늘날의 선비들은 옛날 사람들처럼 어버이를 위해 수고를 다하는 사람을 볼 수가 없게 되었다. 오직 과거에 급제하는 일 한 가지만이 어버이들이 진정으로 바라는 것이다. 지금 공부는 하지 않을 수가 없는 실정이고 과거를 보는 일은 비록 성리학(性理學)과 같은 공부는 아니지만 역시 앉아서 책을 읽고 글을 짓는 것이다. 그것은 몸소 밭을 갈고 품팔이를 하고 쌀을 져 나르는 일보다 편하기가 몇 백 배에 그치지 않는 것이다. 더욱이 성리학에 관한 책을 읽을 남는 힘까지 있는 것이 아닌가?

　다만 과거를 보려고 하는 사람은 흔히 이로운 일과 해가 되는 일에 따라 움직이게 되어 마음이 언제나 남과 겨루느라고 조급하여 오히려 노동을 하여 마음가짐을 해치지 않는 것만 못한 경우가 있다. 그러므로 현명한 분이 말씀하시기를 "공부에 방해가 되는 것을 걱정할 것이 아니라 오직 뜻을 빼앗기게 되는 것을 걱정해야 한다"고 하셨다. 만약 그의 일을 잘 하면서도 그의 뜻을 잃지 않는다면 곧 과거를 보는 일과 성리학 공부를 어긋나지 않게 아울러 잘 해 나갈 수 있을 것이다.

　지금 사람들은 말로는 과거를 준비한다고 하면서도 실지로 힘은 기울이지 않고, 말로는 성리학을 공부한다고 하면서도 실제로는 손도 대지 않고 있다. 만약 과거 준비를 두고 따지고 추궁한다면 곧 "나는 뜻을 성리학에 두고 있기 때문에 거기에 힘을 기울일 수가 없다"고 핑계를 대고, 또 성리학 공부에 대해 따지고 추궁한다면 곧 "나는 과거 준비에 방해가 되기 때문에 실상 공부를 할 수가 없다"고 핑계를 댄다. 이처럼 양쪽을 자기 편한 대로 이용하여 어정어정 날짜를 보내다가 마침내는 과거 보는 일이며 성리학 공부 두 가지 모두 이루는 것이 없게 되는 것이다. 나이 많아지고 늙은 뒤 비록 후회한들 어찌 할 수가 있겠는가? 아아! 조심하지 않을 수가 있겠는가!

人言³⁹科業⁴⁰爲累⁴¹하여, 不能學問이라. 此亦⁴²推托⁴³之言이요, 非出於誠心⁴⁴也니라.

古人養親⁴⁵엔, 有躬耕⁴⁶者요, 有行傭⁴⁷者요, 有負米⁴⁸者라. 夫躬耕行傭負米之時엔, 勤苦⁴⁹甚矣니, 何暇⁵⁰讀書乎아? 惟其爲親⁵¹任勞⁵²하여, 旣修⁵³子職⁵⁴하고, 而餘力⁵⁵으로, 學文이요, 亦可進德⁵⁶이라.

---

39 人言(인언): 사람들이 말하다.
40 科業(과업): 과거 보는 일, 과거 준비, 과거 보려고 공부하는 것.
41 爲累(위루): 누가 되다, 방해가 되다, 폐해가 되다.
42 此亦(차역): 이것 또한, 이것 역시.
43 推托(추탁): 미루다, 핑계를 대다.
44 誠心(성심): 정성된 마음, 진실한 마음.
45 養親(양친): 어버이를 모시다, 부모님을 부양하다.
46 躬耕(궁경): 몸소 밭을 갈다, 몸소 농사를 짓다.
47 行傭(행용): 품팔이를 하는 것, 품삯을 받고 일하는 것.
48 負米(부미): 쌀을 져 나르는 것, 짐꾼 노릇을 하는 것.
49 勤苦(근고): 일하는 괴로움, 수고와 고통.
50 何暇(하가): 무슨 틈이 있는가? 언제 겨를이 있는가?
51 爲親(위친): 어버이를 위하여.
52 任勞(임로): 수고를 하다, 노동을 맡아 하다.
53 旣修(기수): 닦은 뒤에, 잘한 다음.
54 子職(자직): 아들로서의 직책, 자식의 직무, 아들 노릇.
55 餘力(여력): 남는 힘.
56 進德(진덕): 덕으로 나아가다, 덕을 닦다, 덕을 쌓다.

今日之爲士者[57]는, 不見[58]爲親任勞如古人[59]者라. 只是[60]科業一事이,

是親情[61]之所欲[62]이니라. 今旣[63]不免做功[64]이니, 則科業雖與理學[65]不

同이나, 亦是坐而讀書[66]作文이라. 其便於[67]躬耕行傭負米이, 不啻[68]百倍

니라. 況[69]有餘力[70]하여, 可讀性理之書[71]哉아?

只是[72]做[73]科業者는, 例[74]爲得失[75]所動[76]하여, 心常[77]躁競[78]하여, 反[79]

---

57 爲士者(위사자): 선비가 된 사람, 공부하는 사람.
58 不見(불견): 보지 못하다, 볼 수가 없다.
59 如古人(여고인): 옛날 사람같이, 옛 사람들처럼.
60 只是(지시): 오직 …일 따름이다, 다만 …일 뿐이다.
61 親情(친정): 어버이 심정, 부모의 마음.
62 所欲(소욕): 바라는 바, 바라는 일.
63 旣(기): 기왕, 이미 …이 되었다, …해야 할 실정이다.
64 不免做功(불면주공): 공부하는 일을 면할 수가 없다, 공부를 하지 않을 수가 없다, 노력을 하지 않을 수 없다.
65 理學(이학): 성리학(性理學), 북송시대에 유학을 소옹(邵雍)·주돈이(周敦頤)·정호(程顥)·정이(程頤)·장재(張載) 같은 학자들이 새로운 형이상학(形而上學)적인 방법을 끌어들이어 연구하기 시작한 새로운 학문 방법을 남송 때 주희(朱熹, 1130-1200)가 이들의 업적을 종합하여 발전시킨 새로운 유학. 신유학(新儒學), 주자학(朱子學)이라고도 부른다. 특히 우리 조선시대에 크게 성행하였다.
66 坐而讀書(좌이독서): 앉아서 책을 읽다.
67 便於(편어): …보다 편하다, …보다 편리하다, …보다 편안하다.
68 不啻(불시): …뿐이 아니다, …에 그치지 않는다, …정도가 아니다.
69 況(황): 하물며, 황차.
70 餘力(여력): 남는 힘.
71 性理之書(성리지서): 성과 이에 긴한 글, 성리학에 관한 책.
72 只是(시시): 다만 …이다, 오직 …하다.
73 做(주): …을 하다, …하는 일을 하다.
74 例(예): 보통, 흔히.
75 得失(득실): 이익과 손실, 이익이 되는 일과 손해가 되는 일.
76 所動(소동): 움직이는 바, 움직여지는 것.
77 常(상): 늘, 언제나.
78 躁競(조경): 조급하게 다투다, 서두르고 경쟁하다, 겨루기 위해 조급해 하다.

不若[80]勞力[81]之不害[82]心術[83]이니라. 故로, 先賢[84]曰; 不患[85]妨功[86]이요, 惟患[87]奪志[88]라 하니라. 若[89]能爲其事[90]하고, 而不喪[91]其守[92]면, 則科擧理學을, 可以並行不悖[93]矣니라.

今人名爲[94]做擧業이나, 而實[95]不著功[96]하고, 名爲做理學[97]이나, 而實不下手[98]니라. 若責[99]以科業이면, 則曰; 我志於理學[100]하여, 不能屑

---

79 反(반): 도리어, 반대로.
80 不若(불약): … 같지 않다, …만 못하다.
81 勞力(노력): 수고하고 힘쓰다, 힘쓰며 수고하다.
82 不害(불해): 해치지 않다, 해가 되지 않다.
83 心術(심술): 마음 쓰임, 마음가짐.
84 先賢(선현): 옛날의 현명한 사람.
85 不患(불환): 걱정하지 않다.
86 妨功(방공): 공부에 방해가 되는 것, 일하는 데 방해를 받는 것.
87 惟患(유환): 오직 …을 걱정한다.
88 奪志(탈지): 뜻을 빼앗다, 뜻을 빼앗기다. 『논어』 자한(子罕)편에 "대군의 장수는 빼앗을 수 있어도, 한 사나이의 뜻을 빼앗을 수 없다(三軍可奪帥也, 匹夫不可奪志也.)"라는 말이 보인다.
89 若(약): 만약.
90 能爲其事(능위기사): 그 일을 할 수 있다, 그의 일을 잘 하다.
91 不喪(불상): 잃지 않다.
92 其守(기수): 그가 지키는 것, 그의 지조, 그의 뜻.
93 並行不悖(병행불패): 나란히 행해지며 어긋나지 않다, 어긋나지 않고 나란히 행해지다.
94 名爲(명위): 명분만 내세우다, 말로만 …을 한다고 하다.
95 實(실): 사실은, 실은, 실지로.
96 著功(착공): 공부를 하다, 힘을 기울이다, 노력을 하다.
97 做理學(주리학): 성리학을 공부하다, 이학을 하다.
98 下手(하수): 손을 대다, 착수하다.
99 責(책): 힐책(詰責)하다, 하는 일을 따지고 잘못을 추궁하는 것.
100 志於理學(지어리학): 성리학에 뜻을 두다.

屑[101]於此라 하고, 若責以理學이면, 則曰; 我[102]爲科業所累하여. 不能用功[103]於實地[104]라 하나라. 如是兩占便宜[105]하고, 悠悠度日[106]하여, 卒[107]至於[108]科業理學이, 兩無所成[109]이니라. 老大[110]之後에, 雖悔[111]何追[112]아? 嗚呼[113]라! 可不戒哉[114]아?

해설

조선시대에는 여기서 말하고 있는 것처럼 지식인들이 대체로 두 가지 공부를 하였다. 하나는 성리학 공부이다. 이(理)와 기(氣)를 바탕으로 한 진리를 추구하면서 사람이 본시 타고난 착한 성(性)을 되찾아 성인이 되는 공부이다. 이는 세상에 나가 벼슬하는 일과는 직접 관련이 없는 공부이다. 그러나 이것이야

---

101 屑屑(설설): 열심히 일하는 모양, 부지런히 힘을 기울이는 모양.
102 爲…所累(위…소루): …으로 방해를 받다, …이 누가 되다.
103 用功(용공): 공부를 하다, 노력을 하다.
104 實地(실지): 실질적인 일, 실질적인 성리학 공부를 가리킴.
105 兩占便宜(양점편의): 양쪽을 자기 편한 대로 이용하여, 양쪽 자기 편한 쪽에 기대어.
106 悠悠度日(유유도일): 어정어정 날짜를 보내다, 놀면서 날짜를 보내다.
107 卒(졸): 마침내, 끝에 가서는.
108 至於(지어): …에 이르다, …하게 되다.
109 兩無所成(양무소성): 양쪽 모두 이루어 놓은 것이 없는 것.
110 老大(노대): 늙고 나이 많아지는 것, 늙어 어른이 되는 것.
111 雖悔(수회): 비록 후회해 보아야.
112 何追(하추): 무엇을 좇겠는가, 무엇이 되겠는가.
113 嗚呼(오호): 아아! 감탄사.
114 可不戒(가불계): 경계하지 않아도 되겠는가? 조심하지 않을 수 있겠는가? 정신 차리지 않아도 되겠는가?

말로 조선시대 선비들의 진짜 공부였다.

다른 하나는 나라에서 시행하는 과거(科擧)를 보아 급제하여 벼슬을 하기 위한 공부이다. 세상에 나가 높은 벼슬을 하고 잘 살자면 과거를 보아 급제하지 않으면 안 된다. 그런데 과거시험에 출제 되는 내용은 사서(四書) 오경(五經) 등의 유학 경전을 중심으로 공부를 얼마나 하였는가, 그리고 글을 짓는 실력은 얼마나 되는가를 시험하는 일이다. 이 두 가지는 공부의 내용과 성격이 전혀 다르다. 이 점에 대해서는 앞의 해설을 참조하기 바란다.

여기에서는 이 두 가지 서로 다른 공부를 함께 해 나가는 방법에 대해 설명한 것이다. 지금 공부하는 사람과는 직접적인 관련은 전혀 없는 문제이니 그대로 참고하기 바란다.

3

사람들은 아직 벼슬을 하지 못하고 있을 때는 오직 벼슬하는 일을 서두르고, 벼슬을 하게 된 뒤에는 또 그것을 잃게 될까 두려워한다. 그와 같은 일에 파묻혀 지내다가 그의 본래 마음을 잃게 되는 사람들이 많다. 어찌 두려워하지 않을 수가 있겠는가?

벼슬하는 자리가 높은 사람은 올바른 도를 행하는 일을 위주로 하여, 올바른 도를 행할 수가 없다면 곧 벼슬자리에서 물러나야 한다. 만약 집안이 가난하여 벼슬살이를 그만둘 수가 없다면 반드시 조정 안의 벼슬은 사양하고 조정 밖의 벼슬을 맡을 것이며, 높은 자리는 사양하고 낮은 자리를 차지하여 헐벗고 굶주리는 일만을 면하도록 해야 한다. 비록 벼슬을 한다 하더라도 마땅히 깨끗하고 부지런하며 공적인 사명을 받들어 맡은 직무를 다해야만 한다. 직무는 버려둔 채 놀고먹어서는 안 된다.

人於未仕時[115]엔, 惟仕[116]是急[117]하고, 旣仕後[118]엔, 又恐[119]失之[120]니라. 如是[121]汩沒[122]이라가, 喪其本心[123]者多矣니라. 豈不[124]可懼[125]哉아?

位高者는, 主於行道[126]이니, 道不可行이면, 則可以退[127]矣니라. 若家貧[128]하여, 未免[129]祿仕[130]면, 則須辭內[131]就外[132]하고, 辭尊[133]居卑[134]하여,

---

115 未仕時(미사시): 아직 벼슬을 하고 있지 않을 때.
116 惟仕(유사): 오직 벼슬하는 것, 오직 벼슬살이만이.
117 是急(시급): …이 다급하다, …을 서두르다.
118 旣仕後(기사후): 이미 벼슬을 하게 된 뒤.
119 又恐(우공): 또 두려워하다, 또 겁내다.
120 失之(실지): 그것을 잃다.
121 如是(여시): 이처럼, 그와 같이.
122 汩沒(골몰): 어떤 일에 파묻혀 지내는 것, 어떤 일에 자신도 잃고 빠져 있는 것.
123 喪其本心(상기본심): 그의 본래의 마음을 잃다, 그 본심을 잃다.
124 豈不(기불): 어찌 …않겠는가? 어찌 …아니겠는가?
125 懼(구): 두려워하다.
126 主於行道(주어행도): 올바른 도를 행하는 데 수력하다, 올바른 도를 행하는 일을 위주로 하다.
127 可以退(가이퇴): 벼슬에서 물러날 수 있다, 벼슬을 그만두는 것이 좋다.
128 家貧(가빈): 집이 가난한 것.
129 未免(미면): …을 면할 수가 없다, …을 하지 않을 수가 없다.
130 祿仕(녹사): 벼슬살이, 벼슬살이를 하는 것.
131 辭內(사내): 조정 안의 벼슬자리를 사양하는 것, 중앙 벼슬자리를 사양하는 것.
132 就外(취외): 조정 밖의 벼슬자리로 나아가는 것, 지방의 벼슬자리로 나아가는 것.
133 辭尊(사존): 높은 벼슬은 사양하는 것.

以免飢寒^{135}而已^{136}니라. 雖曰祿仕라도, 亦當廉勤^{137}奉公^{138}하고, 盡^{139}其
이면기한   이이   수왈록사   역당렴근   봉공   진 기

職務^{140}니라. 不可曠官^{141}而餔啜^{142}也니라.
직무   불가광관   이포철   야

해설 끝으로 공부를 한 사람이 먹고 살아가기 위해 하는 수 없이 벼슬을 할 때의 몸가짐에 대해 가르치고 있다. 현대인과 직접 관계는 없지만 적어도 먹고 살기 위해 공부하는 것이 아님은 현대에 와서도 변하지 않는 진리이다. 공부하는 사람은 참고하기 바란다.

---

134 居卑(거비): 낮은 벼슬을 하는 것.
135 免飢寒(면기한): 굶주리고 헐벗는 것을 면하다.
136 而已(이이): …일 따름이다, …할 뿐이다.
137 廉勤(염근): 결렴하고 부지런히 일하는 것, 깨끗하고 부지런 것.
138 奉公(봉공): 공적으로 봉사하다, 공적인 사명을 받들다.
139 盡(진): 다하다.
140 職務(직무): 맡은 일, 직책.
141 曠官(광관): 직무를 버려두다, 관직을 태만히 하다.
142 餔啜(포철): 먹고 마시다, 음식을 먹다.

해설

『격몽요결: 올바른 공부의 길잡이』는 어떤 책인가?

1. 누가 왜 이 책을 썼는가?

『격몽요결(擊蒙要訣): 올바른 공부의 길잡이』는 조선시대의 대학자이며 호 율곡(栗谷)으로 더 잘 알려진 이이(李珥, 1536-1584) 선생이 쓴 것이다. 율곡 선생은 선조(宣祖) 9년(1579) 41세 되던 해 10월에 벼슬을 모두 사양하고 황해도 해주(海州)의 석담(石潭, 지금의 碧城郡 高山面 石潭里)으로 돌아가 청계당(聽溪堂)을 짓고 생활하면서 제자들을 가르치다가 다음 해인 선조 10년 12월에 이 책을 썼다.

이 책을 쓴 목적은 공부를 하려는 사람들에게 올바른 공부를 제대로 해 나가는 방법을 밝혀 주려는 데 있다. 「머리말」에는 율곡 선생 스스로 이 책을 쓴 목적을 다음과 같이 밝히고 있다. 율곡 선생은 먼저 "사람이 이 세상에 나서 공부하지 않으면 사람 노릇을 할 수가 없게 된다"고 전제하고 나서 "다만 공부하지 않은 사람은 마음이 막히고 트이지 않아 제대로 아는 것이 거의 없다. 그러므로 반드시 책을 읽고 이치를 추구하여 올바로 행동할 방법을 분명히 알아야 한다. 그래야만 올바른 앎을 터득하여 합당한 행동을 하게 되는 것이다"라고 잘라 말하고 있다. 곧 마음이 막히고 트이지 않아 제대로 아는 것이 없는 공부하지 않은 사람들에게 "올바른 앎을 터득하여 합당한 행동을 하게 되도록" 이끌어 주기 위해 이 책을 썼다는 것이다. 그러므로 이 책은 '올바른 공부란 어떤 것인가', 그리고 '그것을 어떻게 공부해야 하는가'라는 두 가지 중요한 문제를 다루고 있다. 그 때문에 옛날부터 이 책은 40세 되던 해에 쓴 『성학집요(聖學輯要)』와 함께 올바른 공부와 올바르게 공부하는 법을 밝힌 율곡 선생의 대표적인 저서라고 칭송되었다. 그리고 공부를 시작하는 사람들이 무엇보다도 먼저 꼭 읽어야만 될 책이라 믿어 왔다. 따라서 율곡 선생은 『격몽요결』의 머리말 뒤쪽에 이렇게 말하고 있다.

"내가 해주(海州)의 고산(高山) 남쪽 기슭에 머물고 있을 때 가끔 한두 명의 공부하는 친구들이 찾아와 공부하는 일에 대해 물었으나 나는 스승 노릇을 제대로 하지 못하는 것을 부끄럽게 여겼다. 또한 공부를 시작하는 사람들이 올바른 방법을 알지도 못하고, 또 굳건한 뜻도 없으면서 건성건성 가르침이나 받고자 한다면 곧 서로에게 아무런 도움도 되지 못하고 도리어 사람들의 비난이나 받게 될 것 같아 두려웠다."

그리고 이 「머리말」을 다음과 같은 말로 끝맺고 있다.

"그러므로 간단히 책 한 권을 엮어, 뜻을 세우고 몸을 잘 간수하고 부모님을 잘 모시고 일을 잘 처리하는 방법을 간략히 쓰고 책 이름을 『격몽요결』이라 하였다. 공부를 하려는 사람들은 이 책을 보고 마음을 씻고 자리를 잡고서 당장 그날부터 제대로 공부를 하도록 하고, 나도 우물쭈물 전과 같이 일하는 오랜 병폐를 오랜 동안 지녀 온 것을 스스로 경계하고 반성하려는 것이다."

여기에서 공부를 하려는 사람을 올바로 이끌어 주기 위해 쓴 책이라고 하면서 "뜻을 세우고, 몸을 잘 간수하고, 부모님을 잘 모시고, 일을 올바로 처리하는 방법"을 간략히 썼다고 한 점에 주의해야 한다. 본문을 읽으면 곧 알게 되겠지만 조선 시대 선비들의 공부란 앎을 추구하는 일보다도 올바른 사람 노릇을 하는 방법을 배우는 것을 더 중요하게 여겼다. 따라서 율곡 선생이 말하는 공부하는 방법이란 바로 올바른 사람 또는 참으로 훌륭한 사람이 되는 길이라 생각해도 좋을 것이다.

그리고 「머리말」의 끝머리를 "나도 우물쭈물 전과 같이 일하는 오랜 병폐를 그대로 오랜 동안 지녀 온 것을 스스로 경계하고 반성하려는 것이다"라는 말로 끝맺고 있다. 곧 '올바른 공부란 어떤 것인가', '어떻게 하는 것이 올바른 공부 방법인가'라는 문제는 공부를 시작하는 사람뿐만이 아니라 이미 공부를 많이 한 율곡 선생 같은 분들도 스스로 경계하고 반성해 보아야 할 문제임을 가르쳐 주고 있는 것이다. 말을 바꾸면 이 『격몽요결』이라는 책은 공부를 시작하는 사람뿐만이 아니라 이미 공부를 많이 한 어른들도 읽고 이를 바탕으로 자신은 올바른 공부를 하고 있는 것인가 늘 경계도 하고 스스로 반성도 해보아야 하는 것임을 알려주고 있는 것이다.

2. 『격몽요결』의 말 뜻

'격몽'이란 말은 『역경』 몽괘(蒙卦)의 상구(上九) 효사(爻辭)에서 따온 것이다. 『역경』의 괘 이름인 '몽'은 '몽매(蒙昧)한 것', '아는 것이 없어 모든 일에 어두운 것', '무식한 것'을 뜻한다. 그리고 『역경』 몽괘 첫머리의 괘사(卦辭)에 '아무것도 모르는 아이', 곧 동몽(童蒙)이란 말이 보이고 있으니, 몽괘의 '몽'은 특히 '아무것도 모르는 아이'에 뜻의 무게를 두고 있음을 알게 된다. 그러므로 몽괘의 '몽'이란 말은 자연히 교육이나 공부와 많은 관련을 갖게 된다.

'격'이란 글자는 본시 '친다'는 뜻의 글자이다. 여기서는 '쳐서 깨우쳐 준다' 또는 '무식한 것을 쳐부수어 잘 알도록 해준다'는 뜻으로 쓰고 있다. 따라서 율곡 선생이 쓴 '격몽'이란 말은 '아무것도 모르는 사람을 가르쳐 제대로 알게 하는 것', 곧 '무식한 이들을 올바로 가르치고 이끌어 주는 것'을 뜻한다.

'요결'이란 말은 '요긴(要緊)한 비결(秘訣)' 또는 '중요한 방법', '확실한 길잡이'라는 뜻이다. 따라서 '격몽요결'이란 말은 '아무것도 모르는 사람을 가르치고 이끌어 주는 확실한 길잡이'라는 뜻이다. 역자는 이런 뜻을 바탕으로 이 책을 『격몽요결: 올바른 공부의 길잡이』라고 옮긴 것이다.

3. 이 책을 쓴 율곡 이이는 어떤 분인가?

율곡 이이는 조선시대를 대표하는 대학자이다. 중종(中宗) 31년 강릉

(江陵) 오죽헌(烏竹軒)에서 태어나 선조(宣祖) 17년 서울 대사동(大寺洞) 자택에서 별세하셨다. 선생은 어머니 신사임당(申師任堂)이 용꿈을 꾸신 다음 태어났기 때문에 아잇적 이름은 현룡(見龍)이라 불렀다.

어릴 적부터 총명한 데다가 어머니의 가르침을 받아 이미 7, 8세 무렵에는 어른들이 놀랄 만한 글과 시를 짓고 있다. 보기로 선생이 8세 때 지었다는 「화석정(花石亭)」 시를 아래에 소개한다.

숲 속 정자엔 가을 이미 깊어서
집 떠나온 시인의 회포 무궁하네.
멀리 강물은 하늘에 닿아 짙푸르고,
서리에 물든 단풍은 햇볕 받아 빨갛네.
산 위에는 둥근 달 외로이 솟아 있고
강에는 만 리 저편에서 불어오는 바람 일고 있네.
싸늘한 하늘의 기러기는 어디로 가는가?
날 저문 구름 속에 울음소리 애절하네.

林亭秋已晚하니, 騷客意無窮이라.
임 정 추 이 만   소 객 의 무 궁
遠水連天碧하고, 霜楓向日紅이라.
원 수 련 천 벽   상 풍 향 일 홍
山吐孤輪月하고, 江含萬里風이라.
산 토 고 륜 월   강 함 만 리 풍
寒鴻何處去오? 聲斷暮雲中이라.
한 홍 하 처 거   성 단 모 운 중

이런 재능을 갖고 있었으니 그의 공부는 남보다 뛰어나지 않을 수가 없었다. 때문에 13세 때에 진사초시(進士初試)에 장원(壯元)으로 급제한 뒤 29세 때 대과(大科)에 장원으로 급제하기까지 여러 가지 과거시험에 모두 아홉 차례나 장원으로 합격하여 세상 사람들은 선생을 구도장원공(九度壯元公)이라 불렀다 한다. 따라서 선생은 일찍부터 여러 가지 벼슬을 하면서 학자로서도 높은 평판을 받았다.

율곡 선생은 16세 때 어머니가 돌아가신 뒤 공부를 하는 마음이 흔들려 불경도 읽다가 20세가 되어서는 마음을 다시 바로잡고 공부를 시작하면서 자기 스스로 경계해야 할 일을 적은「자경문(自警文)」을 지어 벽에 걸어 놓고 성리학(性理學)에만 전념할 뜻을 굳혔다. 이는 자신을 위해 쓴 글이지만 뒤에 쓴『격몽요결』과 관련이 있을 수밖에 없는 성격의 글이다. 대학자이며 큰 경륜을 지니고 있던 선생이시라 많은 저서와 시무와 관련된 상소문들을 남기고 있다.

그 중에서도 선생의 명저로는『동호문답(東湖問答)』·『성학집요(聖學輯要)』·『인심도심설(人心道心說)』·『성리학설(性理學說)』·『경연일기(經筵日記)』·『김시습전(金時習傳)』·『소학집주(小學集註)』·『시문집(詩文集)』등이 있고,『격몽요결』이외에도 젊은이들의 공부를 올바로 이끌기 위해 쓴 책으로『학교모범(學校模範)』이 있다.

선생께서는 49세가 되던 해(선조 17년, 1584)에『육조방략(六條方略)』을 마지막으로 남기고, 서울 대사동 자택에서 별세하셨다. 좀 더 자세한 생애는 뒤에 부록으로 붙인 선생의「율곡 이이 연보(年譜)」를 참조하기 바란다.

4. 이 책의 내용

『격몽요결』은 공부를 하려는 사람들에게 첫째 참된 공부란 무엇을 말하는가를 일러주고, 다음에는 그 공부는 어떻게 해야 하는 것인가를 가르치기 위해 지은 것이다. 따라서 이 책은 공부하려는 사람이면 무엇보다도 먼저 읽고 이해해야만 할 "올바른 공부의 길잡이"인 것이다. 책을 지은 분이 율곡 이이라는 대학자였기에 이런 책의 저술이 가능했다고 볼 수 있다.

율곡 선생이 사시던 조선시대와 지금은 학문의 성격이 크게 달라졌다. 따라서 학문을 하는 방법 곧 공부를 하는 방법도 그 시절과는 다를 수밖에 없다. 그러나 이 책에서 가르치고 있는 '올바른 공부'의 뜻은 지금은 말할 것도 없고 영원히 사람들이 공부를 해야 하는 가장 중요한 까닭이 될 것이며, 그 공부하는 방법은 혼란에 빠지기 쉬운 사람들의 마음을 바로잡아 주는 힘이 될 것이다.

그런데 지금 나에게는 세 종류의 내용에 약간의 차이가 있는 『격몽요결』의 판본이 있다. 첫째는 『율곡전서(栗谷全書)』 권 27에 들어 있는 것, 둘째는 강릉 오죽헌(烏竹軒)에 보존되고 있다는 율곡 선생께서 직접 쓰셨다는 것,[1] 셋째는 1952년에 율곡 선생 이이 원본(栗谷先生李珥原本)이라며 세창서관(世昌書館)에서 발행한 현토주해본(懸吐註解本)이다. 이 중 가장 확실한 판본은 말할 것도 없이 율곡 선생께서 직접 쓰신 수초본(手草本)이다. 따라서 여기의 번역과 주석은 선생님의 수초본을 바탕으로 하였다.

---

1 오죽헌 중수(重修) 기념으로 1928년에 강릉에서 인쇄 발행한 책을, 다시 1995년 사단법인 율곡학회에서 영인(影印)한 판본.

그러나 다른 두 가지 판본도 각각 특징을 갖고 있는 내용이기에 아래에 그 사실을 설명한다. 우선 세창서관에서 낸 책은 책머리에 율곡 선생이 쓴 「서문」이 붙어 있고, 본문은 「입지(立志)」·「혁구습(革舊習)」·「지신(持身)」·「독서(讀書)」·「사친(事親)」·「거가(居家)」·「접인(接人)」의 7장(章)으로 이루어져 있다. 다른 두 가지 판본에 비해 제6장 「상제(喪制)」·제7장 「제례(祭禮)」와 제10장 「처세(處世)」의 3장이 빠져 있다. 그 밖에도 제3장 「지신」·제4장 「독서」의 중간에 율곡 선생이 써넣은 보충 주석이 빠져 있고, 제5장 「사친」·제8장 「거가」·제9장 「접인」의 일부 내용이 보이지 않는다. 사실 돌아가신 분의 장례를 치르는 일이 중심이 되는 '상제'와 조상들 제사를 지내는 일이 중심이 되는 '제례' 및 벼슬살이가 중심을 이루는 '처세'의 문제 같은 것은 처음 공부를 시작하는 사람보다도 이미 어느 정도 공부를 한 사람, 곧 아이들보다도 어른들 일에 속하는 일이라 여겨진다. 그리고 제5·8·9장 등에서 뺀 내용도 공부를 시작하는 사람들에게는 그다지 절실하지 않다고 보이는 것들이다. 따라서 이 세창서관에서 낸 판본이 어쩌면 율곡 선생이 처음 쓴 초판본일지도 모른다는 생각이 든다.

다시 『율곡전서』에 들어 있는 판본에는 서(序)와 본문 10장(章)에 뒤이어 「제의초(祭儀鈔)」가 붙어 있는데, 「사당지도(祠堂之圖)」·「정침시제지도(正寢時祭之圖)」·「매위설찬지도(每位設饌之圖)」·「출입의(出入儀)」·「참례의(參禮儀)」·「천헌의(薦獻儀)」·「고사의(告事儀)」·「시제의(時祭儀)」·「기제의(忌祭儀)」·「묘제의(墓祭儀)」·「상복중행제의(喪服中行祭儀)」 등 열 가지 대목이 붙어 있다. 이는 본문 제7장 제례를 보충하여 여러 가지 제사를 지내는 방법을 자세히 설명하기 위한 것이다. 이는 조선 시대 학자들의 공부가 크게는 성리(性理)에 관한 연구와 올바른 예의를 추구하는 예학(禮學)의 두 가지 방향으로 발전하였음을 보여 주는 것이기도 하다. 어떻든 이「제의초」는 지금에 와서는 공부를 다 한 어른들에게도 그다지 중요하다고 할 수 없는 것이 되었기에, 여기에서는 빼도 아무런 상관이 없는 것이라고 생각된다. 다만 우리 조선시대의 학문과 사회를 이해하기 위해 크게 참고가 될 기록이다.

이상 판본의 내용을 놓고 볼 때 『격몽요결: 올바른 공부의 길잡이』는 율곡 선생께서 손수 써놓은 판본을 바탕으로 하는 것이 가장 합당함을 알게 될 것이다. 그러나 책 본문에 씌어진 올바른 글자나 글귀 같은 것을 확인하기 위해 다른 판본의 글도 모두 참조하였다.

5. 이 책의 성격

1) 공부하려는 사람은 먼저 성인이 되겠다는 뜻을 세워야 한다.(이 책에 제1장「공부하려는 뜻을 먼저 세워야 함(立志)」은 왜 들어 있는가?)

이 책의 첫 장이「입지」, 곧「공부하려는 뜻을 먼저 세워야 함」이다. 이는 '율곡 선생이 말하는 '공부란 무엇을 뜻하는가?' '공부는 왜 해야 하는가?'에서 시작하여 '성리학이란 어떤 학문인가?' '주자학의 특징은 무엇인가?'라고 하는 중요한 문제를 이해하는 데도 가장 긴요한 자료가 되는 것이다. 올바른 공부란 무엇을 말하는 것인지 먼저 알아야만 올바로 공부를 할 수 있을 것이기 때문이다. 따라서 무엇보다도 잘 읽고 올바로 이해해야 할 대목이 이 첫째 장이다.

율곡 선생이 40세 때 지은『성학집요(聖學輯要)』에도 앞머리에 "공부를 하려면 가장 먼저 뜻을 세워야 한다. 뜻을 세우지 않고도 학문을 이룩하는 수는 없다(學莫先於立志니라. 未有志不立而能成功者니라)"라고 하면서 공자를 비롯한 옛날 학자들의 '입지'에 관한 이론을 모아놓고 해설을 가하고 있다. 다시 47세 때에 젊은이들의 공부를 올바로 이끌기 위해 쓴 『학교모범(學校模範)』에서도 첫째 대목이 공부하려는 사람들은 먼저 뜻을 세워야 한다는 '입지'에 대한 설명이다. 그리고 20세 때 율곡 선생 스스로 뜻을 바로잡고 공부에 힘쓰려고 쓴 「자경문(自警文)」 11조(條)에서도 첫째 조목이 "먼저 뜻을 크게 가지고 성인을 법도로 삼아야 한다(先首大其志하여, 以聖人爲準則이니라)" 하고 '입지'나 같은 취지의 말을 하고 있다. 그러니 율곡 선생은 공부하려는 뜻을 올바로 세우는 것이 공부하는 데 있어서는 가장 긴요한 일이라고 생각하였음이 분명하다.

　율곡 선생은 "처음으로 공부를 하려는 사람은 반드시 어떻게 공부를 할 것인지 뜻을 먼저 세워야만 한다"고 강조하고는, 그가 세워야 할 뜻이란 "반드시 스스로 성인이 되겠다는 목표를 세우는 것"임을 분명히 밝히고 있다. 곧 성인이 되는 것이 참된 공부이다. 따라서 성인을 본받아 성인처럼 되겠다는 뜻을 세워야 한다는 것이다.

　'성인'이란 옛날 사람들이 생각하던 가장 이상적인 사람을 말한다. 필요한 모든 것을 다 알고 올바른 판단력을 갖고 있고, 모든 사람들이 올바르게 서로 도우며 평화롭게 살아가도록 이끌어 주는 사람이다. 따라서 이 세상에 성인이 나타나면 이 세상은 태평세계가 된다. 여기에 율곡 선생이 인용하고 있는 중국을 태평성세로 이끌었던 전설적인 태곳적 황제인 요(堯)임금과 순(舜)임금 같은 분들이 성인이다. 때문에 이전의 유학자들도 보통 사람의 능력으로는 아무리 노력해도 성인이 될 수는 없다, 성인은 타고나야 한다고 믿었다. 사람이 힘써서 될 수 있는 것은 늘 올바른 행동을 하려고 노력하는 군자(君子)이다. 『논어』를 보더라도 유학의 창시자인 공자(B.C.

552-B.C. 479)가 노력한 것은 사람들을 군자가 되도록 이끌어 주려는 것이었다고 주장하였다.

그러나 공자의 학문을 이어 발전시킨 맹자(孟子, B.C. 372-B.C. 289)에 이르러 사람의 타고난 본성(本性)은 본시 훌륭하고 착한 것이라는 '성선설(性善說)'이 등장한다. 본래 사람이 태어날 때는 모든 사람이 같으나 태어난 뒤 주변 조건에 의해 사람들은 모두 다르게 변한다는 것이다. 때문에 사람이 타고난 본성을 되찾기만 하면 누구나 성인이 될 수가 있다는 것이다. 때문에 율곡 선생도 이 장에서 "그러므로 맹자는 사람들의 타고난 본성은 본시 훌륭한 것임을 논하면서 반드시 요임금과 순임금을 실례로 들고 말씀하시기를 '사람이면 누구나 요임금과 순임금과 같이 될 수가 있다'고 하셨다"고 가르치고 있다.

곧 율곡 선생이 말하는 '공부'란 지극히 훌륭한 사람 곧 성인이 되는 것이다. "대체로 보통 사람들도 타고나는 본성에 있어서는 성인과 똑같은 것이다. 비록 자라나면서 외부의 영향으로 이루어지는 성질이 사람에 따라 맑기도 하고 흐리기도 하고, 순수하기도 하고 잡되기도 한 차이가 없을 수는 없는 것이나, 진실로 참된 것을 알고 그것을 실지로 행하여 그가 이전에 물든 것을 모두 버리고 처음의 본성으로 되돌아갈 수만 있다면 곧 터럭만큼도 잘못된 것은 늘지 않고 모든 훌륭한 것들이 잘 갖추어지게 될 것이다." 곧 공부만 제대로 하면 누구나 성인이 될 수가 있다는 것이다.

현대의 공부라는 개념과 전혀 다르다. 현대 교육에서도 강조하는 교육의 한 부면인 인성 교육(人性教育)과 연관이 되는 것이다. 올바르고 훌륭한 사람이 되는 것이 공부이기 때문에 공부하는 방법도 지금 우리가 생각하는 것과는 전혀 다를 수밖에 없다. 쉽게 말하면 공부하는 방법이란 올바른 몸가짐과 올바른 생활을 익히는 것이다. 곧 『격몽요결: 올바른 공부의 길잡이』 10장 중 제1장 「공부하려는 뜻을 먼저 세워야 함(立志)」을 제외한 나머지 9장은 모두 공부하는 방법을 가르쳐 주고 있는 것이다. 오히려 제4장 「책을 읽는 법(讀書)」과 제10장 「사회생활 하는 법(處世)」은 이 시대의 공부와 직접 관련이 있는 것이 아니다. 왜냐하면 제4장에서 해설하고 있는 책을 읽는 일은 타고난 본성을 되찾고 그것을 잘 보전하는 일과 직접 관련이 없고, 제10장에서 얘기하고 있는 과거 시험에 합격하고 높은 벼슬을 하는 것도 성인이 되는 일과 직접 관련이 없는 일이기 때문이다.

2) 책은 왜 읽어야 하는가?(이 책에 제2장 「옛 낡은 습성은 버려야 함(革舊習)」, 제3장 「자기 몸을 잘 건사해야 함(持身)」, 제4장 「책을 읽는 법(讀書)」의 세 장은 왜 들어 있는가?)

지금 우리가 생각하고 있는 공부란 '책 읽는 것'이 중심을 이룬다. 그러나 이 책의 제4장 「책을 읽는 법(讀書)」 앞머리에서는 이렇게 말하고 있다. "그러므로 올바른 길로 들어가기 위해서는 먼저 이치를 추구하지 않으면 안 되고, 이치를 추구하기 위해서는 먼저 책을 읽지 않으면 안 되는 것이다." '올바른 길로 들어간다'는 것은 올바른 공부 곧 성인이 되려고 힘쓰는 것이다.

그런데 올바른 길로 들어서서 올바른 공부를 하려면 이미 앞의 제2장 「옛 낡은 습성은 버려야 함(革舊習)」에서 가르치고 있듯이, 먼저 자기를 성인으로부터 멀어지게 한 이미 자신이 갖고 있는 여러 가지 나쁜 습성을 버려야 한다. 그리고 제3장 「자기 몸을 잘 건사해야 함(持身)」에서 가르치고 있듯이, "공부하는 사람은 반드시 성실한 마음으로 올바른 도로 나아가려는 성실한 몸가짐을 지녀야지 세상의 저속한 잡된 일로 그의 뜻을 어지럽혀서는 안 된다. 그렇게 된 다음에야 하는 공부에 터전이 마련될 것이다. 공자께서는 '충실함과 신의를 위주로 해야 한다'고 하셨다." 이는 종교인이 도를 닦는 것과 조금도 다름이 없는 몸가짐이다. 따라서 결국은 공부하는 몸가짐을 "공경히 처신하는 것(居敬)으로 자기의 근본을 세우고, 모든 존재와 현상의 원리인 '이'를 추구하여(窮理) 진리를 밝혀야 하며, 안 것은 모두 행하기에 힘써서(力行) 아는 일들을 실지로 실천해야 한다"는 세 가지 일로 종합하여 결론을 내리고 있다. 옛날부터 여기에 보인 거경(居敬)·궁리(窮理)·역행(力行)은 성인이 되는 공부의 기본으로 매우 중시되어 왔다. 지금 우리가 일반적으로 생각하는 공부와는 거리가 상당히 멀다.

그런데 이 세 가지 중에서 우리의 '몸가짐'과 연관이 되는 것은 '거경' 곧 공경히 처신하는 것과 '역행' 곧 행하기에 힘쓰는 것이다. 그러나 '궁리' 곧 이치를 추구하는 것은 머리로 하는 것이다. 제4장 「책을 읽는 법(讀書)」의 앞머리에서 "먼저 이치를 추구하지 않으면 안 된다"고 말하고 있는 것은 '이치를 추구하는 일'이 책을 읽는 일과 가장 관계가 깊기 때문이다. 곧 "이치를 추구하기 위해서는 먼저 책을 읽지 않으면 안 되는 것이다"라고 이어서 가르치고 있듯이 책을 읽는 가장 중요한 목적은 '이치를 추구하는 데 있는' 것이다. 그 까닭은 "성인들과 현명한 분들이 마음을 쓴 자취와 훌륭한 일과 악한 일 같은 본받아야 하고 경계해야 할 일들이 모두 책에 씌어 있기 때문이다"라고 가르치고 있다. 그러니 아무 책이나 읽으면 되는 것이 아니다. 성현(聖賢)들이 쓴 책이어야 한다.

때문에 여기에서는 송나라 주희가 썼다고 알려진 『소학』에서 시작하여 사서(四書)인 『대학』· 『논어』· 『맹자』· 『중용』을 차례대로 읽고, 오경(五經)인 『시경』· 『예경(禮經)』· 『서경』· 『역경』· 『춘추』의 유가 경전을 잘 이해하도록 읽어야 한다고 하였다. 그리고 나서야 북송(北宋) 때 성리학자들의 학설을 모아 놓은 『근사록(近思錄)』, 실제로 활용할 여러 가지 예의에 대해 쓴 『주자가례(朱子家禮)』, 남송(南宋)의 진덕수(眞德秀, 1178-1235)가 사람의 마음에 관해 쓴 『심경(心經)』, 주희가 스승으로 모신 정호(程顥, 1032-1085)· 정이(程頤, 1033-1107)의 저술을 모은 『이정전서(二程全書)』, 주희의 『주자대전(朱子大全)』· 『주자어류(朱子語類)』 등 성리(性理)에 관계되는 책을 열심히 읽을 것을 권하고 있다. 그리고 남는 힘으로 역사책이나 그 밖의 세상일에 관해 쓴 책을 읽고 식견을 넓히라고 가르치고 있다.

그런데 성인이 되는 공부에 있어서 책을 읽고 글을 쓰는 일은 절대적이고 필수적인 일은 아니었음에 유의해야 한다. 『근사록』 위학류(爲學類)에 보면 다음과 같은 정이(程頤)와 그의 제자의 대화가 실려 있다.

"누가 질문하였다. '글을 짓는 것은 올바른 도를 해칩니까?' 정이가 대답하였다. '해친다. 무릇 글이란 뜻을 집중하지 않으면 훌륭하게 되지 않는다. 만약 뜻을 집중한다면 그의 뜻은 여기에 국한될 것이니 어찌 하늘과 땅과 같이 그 마음을 크게 할 수가 있겠는가? 『서경』에 물건을 좋아하여 갖고 놀면 뜻을 잃게 된다고 하였다. 글을 짓는 것도 물건을 좋아하고 갖고 노는 거나 같은 짓이다.'"

문학은 잘못하면 공부에 해가 되는 것이라는 뜻이다. 옛날 분들이 시를 짓기는 하였지만 그건 공부하고 남는 힘과 시간을 이용하여 지은 것이다. 아무 책이나 읽고 함부로 글을 써서는 안 되는 것이다. 공부는 성인이 되기 위해 하는 것이기 때문에 성인이나 현명한 사람들의 사상과 말과 행동 같은 것이 적혀 있는 책이라야 읽을거리가 되는 것이다.

무엇보다도 공부하는 데 있어서는 공경스런 몸가짐, 곧 '거경(居敬)'이 가장 중요하고 다음에 이치를 추구하는 '궁리(窮理)'를 해야 하는데 책을 읽는 것은 이 '궁리'를 보조하는 수단에 불과한 것이다.

3) 선비와 벼슬살이(이 책 제10장 「사회생활 하는 법(處世)」)은 왜 들어 있는가?)

이 세상은 공부한 사람들이 나서서 올바로 다스려야 한다. 옛날이라면 선비들이 나서서 임금을 위해 벼슬살이를 해야 한다. 그러나 성인이 되는 공부는 실제로 벼슬하는 일과는 별 상관이 없다. 그리고 중국에서 수(隋)나라, 당(唐)나라 때부터 과거(科擧) 시험을 보아 인재를 뽑아 쓰는 제도를 시행한 것을 본받아 우리나라에서도 신라에서 시작 고려를 거쳐 조선시대에는 과거를 통해 벼슬하는 것이 일반화되었다.

과거는 여러 가지로 시험을 보았지만 그 중에서도 가장 중시된 것이 경전(經傳)에 대한 이해보다도 시(詩)·부(賦)를 짓는 능력이었다. 그러기에 성인이 되기 위한 공부는 실상 과거를 보아 벼슬을 하는 데 별 도움이 되지 못한다. 성인이 되기 위한 공부와 과거에 급제하기 위해 하는 공부는 내용이나 성질이 완전히 다른 것이다.

그러기에 제10장 「사회생활 하는 법(處世)」의 첫머리에서 이런 말을 하고 있다. "옛날의 공부하는 사람들은 전혀 벼슬하려고 하는 일이 없었다. 학문이 이룩되면 바로 위에 있는 사람이 들어서 그를 썼던 것이다. 벼슬을 하는 것은 남을 위해서이지 자기를 위한 것이 아니었다." 곧 본시 선비들은 벼슬하기 위해 공부하지 않았고, 공부를 많이 하여 학문이

이룩되면 위에 있는 사람들이 가만히 있어도 그를 뽑아 벼슬자리에 앉혔다. 그런데 지금은 세상이 달라졌다는 것이다.

　율곡 선생은 그 달라진 실상을 이렇게 설명하고 있다. "지금 세상은 그렇지 않고 과거를 보아서 사람을 뽑아 쓴다. 비록 하늘의 이치를 꿰뚫는 학식이 있고 남들보다 매우 뛰어난 행실이 있다 하더라도 과거가 아니라면 올바른 도를 실행할 자리로 나아갈 길이 없다. 그러므로 아버지가 그의 아들을 가르치고 형이 그의 아우를 힘쓰도록 함에 있어서 과거를 빼놓고는 전혀 다른 재주가 없다. 선비들이 그런 것이 습성이 되어 구차하게 벼슬자리를 얻으려 하는 것도 이 때문이다." 곧 지금 와서는 과거를 보지 않고 벼슬을 할 수가 없게 되었다. 그런데 진짜 공부와 과거에 합격하기 위한 공부는 그 성격이 전혀 다른 것이다. 그러나 집안이 번성하고 개인도 높은 자리에 앉아 잘 먹고 살아야 하므로 그의 아버지나 형들까지 나서서 과거 공부를 시키고 있다. 그 때문에 "선비들이 그런 것이 습성이 되어 구차하게 벼슬자리를 얻으려"고 하게 되었다는 것이다. 곧 선비들 중에는 올바른 공부는 하지 않고 과거시험 준비나 하여 벼슬을 해 가지고 출세나 하여 잘 먹고 살려는 구차한 자들이 많아졌다는 것이다.

　율곡 선생은 과거시험 준비와 진짜 공부하는 일에 대해 이렇게 말하고 있다. "지금 공부는 하지 않을 수가 없는 실정인데, 과거를 보는 일은 비록 성리학(性理學)과 같은 공부는 아니지만 역시 앉아서 책을 읽고 글을 짓는 것이다." 선생은 이 두 가지 일은 같은 성질의 것임을 설명하고 나서, 지금 사람들이 이 두 가지 공부를 함께 잘 하지 못하는 까닭을 이렇게 분석하고 있다. "다만 과거를 보려고 하는 사람은 흔히 이로운 일과 해가 되는 일에 따라 움직이게 되어 마음이 언제나 남과 겨루느라고 조급하여 오히려 노동을 하여 마음가짐을 해치지 않는 것만 못한 경우가 있다. 그러므로 현명한 분이 말씀하시기를 '공부에 방해가 되는 것을 걱정할 것이 아니라 오직 뜻을 빼앗기게 되는 것을 걱정해야 한다'고 하셨다. 만약 그의 일을 잘 하면서도 그의 뜻을 잃지 않는다면 곧 과거를 보는 일과 성리학 공부를 어긋나지 않게 아울러 잘 해 나갈 수 있을 것이다." 곧 그의 뜻만 잃지 않는다면 과거를 보아 벼슬을 하게 된다 하더라도 올바른 공부, 곧 성리학에 관한 공부도 계속하여 할 수가 있다는 것이다.

앞에서도 인용한 『근사록』 위학류(爲學類)에는 송대 장재(張載)의 다음과 같은 명언이 실려 있는데, 성리학자들의 학문 목표를 잘 표현한 말로 널리 받아들여지고 있다.

"하늘과 땅을 위해 뜻을 세우고, 살아 있는 사람들을 위해 올바른 도를 세우고, 옛날의 성인들을 위해 도통(道統)이 끊어진 학문을 계승하고, 영원히 이 세상을 위해 태평시대를 연다."
爲天地立心하고, 爲生民立道하고, 爲去聖繼絶學하고, 爲萬世開太平
위 천 지 립 심   위 생 민 립 도   위 거 성 계 절 학   위 만 세 개 태 평
이라.

세상은 달라졌지만 지금 공부하는 사람들도 다시 한 번 잘 되새겨 볼 만한 좋은 말이라 생각된다.

4) 예의는 왜 존중하였는가?(이 책에 제5장 「어버이를 섬기는 법(事親)」·제6장 「장례를 치르는 법(喪制)」·제7장 「제사를 지내는 법(祭禮)」·제8장 「집안에서 생활하는 법(居家)」·제9장 「사람들과 사귀는 법(接人)」의 다섯 장은 왜 들어 있는가?)

유가에서는 공자 때부터 예의를 무척 중시하였다. 『논어』만 보더라도 계씨(季氏)편에서는 "예를 배우지 않으면 설 근거가 없게 된다(不學禮면, 無以立이라)"하였고, 요왈(堯曰)편에서는 "예를 알지 못하면 설 근거가 없게 된다(不知禮면, 無以立也로다)"라고 강조하고 있다. 그리고 위정(爲政)편에서는 "살아 계시면 예로써 섬겨 드리고, 돌아가시면 예로써 장사지내고, 예로써 제사지내 드린다(生事之以禮하고, 死葬之以禮하고, 祭之以禮하니라)"라고 일상생활에서 부모를 모시는 일도 모두 예에 따라야 함을 강조하고 있다. 곧 세상의 질서와 사람들의 몸가짐과 모든 행동을 예의로써 규제하려 한 것이다.

또 『논어』만 보더라도 하(夏)나라의 예와 은(殷)나라의 예를 논하고 있으니(八佾편) 주(周)나라 이전(B.C. 10세기 이전)의 태곳적부터 중국에서는 예의가 중시되었다. 그리고 『사기』 공자세가(孔子世家)를 비롯해 여러 책에 공자가 노자(老子)를 찾아가 예에 관해 배웠다는 기록이 있는 것을 보면 심지어 무위자연(無爲自然)을 내세웠던 도가(道家)에서조차도 예의를 가벼이 보지 않았음을 알 수 있다. 그러니 예의의 존중은 유가뿐만이 아니라 중국 전통 문화의 중심을 이루는 문제 중의 하나라 할 수 있다.

'예'란 쉽게 말하면 사람이 올바른 몸가짐을 지니고 올바른 행동을 하는 원칙이다. 따라서 '예'를 잘 따르기만 하면 그는 그 사회에서 올바른 사람, 성인을 따르는 사람이 될 수 있는 것이다. 때문에 '예'는 유학의 발전에 따라 주자학에 이르러 더욱 강조되었다. 조선시대에는 주자학을 철저히 따랐으므로 자연히 '예'가 매우 존중되었다. 특히 주희가 지었다고 전해진 『주자가례(朱子家禮)』는 일상생활을 통해 사람들이 꼭 지켜야 할 관례(冠禮)·혼례(婚禮)·상례(喪禮)·제례(祭禮) 등 여러 가지 '예'에 관해 쓴 책이어서 이를 우리 사회에서 그대로 잘 실행한다는 것은 한 가지 큰 문제였다. 이 문제를 해결하기 위해 조선시대에는 예학(禮學)이 이루어져 학문의 한 분야로써 연구가 활발히 진행되었다. 때문에 '예'의 전문가가 아니라 하더라도 이 나라에 사는 사람이라면 이 여러 가지 예를 조금도 소홀히 할 수는 없었다. 이런 사정 때문에 지금 우리가 생각하기에는 공부와는 직접 상관이 없다고 여겨지는 예에 관한 가르침을 여기에 어떤 분야보다도 상세히 펴고 있는 것이다.

사람의 관계에 있어서 가장 기본이 되는 중요한 것이 부모와 자식이다. 이 책의 제5장「어버이를 섬기는 법」첫머리에 "사람이라면 누구든 어버이에게는 효도를 다해야 한다는 것을 알지 못하는 이는 없다. 그런데도 효도를 하는 사람이 매우 드문 것은 어버이의 은혜를 깊이 알지 못하고 있기 때문이다"라고 말하고 있다. 그리고 율곡 선생이 직접 쓰신 판본에서는 이어 "천하의 물건 중에는 내 몸보다 더 귀한 것이 없으니, 그것은 부모님이 내려 주신 것이기 때문이다. 지금 어떤 사람에게 재물을 보내 주는 사람이 있다면 곧 그 물건이 많고 적은 것과 값싸고 비싼 정도에 따라 은혜를 느끼는 마음도 그대로 깊거나 얕게 여겨질 것이다. 부모님은 나에게 몸을 내려 주셨는데, 어떤 천하의 물건을 가지고도 이 몸과는 바꾸는 수가 없을 것이다"라고 부모님을 잘 모셔야만 할 까닭을 가르쳐주고 있다. 그리고는 부모님을 모시는 법을 여러 가지로 자세히 일러주고 있다. 부모님께 효도를 하는 것이 '예'의 근본이기 때문이다.

그리고 뒤에 오는 제6장「장례를 치르는 법」과 제7장「제사를 지내는 법」은 제5장의 연장이라고 보아도 좋을 것이다. 부모님을 잘 모시는 사람은 부모님이 돌아가신 다음에는 장례를 잘 치르고 제사를 잘 모셔야 할 것이기 때문이다. 이는 『주자가례』의 권 4로부터 권 6에 이르는 「상례(喪禮)」와 권 7의 「제례(祭禮)」를 바탕으로 하여 이를 우리 실정에 맞도록 잘 해설한 것이다.

제8장「집안에서 생활하는 법」은 집안의 위아래 사람들과 함께 잘 지내면서 가정을 올바로 꾸려 나가는 방법을 가르친 것이다. 특히 형제 사이의 우애와 부부 사이의 원만한 관계 및 자녀를 제대로 기르는 법에 힘을 주어 가르쳐 주고 있다. 하인과 하녀들을 거느리는 법은 지금 우리와는 직접 상관이 없는 일이다. 그 밖에 집안의 경제문제와 집안의 행사에 대해서도 많은 관심을 기울이고 있다. 집안 행사인 관례(冠禮)와 혼례(婚禮) 같은 것은 대체로『주자가례』에 미루고 있다.『주자가례』를 보면 제1권에서는 통례(通禮)로 가정생활과 사회생활에 필요한 기본적인 '예'에 대해 논하고 있고, 제2권이 '관례', 제3권이 '혼례'이다. 율곡 선생이 집안의 경제 문제를 논하면서 "공부를 하는 사람은 반드시 부자가 되고 출세하는 일을 가볍게 보고 가난하고 천한 처지를 지킬 마음을 지녀야만 하는 것이다"라고 한 대목 같은 것은 지금 우리도 귀담아 들어야 할 대목이다.

제9장「사람들과 사귀는 법」은 사회생활을 바르게 하는 방법이다. 어른들을 대하는 법, 친구를 사귀는 법, 자기 고장 사람들과 어울리는 법, 사람들에게 인사하는 법, 사람들의 말이나 풍문 같은 것을 듣고 거기에 대처하는 법, 관청의 우두머리를 대하는 법 등을 논하고 있다. 그러나 이 모든 사회의 사람들을 대하는 법을 한 마디로 요약하면 이 장의 뒤쪽에서 율곡 선생이 말한 다음 대목을 들 수 있을 것이다.

"언제나 온순하고 공손하며 사랑하고 아껴주는 태도로 남에게 은혜를 베풀고 일이나 물건을 잘 되게 해주려는 마음을 지녀야 한다. 남을 해치고 일이나 물건을 그르치는 것 같은 일은 터럭만큼도 마음 구석에 남겨두어서는 안 된다."

　이 말을 현대어로 요약하면, 첫째 우리는 먼저 따스하고 공경스런 자기 몸가짐을 가져야 하고, 둘째 남을 사랑하고 남을 먼저 배려해야 하며, 셋째 온 세상을 위해 사는 삶을 살아야 한다는 것이다. 이 세 가지만 잘 지키면 현대에 있어서도 사회생활은 제대로 될 것이다.

6. 우리는 『격몽요결: 올바른 공부의 길잡이』에서 무엇을 배워야 하는가?

　이 책은 율곡 선생이 '올바른 공부란 어떤 것인가?' 또 '그 올바른 공부는 어떻게 해야 하는가?'를 밝힌 책이다. 따라서 공부하는 사람이 어떤 것이 참된 공부인가를 알고 그 올바른 공부를 잘 하고자 한다면 꼭 읽어 보아야 할 책이다.
　다만 시대가 달라지고 그에 따라 공부의 개념이나 공부하는 목적도 달라졌기 때문에 공부하는 방법도 달라질 수밖에는 없다. 율곡 선생의 시대에는 공부란 오직 올바른 사람이 되는 것, 곧 이상적인 인간을 대표하는 성인이 되는 것이었다. 따라서 공부의 목표도 오직 올바른 훌륭한 사람이 되는 데 있었다. 현대의 교육은 여러 가지 방향으로 크게 발전하고 있지만 지금도 교육의 목적은 무엇보다도 우선 올바르고 이 세상을 위해 이바지하는 사람을 기르는 데 있음은 더 말할 필요도 없다. 그러니 교육을 받는 사람 곧 공부하는 사람은 이 책을 읽고 옛날 우리 선조들의 공부 자세를 거울로 삼아야 할 것이다.
　중국 남송시대 주희가 이룩한 주자학을 높이 받들던 조선시대 학자들의 공부 개념은 맹자가 사람들이 타고난 본성(本性)은 본시 모두 착한 것이었다고 한 성선설(性善說)에 바탕을 둔 것이다. 사람들은 본시 착하고 훌륭한 본성을 타고나지만 자라면서 접하게 되는 주변의 여러 가지 조건과 더욱 커지는 욕심 때문에 타고난 착한 본심이 손상을 받기도 하고 잃게 되어 시원찮은 사람으로 자라난다는 것이다. 따라서 우리는 손상 받고 잃어버린 본성을 되찾기만 하면 누구나가 옛날의 요임금과 순임금 같은 성인이 될 수 있다는 것이다. 이 분들의 기본적인 공부 방법은 자기의 몸과 마음을 잘 다스려 자기가 지니고 있는 그릇된 버릇과 생각을 모두 쫓아내 버리는 것이다. 공부를 하는 그들의 생활은 마치 종교인들이 수양을 하는 생활과 비슷하다.

율곡 선생의 『격몽요결: 올바른 공부의 길잡이』를 읽어 보아도 지금 사람들이 생각하는 공부에 가까운 부분은 전체 10장 중에서 제4장「책을 읽는 법」한 장뿐이다. 그 책을 읽어야 하는 까닭도 "성인들과 현명한 분들이 마음을 쓴 자취와 훌륭한 일과 악한 일 같은 본받아야 하고 경계해야 할 일들이 모두 책에 씌어 있기 때문이다"라고 말하고 있다. 따라서 율곡 선생이 읽으라고 권하고 있는 책들은 모두가 '성인이나 현명한 분들'에 의해 이루어진 책이다. 지식을 얻기 위해 책을 읽는 것이 아니라 이치 또는 진리를 추구하는 궁리(窮理)의 방편으로 책을 읽으라는 것이다.

그리고 나머지 아홉 장은 제1장이 공부란 무엇인가를 알려주는「공부하려는 뜻을 먼저 세워야 함」이고, 제2장과 제3장은 누구나 성실한 마음과 올바른 몸가짐, 곧 '공경스런 몸가짐'을 지니는 거경(居敬)을 가르치는 내용이며, 제5장 · 제6장 · 제7장 · 제8장 · 제9장은 가정생활과 사회생활을 통해 '예'를 바탕으로 한 '공경스런 몸가짐'의 방법을 더 구체적으로 가르쳐 주고 있는 내용이다. 따라서 '실천하기에 힘써야 한다'는 역행(力行)의 가르침을 강조한 것이라 할 수도 있을 것이다. 제10장은 앞에서 이미 설명한 바와 같이 공부하는 사람이 공부와 벼슬살이 또는 공부와 사회활동을 조절하는 방법을 해설한 부분이다. 모두 지금 사람들이 생각하는 공부와는 관계가 먼 근엄한 종교적인 자세로 임해야 하는 일들이다.

사람이 꼭 종교를 따라야 하는 것은 아니다. 그러나 우리는 공부는 물론 집안일이나 사회 일에 대해 종교인을 본떠서 좀 더 성실하고 근엄한 자세로 임할 필요가 있다. 너무 아무렇게나 생각하고 아무렇게나 처리하는 경향이 있다. 이 책을 통해 참되고 올바른 공부가 무엇인지도 깨닫는 한편 모든 일을 진지하고 근엄하게 대하고 처리하는 자세를 길러 주기 바란다.

현대에 이르러 이 책의 값은 어린 아이나 아무것도 모르는 공부를 시작하는 사람들보다도 이미 많은 공부를 하고 많은 것을 아는 어른에게 더 무겁게 매겨질 수 있을 것 같다. 첫째는 주자학 또는 조선시대 선비들의 기본적인 특징을 가장 간단하고 쉽게 이해할 수 있는 책이기 때문이다. 둘째로는 너무 이해관계에 민감한 현대인들에게 참된 사람의 값을 깨닫게 해준다고 믿기 때문이다. 끝으로는 너무 복잡한 현대 생활 속에서도 좀 더 진중하고 성실한 자세로 사람에게 소중한 것을 추구하게 해줄 수 있다고 믿기 때문이다.

오죽헌 그림 烏竹軒圖
근대/1902년, 160×54cm

율곡 이이 연보

1세(1536년, 중종 31년)

12월 26일(음력) 강원도 강릉 북평촌(北坪村, 지금의 강릉시 죽헌동(竹軒洞) 201번지) 외가에서 아버지 이원수(李元秀) 공과 어머니 사임당 사이에서 4남 3녀 중 셋째 아들로 태어남.(선생의 원래 고향은 경기도 파주군 파평면 율곡리이다) 율곡이 태어나던 날 저녁에 신사임당의 꿈에 검은 용이 바다에서 집으로 날아와 마루 사이에 서려 있는 꿈을 꾸어서 어릴 때 이름을 현룡(見龍)이라 하였으며, 태어난 방을 몽룡실(夢龍室)이라고 부름.

3세(1538년, 중종 33년)

글을 읽기 시작함.

5세(1540년, 중종 35년)

어머니 사임당의 병환이 심할 때 선생은 외조부 사당 앞에 가서 병이 낫게 해달라는 기도를 드림. 여러 사람들이 경탄하며 달려가 달래 데리고 돌아왔다고 함.

또 어느 날 큰비가 와서 마을 앞 시냇물이 넘치는데, 내를 건너가던 행인이 발을 잘못 디뎌 넘어지자 모두들 박장대소를 하였건만, 오직 선생만은 기둥을 붙들고 혼자 애를 쓰면서 걱정하다가 그가 안전하게 됨을 보고서야 안심하는 빛으로 돌아왔다고 함.

6세(1541년, 중종 36년)

어머니를 따라 서울로 옴. 그때 서울 집은 수진방(壽進坊), 지금의 수송동(壽松洞)과 청진동(淸進洞)이었음.

7세(1542년, 중종 37년)

어머니에게서 글을 배워 스스로 문리를 깨침. 『논어(論語)』·『맹자(孟子)』·『중용(中庸)』·『대학(大學)』 등을 읽음.
「진복창전(陳復昌傳)」을 지어 자신의 명철함을 드러냄.

8세(1543년, 중종 38년)

파주 율곡리(坡州 栗谷里)에 있는 집안의 정자 화석정(花石亭)에 올라 「화석정」 시를 지음.

9세(1544년, 중종 39년)

『이륜행실(二倫行實)』을 읽다가 옛날 장공예(張公藝)의 9대 가족이 모두 한 집에서 살았다는 글을 읽고 그런 집안을 흠모하여 형제들이 부모를 받들고 같이 사는 그림을 그려 놓고 늘 바라보았음.

10세(1545년, 중종 40년)

강릉 외가에서 「경포대부(鏡浦臺賦)」를 지음

11세(1546년, 명종 1년)

아버지가 병환이 나자 선생은 팔을 찔러 피를 내어 바치고 사당 앞에 엎드려 쾌유를 비는 기도를 드림.

13세(1548년, 명종 3년)
진사(進士) 초시(初試)에 장원(壯元)으로 급제하여 율곡의 명성이 널리 알려짐.

16세(1551년, 명종 6년)
5월에 어머니 사임당 별세함. 이때「어머니 행장(先妣行狀)」을 짓고, 제자백가(諸子百家) 책을 읽음.

18세(1553년, 명종 8년)
가을에 어머니 묘에서의 시묘(侍墓)를 마침. 성인식인 관례(冠禮)를 치름.

19세(1554년, 명종 9년)
우계(牛溪) 성혼(成渾) 선생과 평생 사귐을 맺음. 3월 어머니를 잃은 슬픔에 금강산(金剛山)으로 들어가 불교에 심취함.

20세(1555년, 명종 10년)
봄에 다시 속세로 돌아와 강릉 외조모 이 씨에게로 감. 거기서 스스로의 공부를 경계하는 글「자경문(自警文)」을 짓고 유학(儒學) 공부에 힘씀.

21세(1556년, 명종 11년)
봄에 서울 집으로 돌아옴. 한성시(漢城試)에 장원(壯元)으로 급제함.

22세(1557년, 명종 12년)
9월에 성주(星州)목사 노경린(盧慶麟)의 따님 곡산(谷山) 노(盧) 씨와 결혼함.

23세(1558년, 명종 13년)
봄에 경상북도 예안(禮安)으로 퇴계(退溪) 이황(李滉) 선생을 찾아가 뵙고 학문을 토론함. 선산(善山) 매학정(梅鶴亭)에 들러 고산(孤山) 황기로(黃耆老)를 만남. 이 인연으로 뒷날 아우 우(瑀)가 고산(孤山)의 따님과 결혼하게 된 듯함.
별시(別試)에「천도책(天道策)」으로 장원 급제함.

격몽요결

25세(1560년, 명종 15년)

한장흥(韓長興) 온(蘊)의 책 뒤에 발문을 씀.「지야서회(至夜書懷)」시(詩)를 지음.

26세(1560년, 명종 16년)

5월에 아버지 이원수(李元秀) 공이 별세하여, 어머니 무덤에 합장함. 이후 3년 시묘(侍墓)함.

29세(1564년, 명종 19년)

7월에 생원(生員) 진사(進士)에 오름.
8월에 명경과(明經科)에 「역수책(易數策)」으로 장원 급제, 호조좌랑(戶曹佐郞)에 임명됨.
아홉 번이나 과거에 장원으로 급제하여 구도장원공(九度壯元公)이라 일컬어짐.

30세(1565년, 명종 20년)

봄에 예조좌랑(禮曹佐郞)이 됨. 8월에 요승(妖僧) 보우(普雨)와 외척(外戚) 윤원형(尹元衡)의 잘못을 탄핵(彈劾)함.
11월에 사간원정언(司諫院正言)에 임명됨. 사퇴하는 상소를 올렸으나 윤허되지 않음.

31세(1566년, 명종 21년)

3월에 다시 사간원정언(司諫院正言)에 임명됨.
5월에 농료와 함께「시무삼사(時務三事)」를 상소함.
겨울에 이조좌랑(吏曹佐郞)이 됨.

32세(1567년, 명종 22년)

6월에 명종이 승하함. 퇴계 선생에게 글을 올려 국장을 의논하고 명종의「만사(輓詞)」를 지음.

33세(1568년, 선조 원년)

2월에 사헌부지평(司憲府持平), 성균관직강(成均館直講)이 됨.

4월에 장인 노경린(盧慶麟) 공이 별세함.

5월에 우계(牛溪) 선생과 지선(至善)·중(中) 및 안자(顔子)의 격치성정(格致誠正)에 대해 토론함.

가을에 명나라로 가는 천추사서장관(千秋使書狀官)이 되어 북경(北京)을 다녀옴.

겨울에 홍문관부교리(弘文館副敎理)에 임명되고, 다시 지제교(知製敎) 겸 경연시독관(經筵侍讀官) 춘추관기주관(春秋館記注官)이 되어『명종실록(明宗實錄)』편찬에 참여함.

11월에 이조좌랑(吏曹佐郞)이 되었으나 외할머니 이 씨의 병환 소식을 듣고 벼슬을 버리고 강릉으로 내려감.

34세(1569년, 선조 2년)

6월에 홍문관교리(弘文館校理)에 임명되어 7월에 조정으로 돌아옴.

9월에『동호문답(東湖問答)』을 짓고「논시무구사(論時務九事)」를 상소함.

10월에 특별휴가를 얻어 강릉으로 가자 외할머니 이 씨(90세)가 별세함.

35세(1570년, 선조 3년)

4월에 교리(校理)에 임명되어 서울로 돌아옴. 8월에 맏형 죽곡(竹谷) 선(璿)이 별세함.

10월에 병으로 사퇴하고 해주 들마을(野頭村) 처가로 돌아감.

12월에 퇴계가 별세하자 아우 옥산을 보내어 조문함.

36세(1571년, 선조 4년)

정월에 해주에서 파주(坡州) 율곡리(栗谷里)로 돌아감. 이조정랑(吏曹正郞)에 임명되었으나 나가지 아니함.

여름에 다시 교리(校理)에 임명되어 올라옴. 다시 홍문관부응교(弘文館副應敎) 지제교(知製敎) 겸 경연시독관(經筵侍讀官) 춘추관편수관(春秋館編修官)이 되었으나 모두 사퇴하고 해주로 돌아감. 이때 학자들과 해주 고산(高山) 석담구곡(石潭

九曲)을 구경하고 그곳에서 살 계획을 세움.

　6월에 청주목사(淸州牧使)에 임명됨. 「서원향약(西原鄕約)」을 지어 고을 백성을 바르게 이끌어 줌.

37세(1572년, 선조 5년)

　3월에 병으로 사퇴하고 서울로 올라옴.

　여름에 부응교에 임명되었으나 병으로 사퇴하고 율곡리로 돌아감. 이때 우계(牛溪) 선생과 이기(理氣)·사단칠정(四端七情)·인심도심(人心道心)에 대해 토론함.

　8월에 원접사종사관(遠接使從事官), 9월에 사간원사간(司諫院司諫), 12월에 홍문관응교(弘文館應敎), 홍문관전한(弘文館典翰)에 각각 임명되었으나 모두 사퇴함.

38세(1573년, 선조 6년)

　7월에 홍문관직제학(弘文館直提學)에 임명됨. 병으로 사퇴코자 했으나 허락을 받지 못해 부득이 올라와 세 번 상소한 끝에 허락을 받아 8월에 율곡리로 돌아감. 거기서「감군은(感君恩)」을 지음.

　9월에 다시 직제학에 임명되어 올라옴.

　겨울에 동료들과「옥당진계차(玉堂陳戒箚)」를 올림.

　그 뒤 통정대부(通政大夫) 승정원동부승지(承政院同副承旨) 지제교(知製敎) 겸 경연참찬관(經筵參贊官) 춘추관수찬관(春秋館 修撰官)에 임명됨.

39세(1574년, 선조 7년)

　정월에 우부승지(右副承旨)가 되고,「만언봉사(萬言封事)」를 지어 올림.

　3월에 병조참지(兵曹參知), 사간원대사간(司諫院大司諫)에 임명됨.

　4월에 병으로 우부승지를 사퇴하고 율곡리로 돌아감.

　6월에 장남 경림(景臨)이 태어남.

　10월에 황해도(黃海道) 관찰사(觀察使)에 임명되어 황해도의 민폐를 개혁할 것을 상소함.

40세(1575년, 선조 8년)

3월에 병으로 사직하고 율곡으로 돌아갔으나, 다시 홍문관부제학(弘文館副提學)에 임명됨.

9월에 『성학집요(聖學輯要)』를 지어 올림.

41세(1576년, 선조 9년)

2월에 율곡리(栗谷里)로 돌아감.

10월에 해주(海州) 석담(石潭)으로 돌아가 청계당(聽溪堂)을 지음.

42세(1577년, 선조 10년)

정월에 석담(石潭)에서 종족들을 모으고 「동거계사(同居戒辭)」를 지음.

사당을 짓고 죽은 맏형의 부인 곽(郭) 씨로 하여금 종가 신주를 모시고 와서 살게 함. 서모도 극진히 봉양함.

12월에 『격몽요결(擊蒙要訣)』을 지음.

또 향약(鄕約)을 만들어 고을의 폐습을 바로잡고, 사창(社倉) 제도를 실시하여 가난한 백성들을 경제적으로 구제하기에 힘씀.

43세(1578년, 선조 11년)

고산 석담구곡(石潭九曲)이 송(宋)나라 주희(朱熹)의 「무이구곡(武夷九曲)」과 비슷하여 그 다섯째 골짜기 청계당(聽溪堂) 동쪽에 은병정사(隱屛精舍)를 짓고, 「무이도가(武夷棹歌)」를 본떠서 「고산구곡가(高山九曲歌)」를 지음.

3월에 대사간(大司諫)에 임명됨. 4월에 사퇴하고 율곡리(栗谷里)로 돌아감.

5월에 「만언소(萬言疏)」를 올림. 겨울에 석담(石潭)으로 돌아감.

성균관직강(成均館 直講) 홍문관부교리(弘文館 副校理)에 임명됨.

44세(1579년, 선조 12년)

3월에 「도봉서원기(道峰書院記)」를 지음.

서자 경정(景鼎) 태어남. 『소학집주(小學集註)』를 탈고함.

별시(別試)에 「천도책(天道策)」으로 장원 급제함.

45세(1580년, 선조 13년)

5월에 『기자실기(箕子實記)』를 편찬함. 12월에 대사간(大司諫)에 임명됨. 정암(靜菴) 조광조(趙光祖)의 묘지명(墓誌銘)을 지음.

46세(1581년, 선조 14년)

4월에, 백성들을 구제하는 방책을 토의하기 위한 회의를 열 것을 주청하여 회의를 엶.

6월에 가선대부(嘉善大夫) 사헌부대사헌(司憲府大司憲)으로 승진함.

10월에 자헌대부(資憲大夫) 호조판서(戶曹判書)에 오름.

홍문관(弘文館) 예문관(藝文館) 대제학(大提學)에 임명됨.

『경연일기(經筵日記)』를 지음.

47세(1582년, 선조 15년)

정월에 이조판서(吏曹判書)에 임명됨. 7월에 「인심도심설(人心道心說)」을 지음.

「김시습전(金時習傳)」과 「학교모범(學校模範)」 및 그 「사목(事目)」을 지음.

8월에 형조판서(刑曹判書)에 임명됨. 9월에 숭정대부(崇政大夫)가 되고, 의정부 우찬성(議政府右贊成)에 임명됨. 또 「만언소(萬言疏)」를 올림.

10월에 명(明)나라 사신인 한림원편수(翰林院編修) 황홍헌(黃洪憲)과 공과급사중(工科給事中) 왕경민(王敬民)을 영접하는 원접사(遠接使)의 명을 받음.

12월에 다시 병조판서(兵曹判書)에 임명됨.

48세(1583년, 선조 16년)

2월에 시국에 대한 정책을 개진함. 4월에 또 시국에 관한 의견 「시무육조(時務六條)」를 써서 올림. 그 내용은 불필요한 벼슬을 도태할 것, 고을들을 병합할 것, 생산을 장려할 것, 황무지를 개간할 것, 백성들에게 과중한 부담이 되고 있는 공납(貢納)에 대한 법규를 개혁할 것, 성곽을 보수할 것, 군인의 명부를 정확히 할 것, 특히 서자들을 등용하되 곡식을 가져다 바치게 하고, 또 노예들도 곡식 가져다 바치면 양민이 되게 해주자는 것들이다. 특히 국방을 든든히 하기 위해 10만의 군사를 기를 것을 주장함.

6월에 북쪽 오랑캐가 국경을 침략해 들어온 사건으로 삼사(三司)의 탄핵을 받아 인책사직하고 율곡리(栗谷里)로 돌아갔다가 다시 해주 석담(石潭)으로 감.
9월에 판돈녕부사(判敦寧府事)와 이조판서(吏曹判書)에 임명됨.
「시폐봉사(時弊封事)」를 지어 올림.

49세(1584년, 선조 17년)
정월 16일에 서울 대사동(大寺洞) 집에서 별세함.
3월 20일에 파주(坡州) 자운산(紫雲山)에 장사지냄.
별세한 지 40년 뒤 인조(仁祖) 2년(1624) 8월에 문성(文成)이라는 시호를 받음.
대광보국숭록대부(大匡輔國崇祿大夫) 의정부영의정(議政府領議政) 겸 영경연홍문관예문관춘추관관상감사(領經筵弘文館藝文館春秋館觀象監事)가 추서됨.

옮긴이 김학주

충북 충주에서 태어나 서울대학교 문리과대학을 졸업하고, 국립 대만대학 중문연구소에서 문학석사 학위를, 그리고 서울대학교 대학원에서 문학박사 학위를 받았다. 서울대학교 교수로 있으면서 중국어문학회 회장을 역임하였고, 현재 서울대학교 인문대학 명예교수·대한민국 학술원 회원이다.
저서로 『중국 문학의 이해』, 『중국 고대의 가무희』, 『중국 문학사』, 『한대의 문인과 시』, 『공자의 생애와 사상』, 『노자와 도가 사상』, 『경극이란 어떤 연극인가』, 『장안과 북경』 등이 있으며, 역서로는 『논어』, 『맹자』, 『대학』, 『중용』, 『노자』, 『장자』, 『열자』 등이 있다.

격몽요결: 올바른 공부의 길잡이

2013년 8월 5일 초판 1쇄 인쇄
2022년 4월 25일 초판 4쇄 발행

지은이 | 이이
옮긴이 | 김학주
펴낸이 | 권오상
펴낸곳 | 연암서가

등 록 | 2007년 10월 8일(제396-2007-00107호)
주 소 | 경기도 고양시 일산서구 호수로 896번지 402-1101
전 화 | 031-907-3010
팩 스 | 031-912-3012
이메일 | yeonamseoga@naver.com
ISBN 978-89-94054-43-8 03190

값 12,000원